村田 尚紀 著

比較の眼でみる
憲法

Constitutions étudiées
d'un point de vue comparatiste

北大路書房

はしがき

　日本の憲法研究においては，外国憲法研究が大きなウェイトを占めている。万国の学界事情に等しく詳しいわけではないので軽率なことはいえないが，日本ほど多様な国々の憲法研究が行われている国は国際的にも珍しいのではないかと思われる。

　しかし国際的にみれば盛んな部類に属するはずの日本の外国憲法研究状況にも問題がないわけではない。その1つは，研究対象の偏りである。かつて戦前はドイツ一辺倒と言っても過言ではなく，戦後はそこにあらたにアメリカ・イギリス・フランスが加わった。それ以外の国の憲法研究は，各分野での研究主体の多大な努力はもちろんあるにせよ，成果の量が相対的に乏しいことは否定できない。

　この外国憲法研究の偏りには，比較憲法研究の1つの問題点が現れている。日本の外国憲法研究は，比較憲法研究と表裏一体化しているといっても過言ではない。そして，比較憲法研究は，遅れた日本を進んだ外国に追いつかせることを目的としてきた。

　戦前のドイツ憲法研究偏重は明治維新後の日本の「近代化」，戦後の新たな先進国憲法研究偏重は戦後日本社会の「民主化」というように，外国憲法研究対象の偏りは，当時の憲法学が直面していた日本社会＝国家の課題に規定されている一面がある。このように何らかの実践的問題意識をもって研究対象を選択すること自体をただちに問題とすることはできないであろう。しかし，比較の物差しは「進んでいるか，遅れているか」だけではない。それとは違った問題意識・関心から外国憲法・比較憲法の対象を選択することが許されない理由はないであろうし，そのような研究の成果が「外国に追いつけ，追い越せ」とは異なる何らかの実践的意義を有することもあらかじめ排除できるはずはないであろう。

　また，進んだ外国に学ぶという実践的問題意識からの対象選択に伴うリスクに無頓着であってはならないのではないか。その場合少なくとも2つの検証，すなわち実践的目標に照らして行った対象選択が適切であったのかという検

証，アプローチに際して対象を美化して捉えていないかという検証を怠るならば，比較研究は説得力を失うであろう。

　強い使命感ともいえる実践的問題意識に導かれた日本の比較憲法研究は，憲法解釈に直結していることも少なくなかったように思われる。日本国憲法の解釈において行われるいわゆる比較憲法的考察のなかには，外国の学説や判例法理の直輸入のような議論もなかったとはいいがたく，上記の検証が充分に行われていたのか疑問に思われることもある。

　一方，従来の比較憲法概説書を想起すると，一部例外はあるにせよ，多くは英米独仏中心に各国の憲法を並列的に紹介・分類するものが主流であったように思われる。ここにも英米独仏中心の問題点はある。何故それらの国の憲法をモデル化しなければならないのか？　多くの論者はモデル化を分類のための便宜的なこととは考えていないようであるが，何らかの国の憲法を便宜的ではない必然的なモデル＝理想型（その逆の悪いモデルも分類上の極として定立する必要があろう）とするには相当な説明が必要であろう。果してそれは可能なのか？少なからず疑問である。

　分類上のモデルを用意した上で個別具体的な憲法を「位置づける」というのもいささか要領を得ないことである。モデルとの距離をどのように測ればよいのか？　個別の憲法がモデルの憲法とどのくらい似ているのかあるいは異なるのかを定量化できるのか？　世界の憲法を元素の周期表のように整理分類できると考えられていたのであろうか？　かりにそれができたとしても，その分類表は儚いものになろう。なぜなら，元素と違って憲法は歴史的産物であり，不断に変動するからである。もちろん，元素もまた宇宙の歴史の産物であり周期表にも異論があり，また周期表にない元素の存在も少なからず予言されているが，少なくとも元素の歴史的安定性，周期表の確定性と憲法の分類の不安定性・不確定性はきわめて対照的である。

　本書が，通常の比較憲法概説書とはまったく異なるスタイルになっているのは，以上のような問題意識があるからである。英米独仏偏重を問題視しながら，本書が比較の対象を主としてフランスに定めているのは，私の能力の限界と関心という主観的な必然性による。客観的には何の必然性もない。本書の比較のテーマの選択も便宜的で，多くは，従来日本国憲法の解釈の際にフランス憲法

が参照されることがあったものである。以上の点については本論中の方法に関する叙述が説明を与えることになる。また，本書で行う比較の目的は，日本国憲法の認識を私なりに深化させることであるが，この点に関しても本論中の方法論に委ねる。

　筆者は，関西大学法学部に迎え入れていただいた年に国法学の講義を担当し，その後名古屋大学法学部で比較国制論，関西大学法学部で比較憲法の講義を担当する機会に恵まれてきた。遡れば，一次資料に埋没しそうな研究生活を過ごしていた大学院時代以来フランスを研究対象にすることの意味や比較憲法の目的・方法について自問してきた。本書は，そうした素朴な問題意識を抱きながらこれまで行ってきたフランス憲法研究，比較憲法研究をベースにして作成した国法学，比較国制論，比較憲法の講義準備ノートから生まれたものである。本書がなるのは，筆者にそれらの貴重な講義の機会を与えて下さった関係各位および拙い講義を辛抱強く熱心に聴講された学生諸君のお陰である。この場を借りてお礼申し上げたい。

　2017年12月

村田　尚紀

▶ 『比較の眼でみる憲法』————目次

はしがき

第1部　比較憲法学の課題と対象・方法

第1部　はじめに　　2

第1章　比較憲法学の課題　　比較憲法学とは何か？ ………… 3

第1節　憲法学の体系と比較憲法学 ……………………… 3

第2節　憲法解釈学と憲法科学 ……………………………… 4

1　憲法解釈学とは何か？（4）　　2　憲法科学とは何か？（8）

第3節　比較憲法学の目的 ………………………………… 17

1　憲法実践と比較憲法学（18）

2　憲法認識と比較憲法学（21）

第2章　比較憲法学の方法と対象 ……………………… 23

第1節　歴史的比較と政治的比較 ……………………… 23

第2節　比較の対象 ……………………………………… 26

1　遠隔比較と近接比較（26）

2　憲法という言葉と概念（31）

第2部　日本国憲法の比較憲法的考察

第2部　はじめに　　36

序 ……………………………………………………………… 37

第1章　憲法の正当性 ………………………………… 39

第1節　日本国憲法成立史 ……………………………………… 40

1　ポツダム宣言受諾（40）　　2　民間憲法草案の登場（42）

3　松本委員会構想（43）　　4　GHQ草案・内閣憲法改正草案

から日本国憲法成立へ（44）　　5　日本国憲法の歴史的特質（47）

第2節　フランス第5共和制憲法成立史 …………………… 49

1　第4共和制憲法体制の崩壊（50）

2　第5共和制憲法制定過程（53）

3　第5共和制憲法の歴史的特質（57）

第3節　日仏憲法成立史の比較 ……………………………… 59

1　制定過程・手続の比較（59）

2　実体的正当性の比較（65）

第2章　国民主権 ………………………………………………… 67

序説 ……………………………………………………………… 67

第1節　日本国憲法の国民主権の構造 …………………… 69

1　解釈上の諸問題――通説的国民主権論の問題点（69）

2　日本国憲法の国民主権の構造（72）

第2節　フランスにおける国民主権の構造 ……………… 77

1　フランス憲法史のなかの国民主権（77）

2　第5共和制憲法の国民主権（80）

第3節　日仏主権原理の比較 ………………………………… 83

1　憲法構造の比較（83）　　2　主権原理の歴史的位相（84）

第3章　議院内閣制 ……………………………………………… 86

序説 ……………………………………………………………… 86

第1節　日本国憲法上の国会・内閣関係 ………………… 86

1　日本国憲法における国会と内閣の関係（86）

2　日本国憲法上の議院内閣制 (87)

　第2節　第5共和制憲法上の国会・政府関係 ……………91

　　　1　大統領・内閣・国会の権限と地位 (91)

　　　2　大統領・政府・国会における責任と均衡 (93)

　第3節　日仏「議院内閣制」の比較 ………………………94

　　　1　一元的議院内閣制と二元的議院内閣制 (94)

　　　2　「議院内閣制」の日本と「大統領制」のフランス (95)

第4章　平和主義 ……………………………………………97

　序説 …………………………………………………………97

　　　1　戦争の違法化の史的展開 (97)

　　　2　平和の保障としての国民主権 (101)

　第1節　日本国憲法の平和主義 ………………………… 102

　　　1　非軍事平和主義 (102)　　2　平和的生存権 (104)

　　　3　日本国憲法下の平和と戦争の弁証法 (104)

　第2節　フランス第5共和制憲法の平和主義 ………… 108

　　　1　武装平和主義・政策としての平和 (108)

　　　2　軍事の統制 (109)

　第3節　日仏「平和主義」の比較 ……………………… 111

　　　1　平和主義の諸類型 (111)　　2　歴史的背景 (111)

　　　3　平和主義の規範力 (112)

第5章　違憲審査制 …………………………………… 114

　序説 ………………………………………………………… 114

　第1節　日本国憲法の違憲審査制 …………………………… 114

　　　1　憲法裁判所の禁止 (114)

　　　2　司法裁判所による違憲審査 (116)

第2節　第5共和制憲法の違憲審査制 …………………… 117

1　憲法院の組織と権限（118）

2　憲法院による違憲審査（123）

第3節　日仏違憲審査制の比較 ……………………………… 127

1　違憲審査機関の性格（127）

2　違憲審査制の歴史的展開と類型（128）

3　制度の差異と機能の類似性（130）

第6章　人権保障と立憲主義 ……………………………… 132

序説 ………………………………………………………… 132

第1節　日本国憲法の信教の自由と政教分離原則 …… 133

1　信教の自由と政教分離原則（133）

2　溶解する立憲主義としての政教分離原則（136）

第2節　第5共和制憲法の信教の自由とライシテ原則 … 139

1　信教の自由とライシテ原則（139）

2　反転する立憲主義としてのライシテ原則（145）

第3節　日仏政教分離原則比較 …………………………… 157

1　信教の自由と政教分離原則（157）

2　政教関係をめぐり動揺する立憲主義（157）

第7章　憲法保障 …………………………………………… 159

序説 ………………………………………………………… 159

第1節　国家緊急権 ………………………………………… 159

1　日本国憲法における国家緊急権（159）

2　フランス第5共和制憲法における国家緊急権（163）

3　日仏国家緊急権法制比較──国家緊急権の必要性と合理性（177）

第2節 抵抗権··· 181

1 日本国憲法における抵抗権（181）

2 第5共和制憲法における抵抗権（182）

3 日仏抵抗権比較（184）

第8章 憲法改正と憲法変動··· 187

序説··· 187

第1節 憲法改正の限界··· 187

1 日本国憲法改正の限界（187）

2 第5共和制憲法改正の限界（193）

3 日仏憲法改正手続比較——憲法制定権力と憲法改正権,
歴史的背景（198）

第2節 憲法変遷と憲法慣習 ··· 202

1 日本憲法学上の憲法変遷・憲法習律（202）

2 フランス憲法学上の憲法慣習論（204）

3 憲法変遷論・憲法慣習論比較（206）

人名・事項索引··· 209

第 1 部

比較憲法学の課題と対象・方法

第1部　はじめに

　学問にはそれぞれの対象と方法とがある。どのような学問を修得するに際しても，その学問の方法を知らなければ成果を理解し，吟味することはできない。また，方法は当該分野の未知の問題にアプローチするツールにもなる。既存の方法が未知の問題を前にして無力になることもあろうが，この場合も，そのこと自体が未知の問題の性質を浮き彫りにしてくれるという意味では，方法を自覚したアプローチの意義は失われない。そこで，まず第1部では，比較憲法学がどのような学問であるか，またそれはどのような方法によって成り立つのか，という問題について考えてみる。

第1章　比較憲法学の課題　　比較憲法学とは何か？

第1節　憲法学の体系と比較憲法学

　法学はしばしば医学に似ているといわれる。医学が人間の怪我や病気を治すことを目的とするのに対して，法学は人と人との紛争という社会の病を治療することを目的とするという意味で似ているという。医学に臨床医学と基礎医学があるのと同じように，法学は実用法学と理論法学に区分される。臨床医学に相当する実用法学は，「立法や裁判などの法律実務のために必要な技術を提供することを目的とする学問[1]」である。それは，社会的問題ないし紛争の法による解決・解消を目的とする知的営みということもできよう。これに対して，基礎医学に相当する理論法学は，人によっては科学としての法学とも呼ばれ，こちらは社会的問題ないし紛争すなわちいわば社会の病を治療する実用法学とは異なって，社会の病の原因やプロセスを解明する学問である。

　法学の体系が以上のような2つの分野——人によって呼称は様々であるが——からなると考えられることについて現在大きな異論はない。これに従って，一般に，憲法学の体系も，実用憲法学と憲法科学の二部門に区分される[2]。実用憲法学は，社会的問題ないし紛争を憲法によって解決ないし解消することを目的とする学問である。これは，「憲法のルールに従って，憲法問題を合理的に解決することを目指す，実践的学問[3]」である憲法解釈学と「憲法の理念を実現していくために必要な（しかし現実にはまだ存しない）諸方策の，立案・定立・

---

*1)　川島武宜「科学としての法律学」著作集第5巻（岩波書店，1982年）9頁。原文の傍点は省略した。

*2)　理論憲法学と呼んでも差し支えない。所詮言葉の問題であるが，理論という言葉が解釈学説や判例にも使われることがあるので，本書では誤解を避けるため憲法科学という言葉を使う。

*3)　小林直樹『憲法学の基本問題』（有斐閣，2002年）79頁。

実施の諸過程の合理化・体系化を目指す形成的な実用学[4]」である憲法政策学とからなる。他方，憲法科学は，憲法や憲法の運用，それに対する人々の意識等からなる社会現象としての憲法現象を客観的に認識する学問である。これは，憲法史・憲法思想（史）・憲法学史・外国憲法学・比較憲法（史）学などからなる。憲法科学は，対象となる憲法のいわば「国籍」に着目して，一般憲法学・個別憲法学・比較憲法学に区分することも考えられる。また，憲法規範科学と憲法社会学というふうに憲法科学を区別することも考えられる。

　いずれにしても，憲法学体系上，比較憲法学が実用憲法学ではなく，憲法科学の一部門として位置づけられることに異論はない。

第2節　憲法解釈学と憲法科学

　日本国憲法の解釈の際にしばしば比較法的検討が行われている。しかるに，比較憲法学は憲法科学の一部門であるとされる。それでは，憲法解釈学と比較憲法学とはどのような関係にあるのか？　この問題を考える前提として，憲法解釈学と憲法科学それぞれの目的や対象，方法について検討する必要がある。

1　憲法解釈学とは何か？

(1)　（憲）法による紛争解決の構造

　憲法解釈学が「憲法のルールに従って，憲法問題を合理的に解決することを目指す，実践的学問」であるとして，「憲法のルールに従う」とはどういう意味なのか？　通常，憲法問題を解決しようとするとき，憲法を紛争事案に機械的に適用しているわけではないし，それで解決することはできない。

　憲法問題に限らず，一般に法的な紛争の解決は，法の解釈とそれに基づく法の具体的事案への適用という2つのステップからなる。法規範を意味するフランス語のnormeはラテン語のnormaに由来する。normaは規範という意味のほかに定規という意味をもつ。しかし，法規範を定規のように用いて法的な紛争を解決できる場合はきわめて珍しく，ほとんどないといっても過言ではない。

---

*4)　同前。

⑵ （憲）法解釈の必然性

では，法的紛争の解決の際，なぜ法適用の前に法を解釈しなければならないのか？　この法解釈の必然性は，法の存在構造に由来するといえる。

ごく一般的にいって，法は利害の対立する所に生まれる。法は，社会の妥協の産物である。以下，とくに近代以降の議会制の下で制定される法律を例にとると，その多くが大なり小なり社会を映し出す立法過程における妥協の産物であることは，縷々述べるまでもないであろう。妥協の産物である法律には，矛盾する，あるいはそのようにみえる条文や曖昧な文言がみられることも珍しくない。

また，一般的抽象的法規範としての法律はもちろん，少なくない措置法も，相当の期間妥当することを予定しているが，それでも時間の経過によって当初想定していなかった問題が発生することがある。

以上のような場合に，法は解釈を必要とすることになる。解釈による対応が不可能であれば，立法措置が必要になる。

とくに憲法は，多くの条文がきわめて簡潔で，法律の多くと違って要件と効果を定めない条文も珍しくなく，また国家の基本法として長い年月にわたって妥当することを予定しており，それでいてというよりもだからこそほとんどの憲法は硬性憲法である。法律と比べてこのような特質を有しているため，憲法はいっそう解釈を必要とするのである。

⑶ （憲）法解釈という操作の性質

法的紛争解決に当たって避けて通れない法の解釈とはどのような性質の操作なのか？　憲法解釈学が「実践的学問」であるとはどういうことか？　ここでは，法の解釈と自然科学における事物の認識との比較を通して法解釈の特殊性としての実践性について考えてみる。

自然科学における事物の認識とは，事物に客観的に——すなわち認識主体の主観から独立して——内在する法則の把握・記述である。自然科学における命題は，客観的事実に照らして真か偽かが問われる。たとえば，「地球は太陽の周りを回っている」（地動説）は真であり，「太陽は地球の周りを回っている」（天動説）は偽である。ローマ教皇庁は，客観的事実ではなく聖書の記述を根拠に1992年まで天動説を固持してきた。これは，聖書の教えは正しいはずだという思い込み，ないし聖書の教えを守るべきだという価値判断のなせる業である。

6　第1部　比較憲法学の課題と対象・方法

天動説か地動説かという争いはその真偽をめぐる争いであったが，教皇庁は，いわば認識の通路に客観的根拠のない主観という障害物を置いて，地動説を断罪していたのである。これとは対照的な自然科学における認識のミニマムの意味は，客観的根拠のない主観的な願望や価値判断を持ち込まない事物の把握・記述ということである。

　学問の自由を保障していなかった戦前の帝国憲法の下，日本のアカデミズム憲法学は，憲法解釈学を科学と理解し，憲法の解釈とは憲法規範の認識であると了解していた。[*5] しかしながら，今日，このような了解はもはや一般的ではなくなっている。

　一般的に承認されているように，法の解釈は自然科学における事物の認識とは異なる精神作用である。それは，何よりも解釈の対象が自然現象ではなく規範命題であることによる。たとえば日本国憲法21条1項の「集会，結社及び言論，出版その他一切の表現の自由は，これを保障する」という命題は，真偽を問うべき命題であろうか？　これは，表現の自由を尊重しなければならないという価値判断を定式化した規範命題で，客観的事実に照らして真か偽かを判断しうる命題ではない。また，たとえば「憲法21条1項により刑法175条は無効である」という命題や「憲法21条1項の下で『チャタレイ夫人の恋人』をわいせつ文書として取り締まることは許されない」という命題もその真理性を問うべき筋合いのものではない。いずれも価値判断を含む命題である。問題を単純化していえば，判例の刑法175条合憲説がわいせつ表現の保護よりも性道徳の保護を優先するべきだと考えるのに対して，刑法175条違憲説は，あるいは性表現の自由の保護を優先すべきだと考え，あるいは刑法175条の保護法益を疑問視して性表現の自由を優先すべきだと考える。『チャタレイ』の取り締まりの可否に関しても，どこまで性表現を尊重すべきかという利益衡量＝価値判断を背景にもつ「わいせつ」の定義をめぐる対立がある。計算によって地球の公転運動が正確に予測できるのとは違って，かつての概念法学が考えたように憲法21条1項や刑法175条からいわば数学的に正確にこれらの条文の解釈や適用が導き出せる訳ではない。

─────────────

*5)　参照，杉原泰雄「憲法解釈学」同編『〔新版〕体系憲法事典』（青林書院，2008年）280頁。

第1章　比較憲法学の課題　　7

　このように，法解釈には価値判断が含まれ，その意味で解釈は実践であり，事実の客観的認識とは異なるのである。

(4)　(憲) 法解釈の方法

　法の解釈は，自然科学の認識と異なって，真理性ではなく妥当性が問われる。それでは，どのようにすれば法の妥当な解釈は得られるのか？

　法の解釈の仕方には，伝統的に，文理解釈，拡大解釈・縮小解釈，類推解釈・反対解釈，勿論解釈，体系的解釈・沿革的解釈，比較法的解釈，目的論的解釈・社会学的解釈，公権的解釈（有権解釈）と，様々なものがある。

　文理解釈とは，辞書ないし法学事典的意味に従う操作をいう。たとえば，日本国憲法93条2項の「住民」に関連して，「地方公共団体，とくに市町村という住民の生活に最も密着した地方自治体のレベルにおける選挙権は，永住資格を有する定住外国人に認めることもできる[6]」という解釈は，「住民」を「ある一定の地域内に居住している人」と辞書的意味に解している。

　拡大解釈は，言葉の意味を拡大する操作である。たとえば，本来送り手の権利である表現の自由を受け手である国民の側から「再構成」し，知る権利を含むものとするのは，表現の自由を拡大解釈するものといえよう。[7]

　類推解釈は，言葉の意味に含まれないものに，類似性を理由として法の適用を及ぼす操作をいう。たとえば，日本国憲法84条にいう租税を「国又は地方公共団体が，課税権に基づき，その経費に充てるための資金を調達する目的をもって，特別の給付に対する反対給付としてでなく，一定の要件に該当するすべての者に対して課する金銭給付」と解しつつ，「租税以外の公課であっても，賦課徴収の強制の度合い等の点において租税に類似する性質を有するものについては，憲法84条の趣旨が及ぶと解すべきである[8]」とするのは，類推解釈である。

　勿論解釈とは，「小さなものが許されているのだから，より大きなものはもちろん許されている」とか「大きなものが禁止されている以上，より小さなも

---

*6)　芦部信喜『憲法〔第6版〕』高橋和之補訂（岩波書店，2015年）92頁。

*7)　たとえば，参照，同前175頁以下。なお，この点を含めて，知る権利の法的性格に関する通説的見解の問題点について，拙稿「知る権利の構造と弁証——権利フェティシズムを超えて——」関西大学法学論集60巻1号。

*8)　最大判2006・3・1民集60巻2号587頁。

8　第1部　比較憲法学の課題と対象・方法

のは当然禁止されている」というような類推解釈の一種である。たとえば,「財産権の侵害に補償が行われるのなら,本来侵してはならない生命,身体への侵害に補償がなされるのは当然である[*9]」として,予防接種による健康被害につき,日本国憲法29条3項に基づく損失補償請求を肯定する解釈は勿論解釈である。

　このように実際に日本国憲法の解釈において,論理的には相容れない解釈技術が問題ごとに使い分けられていることが示唆するように,法解釈の妥当性にとって最も重要なのは,論理性そのものではない。法の解釈の最終目的が,不断に流動的な社会の実態に即して法の客観的な妥当性・正当性・公平性を実現していくことにあるとすれば,解釈にあたっては,立法目的や制度の意図を考慮しなければならない。その意味では,目的論的解釈が正しい解釈方法ということができよう。法の目的は社会のなかで実現されるべきものであるから,様々な解釈を採用した場合の社会的影響を考慮する社会学的解釈は,目的論的解釈を補完するものである。

　ところで,公権的解釈は,公権力によって現実に妥当せしめられている法の意味を表わすものであるから,実務上これを無視できないことはいうまでもない。また,それが法現象の科学的認識にとって重要な情報であることも勿論である。しかし,公権的解釈が法の妥当な解釈であるとは限らない。現実には,公権力が恣意的に社会的強者に都合よく法を解釈することが往々にしてあるからである。したがって,現実に妥当していることをもって公権的解釈が妥当な解釈であるとみなすことはできないのである。

2　憲法科学とは何か？

(1)　科学的認識の意味

　憲法科学の方法論上まず問題となるのは,実践的性格を有する憲法解釈と異なる科学的認識というオペレーションの意味である。認識一般と異なる科学的認識とは何か？

　まず科学的認識のミニマムの意味は,主観的な願望を持ち込まない認識ということである。認識の通路に客観的根拠のない主観という障害物を置いてしま

[*9]　芦部『憲法〔第6版〕』239頁。

っては，対象の客観的・全面的な認識を獲得することはできない。

　もっとも，虚心坦懐に事物を観察すればそれでただちに科学的認識が得られるという訳でもない。そのような実証主義的な方法によって得られる認識は，客観的な認識であるにしても，いまだなおせいぜい現象面の事実を並べただけのものにすぎないであろう。科学的認識とは，そのような客観的認識を超えて現象のなかにある本質をつかみ，事実がそうあらざるをえない法則（必然性）を明らかにする認識ということができよう。

　このような科学的認識の意味は，自然科学の分野ではさほど大きな抵抗なく受け入れられているといってよいであろうが，社会現象に関してはその法則性そのものに懐疑的な見解が少なくない。しかし，社会現象にも少なくとも因果性があることまでは否定できない。歴史的過程のなかにあり不断に大なり小なり変化する社会現象が，それがまさに過程であり変化であるという意味において，因果の連鎖を不可欠の内部構造としてもつことは否定しようがないことであろう。問題はこの因果関係＝因果法則である。因果法則を単に機械論的に理解すると，それは決定論ないし宿命論となる。法則をもっぱらこの意味で理解するなら，社会現象の法則性に懐疑的にならざるをえないであろう。

　原因のなかに結果が完全にプログラムされているような機械的な因果関係も因果法則の１つには違いない。同じ事情のもとで同じことが繰り返される恒常的な関係をあらわすそのような法則は，物理学や化学などの領域における法則の多くである。しかし，因果法則にはもう１つのタイプがある。自然現象でいえば，生物の進化に端的にみられる，個体の再生産を繰り返しながら生じる歴史的変異の因果関係である。社会現象に関しては，繰返しの法則もまた問題となることがあるにせよ，同時に問題となるのは，因果の連鎖を通じてあらわれるもう１つの因果法則＝発展の法則である。ここでいう発展法則は，機械的な因果法則のように高度の予測可能性を保証するものではない。すなわち，それは，社会現象の存在と運動に関する神秘的な決定論ではなく，存在する/したものが，何故，どのようにして，そのような姿をとって存在する/したのか，何故ほかの姿をとらない/とらなかったのか，またそれは何故，どのようにして変化する/したのかを説明する，いわば歴史的な法則である。社会現象の歴史的変化をいっさい変化と認めないのであればともかく，そうでないならばこ

10　第1部　比較憲法学の課題と対象・方法

のような歴史的法則性の解明が問題となることは否定できないであろう。

(2)　科学的認識の方法

　対象の現象面を映し出すにすぎない感性的認識を超えて以上のような意味の法則を把握する科学的認識は，一般的に，①主観をまじえない事実の観察と分析，②仮説の定立，③仮説の検証という方法によって獲得される。

　認識と解釈との関係も単純ではないが，科学的認識は，一般的に当不当が問[10]われる実践的な解釈と違って，真理性が問われる。科学的認識のプロセス上，真理性の獲得ないし向上にとって不可欠なのが，事実の観察と事実による検証である。実証は科学の方法の核心をなすといってよい。このように実証を重視する立場と鋭く対立するのがカール＝ポパー（1902年–1994年）の反証主義であ[11]り，それは自然科学や社会科学の諸分野でさまざまな影響を与えている。たしかに，ポパーのいうように，経験的事実に基づいて立証するという検証方法では，主語の全範囲にわたる判断を表わす全称命題の証明はできない。

　そもそも現実の世界も不断に発展し，つぎつぎに新しい現象が現れるのであるから，科学的認識も固定したものではありえず，新しく現われる現象の観察・分析→仮説の再定立→検証というプロセスによって，より包括的なより一般的な本質の認識となってゆくいわば発展過程にある認識ということができる。その意味で科学的認識の真理性も相対的なものであるから，反証に耐えうる認識だけが科学的認識として維持されるといってもよさそうである。

　しかしながら，ポパーのいうように，人間の有限な経験によって全称命題としての科学的命題を証明することができないとすると，反証主義にも重大な疑問が生じる。ポパーのいう仮説は，経験的事実に基づくものでなければならないが，けっして経験的事実から帰納されるものではなく，無限に可能な理論世界からランダムに選び出されるものである。ところが，人間の経験には限界が

---

*10)　両者の峻別の否定的影響について，参照，浦田一郎「日本における憲法科学の方法論——法の解釈論争が憲法科学の発展に及ぼした否定的影響を中心にして」同『立憲主義と市民』（信山社，2005年）。

*11)　カール＝ポパー『科学的発見の論理（上）・（下）』大内義一・森博訳（恒星社厚生閣，1971年・1972年），同『歴史主義の貧困—社会科学の方法と実践』久野収・市井三郎訳（中央公論社，1961年），同『推測と反駁』藤本隆志・石垣壽郎・森博訳（法政大学出版局，1980年），同『客観的知識』森博訳（木鐸社，1974年）など。

あるのであるから，人間の試みる仮説にも限界がある。そうすると，無数の可能な仮説のなかから選ばれた仮説を反証にさらし，誤り排除の方法を適用しても，そもそも仮説の選択に限界があるのであるから，その結果淘汰された理論が真である保証はないし，選ばれなかった無数の可能な仮説よりもましであるという保証もないことになるではないか[12]。そこで，短時日のあいだにおける科学の発展が偶然の積み重ねではありえないとすれば，それを可能にしたのは何かがあらためて問題となる。この点に関して，経験的世界からの帰納と理論世界からの演繹とを補うものとしてヘーゲル（1770年－1831年）の「アナロジー」やチャールズ＝サンダー＝パース（1839年－1914年）の「本能」に注目する見解もあるが[13]，いまだ充分に解明されているとはいえない。現在のところ，科学的認識を真理に向けて発展させる方法は未完成であるといわざるをえない。

(3) 憲法科学の課題

科学的認識を消極的に特徴づけるならば，科学の歴史が示すように，反宗教性を指摘することができる。この点に関しては，自然科学・社会科学の別を問わず，おそらく異論はないであろう。反証可能性を科学の最も重要なメルクマールにする立場の者も，反証可能性があるからといって占星術を科学と認めることはまずない。宗教的世界観の否定は科学的精神の核をなすといってよいであろう。

もっとも，このように反宗教性を科学の特徴として強調することに，今日どれほどの意味があるのかという疑問は充分ありえよう。しかしながら，少なくとも社会科学に関しては，事物の発生根拠を問わない態度あるいは事物の発生根拠に盲目的な態度という意味でのフェティシズム＝物神崇拝の克服が今なお重要な課題であるといえるのではないか。

オーギュスト＝コント（1798年－1857年）は，人間精神の発展を神学的段階→哲学的段階→科学的段階の三段階に区別して説明した[14]。日本の社会科学は，敗戦によって，ようやくコントのいう神学的段階から抜け出せたという特殊な事

---

*12) 参照，鈴木茂『偶然と必然』（有斐閣，1982年）93頁以下。

*13) 参照，同前98頁以下。

*14) オーギュスト＝コント「社会再組織のための科学的研究プラン」コント・コレクション『ソシオロジーの起源へ』（白水社，2013年）

12 　第1部　比較憲法学の課題と対象・方法

情がある。社会科学は，社会現象を対象とする合理的・経験的な世界観であり，フェティシズムという一種の神秘主義・宗教的世界観の対極にある体系的な認識であるということは自明のことに属するはずであるが，社会現象フェティシズムとの対決が必ずしも充分に遂行されてきたとはいえない嫌いがある。戦前の憲法学が一部の例外を別として護教の学となっていたことの反省から出発したはずの戦後憲法学もまたそうであったとすれば，社会科学である憲法科学の任務が，憲法フェティシズムを批判し，憲法上の諸々のいわゆるイデオロギーを批判することであるということは強調されてよい。

　いわゆるイデオロギー批判は，1934年に公表された宮沢俊義（1899年‐1976年）の論文「国民代表の概念」において，「真理のみに仕える科学の当然の任務」[*15]として提唱された。この場合のイデオロギーとは，「その本質上現実と一致しなくてはならぬ科学的概念として自らを主張する表象であって実は現実と一致しないもの」であり，それは「非支配層の希望・欲求に対して現実の仮面を与える」ことによって，支配層に奉仕する。[*16]宮沢の構想したイデオロギー批判とは，法の科学のなかにまぎれこんでいるイデオロギー的性格を有する諸概念の現実との不一致を暴露することである。現に妥当している法的概念のイデオロギー性を暴露することは，支配層を告発し，非支配層を啓蒙するという実践的効果を伴うであろうが，それ自体は概念および現実の認識と両者の距離の測定という科学的認識の作業である。

　宮沢のイデオロギー批判は，宮沢自身が参照していることからも明らかなように，カール＝マンハイム（1893年‐1947年）の『イデオロギーとユートピア』[*17]に着想を得ている。ただし，マンハイムが，どのような思想もその立場や時間に制約されているという思想の存在被拘束性を指摘しているのに対して，宮沢は，国民代表の概念について，マンハイムのいうような存在被拘束性を問題にしたわけではない。[*18]その意味では，宮沢が実際に行ったイデオロギー批判は，不徹底であったといえる。しかし，それにしても，社会科学が置かれていた当

---

*15)　宮沢俊義『憲法の原理』（岩波書店，1967年）所収。

*16)　参照，同前186～188頁。

*17)　翻訳として，創元新書（1963年），未来社（1968年），中央公論新社（2006年）の版がある。

*18)　参照，高橋和之『国民内閣制の理念と運用』（有斐閣，1994年）13頁。

第1章　比較憲法学の課題　13

時の状況からすれば，ある種の法的概念の現実隠蔽機能を明らかにするイデオロギー批判が憲法学の任務とされたことじたいは，画期的であったといってよい。それだけに，戦後社会科学が絶対主義的天皇制の桎梏から解放されたにもかかわらず，一部の論者を別として，イデオロギー批判が憲法科学の任務として充分自覚されてこなかったように思われる。戦後憲法学は，もっぱら「批判の学」にとどまってきたという批判を受けることがあるが，そもそも批判の学に徹していたのかという方法的反省も必要ではないか。

　もっとも，いわゆるイデオロギー批判の方法に無批判でいるわけにもいかない。そこに問題がなかったわけではない。

　第1に，イデオロギー批判の方法が，きわめて多義的なイデオロギー概念を[19]とくに虚偽意識という意味に限定して用いる理由が必ずしも明確ではない。科学の立場からは，概念の当否ではなく真偽が問題になるとしても，概念の真理性は，単純に全か無かで割り切れるものでもない。仮に単なる虚偽にすぎない概念があるとしても，それは少なくとも継続的に権威を正当化することができないであろうから，イデオロギーの機能を果たしえない，すなわちイデオロギーとしては存続できないことになるであろう。

　第2に，イデオロギーをマンハイムや宮沢のように虚偽表象と定義する場合，イデオロギー概念をイデオロギー概念に当てはめることができないという，いわゆるマンハイムのパラドクスという問題が生じる。たとえば宮沢が国民代表概念のイデオロギー性を指摘するとき，宮沢自身の存在被拘束性を否定することができない以上，その指摘が虚偽であるといわなければならなくなるのではないか。すなわち，もしわれわれの観念のすべてが存在被拘束的でわれわれの知らない利害をあらわすとすれば，われわれはそれ自体イデオロギー的でない科学的なイデオロギー批判を行うことができないというパラドクスに陥ることになる。[20]

　第3に，そこで，イデオロギー的概念と現実との不一致を客観的に認識する方法が問題となる。マンハイムは，「一定の（質的な）真理が存在相対的に

---

*19)　参照，たとえば，テリー＝イーグルトン『イデオロギーとは何か』（平凡社，1996年）。

*20)　イデオロギー批判を科学の立場から行おうとする宮沢がマンハイムのいう存在被拘束性を無視している理由は，ここにあるのかもしれない。

14 第1部 比較憲法学の課題と対象・方法

のみ把握でき，また定式化されうる」といういわゆる相関主義（Relationismus, relationism）の立場がそれを可能にするとしたが，これに対しては，すでに 1930年代，日本の法理論家によっても「彼の基礎的概念たる『存在』（Sein）の観念的な中間的浮動性並に拘束性の相対性等の点において真に認識論上の相対主義を止揚しうるものとは云ひ難い」と批判されていた。まして宮沢のような相対主義（Relativismus,relativism）の立場は，なおさらこの問題に答えることが難しいであろう。

1970年代主権論争において杉原泰雄が通説的な国民主権概念に対して行ったイデオロギー批判は，かつての宮沢のイデオロギー批判を参照しつつも，「規範論理的な認識からの帰結を1つの『仮説』として，諸々の市民憲法のもとでたえず検証すること」と「『仮説』の科学性を歴史科学的社会科学的に検討すること」とを不可欠とし，イデオロギーないし概念の担い手と社会経済的基盤とを究明することによって，宮沢のイデオロギー批判を超え，さらに以上のようなイデオロギー批判の問題点を克服する方法を示唆する積極的な方法論的意義を有していたといえる。

イデオロギー批判に対しては，それを社会科学の主要任務とすること自体，「科学の課題を余りに狭めすぎる」という指摘もある。その指摘は，仮説の定立と検証こそ科学の任務としイデオロギー批判をそれとは別の作業であるとみている。しかし，イデオロギー批判は，必ずしも仮説の定立・検証を不要としているわけではない。問題は，むしろイデオロギー批判の方法にあったというべきであろう。

以上のイデオロギー批判の方法的反省は，憲法現象のトータルな認識の必要性を明らかにしているといえる。憲法現象のトータルな認識によって，諸々の憲法上の概念や思想，見解の真理性あるいは虚偽性が明らかになるであろう。

---

*21）　「精神的領域における競争の意義」マンハイム全集第2巻（潮出版社，1975年）144頁。

*22）　加古祐二郎「法的意識における主体性」同『近代法の基礎構造』（日本評論社，1964年）212～213頁。

*23）　杉原泰雄『国民主権の研究――フランス革命における国民主権の成立と構造』（岩波書店，1971年）37頁。

*24）　小林直樹『憲法学の基本問題』（有斐閣，2002年）32頁。

(4)　憲法現象の構造論

　法実証主義者のジョン＝オースティン（1790年−1859年）は，法が主権者の命令であると説いた。この法命令説は，それ自体として科学的な認識といって差し支えないが，その地点からさらに進んで，主権者の意思の発生根拠を問うことをしなかった。この点に，実定法のみを法学の対象と考える法実証主義の限界がある。

　長谷川正安(1923年−2009年)や影山日出弥(1933年−1976年)の提唱した「憲法現象の構造」論は，そのような法実証主義の科学の方法としての限界を超えて，憲法現象のトータルな認識をめざし，憲法フェティシズムやその対極の憲法ニヒリズム——憲法の発生根拠を問わないという意味では憲法フェティシズムと同根であるが，無自覚的に憲法を否定する点で無自覚的に憲法を賛美する憲法フェティシズムとは対極に位置する——を批判する分析枠組として位置づけられよう。

　実定法は，けっして現実の社会関係と無関係にいわば宙に浮いて存在しているわけではない。実定法もまた経済的・社会的・イデオロギー的な社会関係のなかで運動（生成・発展・消滅）する。憲法規範の生成・発展・変容という憲法現象を分析する視角として提唱された「憲法現象の構造」論は，憲法現象を憲法意識・憲法規範・憲法制度の3要素に分析する。

　第1に，憲法意識とは，「さし当り自由・平等・国家権力，制定後は憲法の個々の規範またはその全体となるような『憲法』等々についての社会意識」のことで[25]，その形態には，最も素朴な憲法感覚から憲法知識，憲法解釈，憲法学説，さらに体系的な憲法理論がある。憲法意識は，いうまでもなく多様であるが，大別すれば，支配的な階級ないし階級分派，階層によって担われる支配的憲法意識と被支配的なそれらによって担われる被支配的憲法意識からなる。

　第2に，憲法規範は，「支配的憲法意識が国家意識・国家意思という普遍的な意思形態をとって」構成するものである[26]。憲法規範は支配的憲法意識によって形成・運用され，変更される。しかし，このプロセスは，単純ではない。被支配的な憲法意識との対抗関係が支配的憲法意識を大なり小なり左右すると同時に，憲法規範が両者を一定程度制約するからである。

---

*25)　影山日出弥『現代憲法学の理論』（日本評論社，1967年）63頁。
*26)　同前82頁。

16　第1部　比較憲法学の課題と対象・方法

　第3に，憲法制度の意味は，論者によってやや異なる。これを「一定の典型的な社会関係を全体的に規制する憲法規範の複合体」とする見解がある一方で，このような見解を「規範主義的な制度のとらえ方」と批判し，「憲法規範によって規定された具体的な施設あるいは国家機関」を憲法制度とする見解もある。後者によれば，「一般的・抽象的な憲法規範は，憲法制度の具体的活動によって，その具体的内容をあたえられ，現実化する」。憲法制度を「憲法規範の複合体」とするだけでは，憲法規範と憲法制度を区別する意味は明らかにならないうらみはある。その点で，後者の把握の仕方に意義があるといえる。憲法制度は，被支配的な憲法意識と対抗しつつ展開する支配的憲法意識によって形成・運用・変更される憲法規範によって規定されるのであるから，これもまた複雑な対抗関係のなかで展開することになる。

　以上の憲法意識・憲法規範・憲法制度によって媒介されることにより社会諸関係が受け取るのが憲法関係というイデオロギー形態であるとされる。これは，「憲法現象のうちで，最も具体的であって動態的な現象」とされるが，「それには，憲法イデオロギー・憲法規範・憲法制度などの全要素が，一定の仕方でふくみこまれている」とすれば，これを憲法現象の第4の構成要素とするのは不適切であろう。むしろ憲法関係とは憲法現象そのものである。

　以上にみるかぎりの憲法現象の諸範疇とそれらの関係については，少なくとも根本的な疑問の余地はないように思われる。問題は，諸範疇の関係が憲法現象の歴史的な発展過程と一致するかのように論者が述べている点である。これは，思惟において分析を経て単純なものから複雑なものへ事物が構成されてゆく論理的な過程・叙述の過程と，事物の歴史的発展とを混同する誤りである。憲法現象を構成する諸範疇とそれらの相互依存・矛盾の関係とは，憲法現象のいわば観念的な破壊すなわち抽象と分析とによって論理的に解明されるもので

---

*27)　同前133頁。

*28)　長谷川正安「法の現象形態」天野和夫ほか編『マルクス主義法学講座3巻　法の一般理論』（日本評論社，1979年）92頁。

*29)　長谷川正安『〔新版〕憲法学の方法』（日本評論社，1968年）59頁。

*30)　影山・前掲書，138頁。

*31)　同前138〜139頁。

*32)　同前24〜25頁，57頁。

あると同時に，現実の憲法現象の分析によって抽出されたものであるかぎりにおいて，現実的であるにしても，諸範疇の関係が憲法現象の歴史的な発展過程と一致するわけではない。こうした問題点を除去すれば憲法現象の構造論は，より合理的な方法になるであろう。それは，憲法現象を構造的に把握し，変化のモーメントを把握する視角を与えるであろう。

　憲法現象がいわば宙に浮かんでいるのではなく，現実の社会諸関係のなかにあることを否定しないかぎり，そこにある矛盾からエネルギーを汲み取って憲法現象が展開することは否定できないであろう。憲法意識は，社会関係の矛盾を反映して，支配的な憲法意識と被支配的な憲法意識に分裂し対抗する。両者の対抗は，憲法規範にも憲法制度にも影響する。矛盾を孕む事物は，不動ではいられない。すなわち矛盾を解消ないし解決する方向へ動かざるをえない。それゆえ，分析によって明らかになる矛盾は，変化の方向を示唆することになる。憲法現象の構造の分析は，そこに含まれている矛盾をリアルに解明することができれば，歴史的展開の必然性を明らかにしたり（過去の憲法現象が対象の場合），歴史的展開の方向を示唆することができるであろう（現状分析の場合）。

第3節　比較憲法学の目的

　一般に比較憲法学は憲法科学の一部門と考えられているが，そのこと自体必ずしも自明のことではない。比較憲法学が「比較のための比較」にとどまるだけでは，その名に値しないという趣旨のことが論じられてきたが，[*33)]比較憲法学が自律した学問として何を目的とするのかということに関して，従来の比較憲法方法論は必ずしも明快に答えていなかったように思われる。その一方で，日本国憲法の解釈の際にしばしば欧米とくにアメリカ・ドイツ・フランスなどの憲法（憲法典や学説，判例など）を参考にする比較法的解釈が行われてきている。これでは，比較憲法は，現実には憲法科学の一部門としての比較憲法学というよりも，むしろ日本国憲法解釈の一方法でしかなかったようにみえる。そこであらためて従来の議論をふまえて比較憲法が実践の学なのかそれとも認識の学

---

*33)　たとえば，参照，黒田了一『比較憲法論序説』（有斐閣，1964年）29頁。

18　第1部　比較憲法学の課題と対象・方法

なのかについて検討する必要があるようである。

1　憲法実践と比較憲法学

　比較のための比較が許されないとすれば，比較法の目的は何なのかが当然問われる。そこでただちに法解釈や立法という法実践がその目的と考えられることになりがちのようである。外国憲法の例を日本国憲法の解釈の参考にするとか，解釈の理由づけに用いるとかすること自体が一概に許されないとまではいえないであろう。しかしながら，何らかの憲法実践を目的とするにしても，実践の前に考慮すべきことがあるはずである。

　日本国憲法の解釈学説には多くの比較法的解釈がみられる。これまでのその種の議論には，すべてというわけでないことはもちろんにせよ，重大な疑問の残るものもあったといわざるをえない。

　たとえば，かつて日本国憲法第31条の解釈をめぐって，学説がさまざまな主張を戦わせていた。手続法定説は，日本国憲法第31条がアメリカ合衆国憲法と異なって，法定される手続が「適正な」ものであることを要求していないと論じた。適正手続法定説は，日本国憲法第31条が，合衆国憲法の強い影響下に成立したにもかかわらず，たとえば文言自体が異なっていることから同憲法のデュープロセス条項（修正第5条）の意味するところをすべて取り入れたものとは解しえないと論じた。これらに対して，適正手続と実体の法定説は，日本国憲法第31条は，アメリカ合衆国憲法の影響の下に成立したもので，合衆国憲法のデュープロセス条項に相当すると主張した。また，適正な手続・実体法定説も，日本国憲法第31条は，アメリカ合衆国憲法のデュープロセス条項に淵源しており，それは合衆国では適正な実体をも要求するものと解されていると主張した。[*34]以上の主張には，比較法的解釈のあり方として考えるべきことが含まれている。いずれの見解も，日本国憲法第31条がアメリカ合衆国憲法の強い影響を受けていることを認識しているが，そのような事実をなぜ解釈

---

*34)　学説について，参照，芦部信喜編『憲法Ⅲ人権（2）』（有斐閣，1981年）91頁以下（杉原泰雄執筆）。なお，いうまでもなく，それぞれの説は，そのほかにも論拠を挙げており，以上の紹介だけをもってそれらを評価することはできないが，比較法的解釈のあり方を検討するこの場では，これ以上の学説の吟味は行わない。

において考慮するのか？また，おそらくいずれの見解も，日本国憲法第31条と合衆国憲法のデュープロセス条項との間に類似点と相違点があることを認識していると思われるが，一方の陣営は類似点を強調し，他方の陣営は相違点を強調する。類似点と相違点には，事実として価値の差はないにもかかわらず，そのような議論ができるのか？

また，たとえば憲法第62条の議院の国政調査権の法的性格に関して現在も基本書では通説的扱いを受けている補助的権能説の理由づけとして，かつて芦部信喜（1923年－1999年）は，フランス・アメリカの調査権に関する学説や判例等を概観したうえで次のように述べている。「政治的諸関係や基礎的な法律制度の相違に対応し，各国独特の法理の展開と運用がみられることは改めていうまでもない」が，「それにもかかわらず，根底に近代憲法の共通法ともいうべきものを看取することができ」る。「英米独仏の学説・判例を通じてひとしく認める原則によれば，調査権は議院の憲法上の諸権能を実質的に裏づけ，その実効的な行使を可能にするため必須のものとして認められた補助的権能であるから」，「その沿革およびこれを継受した経緯にかんがみ」，「わが国の調査権も，それと異なる解釈を許す積極的理由を見出しえないかぎり，議院の権能の及ぶ範囲外の事項については調査権を認めることはできないと解すべきである」，「国政調査権は諸国と同じく議院の補助的権能と解するのが正当であろう」。芦部が，英米独仏の通説と考えられる補助的権能説を日本国憲法第62条の解釈に採用する根拠は「その沿革」と「これを継受した経緯」である。しかし，なぜ「沿革」や「経緯」を考慮するのか？そのような事実から解釈＝価値判断が正当化できるのか？そもそも，芦部が主として概観したアメリカ・フランスの憲法には，調査権に関する明文規定がない。だからこそ両国では補助的権能説が必然であったと考えられるのに対して，第62条を有する日本国憲法はそのような解釈を必ずしも要する訳ではない。このような違いは，芦部によ

---

*35)　芦部信喜『憲法と議会政』（東京大学出版会，1971年）150〜152頁。

*36)　芦部は，さらに独立権能説を斥ける理由を述べているが，それ自体は日本国憲法第41条の「国権の最高機関」の解釈論である。したがって，この点に関しては，62条に関連する比較法的解釈の問題を検討するこの場では立ち入らない。

*37)　なお，現行フランス第5共和制憲法では，2008年の改正によって新設された第51条の2が調査委員会について定めている。

20 第 1 部 比較憲法学の課題と対象・方法

れば，「それにもかかわらず，根底に近代憲法の共通法ともいうべきものを看取することができ」ることで，乗り越えることができるかのようである。しかし，これでは，不都合な事実に目をつぶっているとはいえないか？そのために対象の過度の抽象化を行って比較の実証性を損なうことになっていないか？

　解釈論以外の憲法実践として，近年，日本国憲法を「普通の国の憲法」に改めるべきだとする改憲論がある。外国の憲法と異なる点を改めて「世界標準」に適合的な憲法をもつべきだという比較憲法的改憲論は，とくに新しいものではない。たとえば，「外国で多くの国家が採用している制度には速やかに取り入れるべき制度が頗る多いのである」と述べる大西邦敏の説や，日本国憲法について「諸外国の憲法にくらべれば，どこの国の憲法にもない規定が二十を数えるばかりでなく，ぜひ必要な条文規定がかなり抜けているずさんさや世界の憲法の一般的傾向を無視した時代錯誤性――前時代的性格――がめだつ」とし，適度に憲法改正を行っている民主主義国家の多くと比べて「日本ではあまりにも憲法改正に尻ごみしすぎるきらいがありはしないか」と述べる憲法調査会の委員有志の共同意見書「憲法改正の方向」など，半世紀以上前にすでに「普通の国の憲法」論はみられるのである。この種の議論に対しては，実質的理由を欠いた「算術的比較」にすぎないという批判がかねてから存在する。普通の国ないし多数の国の憲法なるものの意味が問題であり，仮にそれらと異なる点が日本国憲法にあるとして，その異なるという事実自体がネガティヴに評価される理由が不明である。

　以上のような比較法的憲法実践には，それぞれについて簡単に指摘したように，さまざまな方法上の問題が指摘できよう。それらは，比較の成果の利用の仕方に関するものと比較の目的や方法に関するものに大別されよう。

　まず比較の成果の利用の仕方に関する問題は，比較憲法的改憲論に最も極端なかたちでみられる。多くの国の憲法と異なる点があるという事実が何故，日本国憲法をそれに合わせて変更する理由になるのか。同様の問題は，程度の違

---

*38)　大西邦敏「第二次大戦後の諸外国憲法の動向」公法研究15号，6頁。

*39)　「憲法改正の方向」憲法調査会『憲法調査会における各委員の意見』憲法調査会報告書付属文書第 1 号，576頁。

*40)　同前581頁。

いこそあれ，比較法的憲法解釈のなかにもみられることがある。外国憲法と類似点があるとかないとかという事実がなぜその国と同様の解釈をすることあるいはしないことを根拠づけることになるのか。

同様の問題は，比較の対象の選択にも現れているとはいえないか。解釈上・改憲論上の都合に合わせて対象を選択していないか。比較法の目的を法実践とするとしても，これでは便宜主義という批判を免れがたいのではないか。

そもそも，一般に比較法的解釈が法解釈の一方法にすぎず，必須の解釈方法でないことはいうまでもない。実際，比較法的解釈がしばしば行われる憲法解釈においても，当然のことながら常に比較法的解釈が行われているわけではない。そのことが端的に物語るように，比較法的知見は法実践に必要不可欠なわけではない。比較憲法学は憲法解釈学の一モーメントでも下僕でもない。両者は区別されるべき固有の目的を有する憲法学の分野なのである。

憲法解釈にせよ憲法改正にせよ，憲法実践は，憲法問題に関する利益衡量に基づく。憲法実践上行われる利益較量は，憲法の比較とは根本的に異なる。日本国憲法の解釈・適用＝利益衡量の際に考慮すべき事実は，司法事実であったり，立法事実であったり，日本国憲法を支える歴史的・社会的事実＝日本社会の現実である。それら日本の事実から汲み取るべき考慮要素に外国憲法の情報や比較憲法的情報が含まれないのは当然である。

憲法実践を比較憲法学の目的と考える見解においては，比較憲法学の効用と目的とが混同されていたのかもしれない。憲法実践上，比較憲法学の成果を利用することを一概には否定しないとしても，逆に比較憲法学の目的を憲法実践とすることはできないのである。

2 憲法認識と比較憲法学

憲法実践をその目的とすることができないとすれば，比較憲法学の目的は憲法認識であるということになる。

そもそも比較とは事物を対比して類似点と相違点を明らかにすることである。これ自体が認識作業である。比較憲法の目的を論じる際に比較が自己目的化してはならないとは，比較によって類似点と相違点を明らかにすること自体は手段にすぎないとの謂いである。しかるに，手段としての比較の目的が憲法実践ではな

いとすれば，何が比較の目的であろうか？憲法や憲法諸制度の類型のカタログを作ることが比較憲法学の目的として当然のように考えられているようにも思われるが，これは答にならないであろう。比較という作業が類型化そのものといってもよいからである。したがって，比較のための比較であってはならないとするかぎり，類型化のための比較もあってはならないことになるはずである。そもそも類型論の意義も検討を要する。カタログづくりそのものが無意味とはいえないが，カタログには限られたペダゴジックな意味しかない。たとえば元素の周期表と違って，憲法のカタログリストは，それぞれの憲法が不断の変化のなかにある以上，たえず書き換えを要することになるはずである。それを避けようとすれば，類型はきわめて大まかなものとなり，情報の価値は低くなる。逆に情報豊かな類型を打ち立てようとすると，類型化は個別化に行き着くであろう。

　比較によって類似点や相違点が明らかになったら，その類似点・相違点を比較対照されたそれぞれの憲法の構成要素，側面として捉え直すことがあらためて課題となる。

　比較が仕える目的とは，対比される二項のそれぞれの事物をよりよく認識することである。比較の意義は，比較によってそれぞれの事物に新たな光が当てられ，これまでに見えなかった側面が明らかになることである。すなわち比較とは発見の手段であり，個別の事物の認識を新たにし，深めるための手段である[41]。つまるところ，「比較法も，諸国間の法制度などを比較することによって，社会現象にたいするより正確な認識をうるための補助的手段である」[42]。

---

[41]　社会科学では自然科学の場合と違って実験ができないので，比較は実験に代替する重要な手段であるといわれることがある（たとえば，参照，モーリス＝デュヴェルジェ『社会科学の諸方法』深瀬忠一・樋口陽一訳（勁草書房，1968年）368頁）。
　　　比較という方法のこのような意義づけは，実験の意義づけ如何ともかかわってくるが，実験とは観察によって得られた認識や仮説の合法則性を検証する手続であるとすれば，社会科学の方法としての比較が自然科学の方法としての実験と同様の意義をもつとはいいがたいように思われる。比較は，たとえ現実には関係のないものどうしでも観念的に対立させてみることである。その意味で自然科学における実験と同じく人的な操作である。しかし，比較それ自体によって明らかになることは類似点と相違点である。したがって，比較それ自体はやはり発見の手段にすぎず，実験に代わりうる手段ではないといえる。
[42]　下山瑛二「比較法の基礎理論」『新法学講座第3巻　法学の基礎理論』（三一書房，1962年）225頁。

第2章 比較憲法学の方法と対象

　比較憲法学の目的が個別の憲法を認識することにあるのなら，比較はどのように行うべきなのか？　また，比較の対象をどのように選択するべきなのか？

第1節　歴史的比較と政治的比較

　日本におけるこれまでの比較憲法方法論史をふりかえってみると，少なくとも戦前の宮沢俊義まで遡ることができるが，それは先駆的とはいえ，ボリス＝ミルキヌ＝ゲツェヴィチ（1892年－1955年）の紹介にとどまるものである[*1)]。また「比較憲法史にかんする，わが国でも最初の記念すべき文献[*2)]」といわれる『比較憲法史』（三笠書房，1936年）を著わした鈴木安蔵（1904年－1983年）も，戦前の同書では比較憲法方法論についてみるべき展開を示していない。鈴木は，戦後書き改められた『比較憲法史』（勁草書房，1951年）で比較憲法学の方法を論じることになる。そこで示された鈴木の方法は，すでに戦前宮沢によって紹介されていたミルキヌ＝ゲツェヴィチの方法を引き取って若干修正したものといえる。したがって，戦後日本の比較憲法学方法論は，宮沢すなわち戦前のミルキヌ＝ゲツェヴィチを，そしてそのゲツェヴィチを批判的に摂取した鈴木をどこまえ超えたかが問われることになる訳である。

　そこでまず，ミルキヌ＝ゲツェヴィチの方法についてみておく必要がある。ゲツェヴィチの方法は，実は戦前宮沢によって紹介された地平にとどまっておらず，戦後一定の発展がみられる。ここでは戦後のゲツェヴィチの方法論に注目する。

　ゲツェヴィチは，およそ法というものを次のようにとらえる。「法そのものが，凝結した定式から成っているのではない。それは，たえず発展し，変化する。

---

*1)　参照，宮沢・前掲「憲法の比較的・歴史的研究について」。同論文が紹介するミルキヌ＝ゲツェヴィチの論文の邦訳として，「比較憲法史」（林茂訳）民主主義科学 1 巻 5 号。

*2)　長谷川正安『〔新版〕憲法科学の方法』141頁。

24　第1部　比較憲法学の課題と対象・方法

法は法意識の反映にほかならないのであり，その法意識自身，絶対的なもので
も不変のものでもない」。「どの法律のなかにも，二つの要素を観察しなくては
ならない。即ちその時代の法意識と，闘争しつつある力間の妥協の法的技術と
である[3]」。したがって，ゲツェヴィチは法実証主義の狭い地平とは無縁である。
ゲツェヴィチが志向しているのは，法の解釈そのものではなく，科学としての
憲法学である。それは，彼がジョゼフ＝バルテルミー（1874年－1945年）の次の言
説を引用していることからも窺える。「どうして憲法学は，有用かつ実証的な
観察科学ではないのだろうか。諸制度の実際の機能，解剖，さらに生理や病理が，
科学的研究の対象であり得る[4]」。ゲツェヴィチのかかる志向からすると，法が「た
えず発展し，変化する」以上，歴史的方法が法学の方法の1つであることは当
然であろう。比較憲法は，単に空間的比較すなわち異なる国の憲法現象の比較
だけでは充分な認識を与えることができないのであり，歴史的方法すなわち時
間的比較をも伴わなければならないことになる。ゲツェヴィチにとって，比較
憲法は比較憲法史であり，「比較憲法史を研究するためには，歴史的方法と比較
的方法を同時に適用することが不可欠である[5]」。そして，この歴史的方法すな
わち時間的比較と比較的方法を可能にするのが政治学であるとされている[6]。

　以上を簡単に検討しておこう。観念の比較の場合には論理の隔たりも問題に
なるであろうが，客観的実在の比較の場合，比較の対象選択は，空間的隔たり
のあるものどうしか，あるいは時間的隔たりあるものどうしの間で行うしかな
い。まったく当然のことながら，空間的隔たりも時間的隔たりもない2つのも
のなどないから，そこで比較は成り立たない。したがって，憲法制度の構造と
機能の比較といえば，空間的比較と時間的比較の2通りになることはいうまで
もないことである。ゲツェヴィチは両者を同時に適用することの必要性を強調
しており，多くの論者がこれを支持している。そのようなことも憲法学史のあ

---

*3)　ミルキヌ＝ゲツェヴィチ「比較憲法研究の方法」同『憲法の国際化』小田滋・樋口陽
　　一訳（有信堂，1964年）314頁。
*4)　同前312頁。なお，バルテルミーの当該言説は，Barthélemy et Duez, *Traité élémentaire
　　de droit constitutionnel*, 1926, p.7.
*5)　同前314頁。
*6)　同前316頁。

る発展段階においては強調する必要があることは否定できないかもしれない。しかし今日は，あえてそれを強調するまでもなく，確認しておけば充分であろう。問題は，そこから出発してどこへ行くのかである。

　鈴木安蔵は，1936年にゲツェヴィチが示した比較憲法の方法に対して，「ゲツェヴィチ教授は，比較憲法史の課題を，憲法の類型の発見・確定に求めている[7]」とし，「われわれにとっての問題は，憲法類型の発見・確定は，憲法史における発展法則の発見・確定を意味しえないのかどうかである[8]」と，ゲツェヴィチの問題点を指摘している。実は，かかる批判は，第2次世界大戦後のゲツェヴィチに対しては，必ずしも当たらなくなっている。というのは，戦後，ゲツェヴィチは次のように述べているからである。「世界を発展的に見ることが，科学的観察の第一法則である。すべては生きており，すべては変化している[9]」。戦前ゲツェヴィチに対する鈴木の批判は，戦後ゲツェヴィチによってすでに乗り越えられつつあったといえよう。この点は，長谷川正安が「ゲツェヴィチ自身でさえ，その方法論を，戦後つぎのように発展させている」として，「憲法史を発展的な流れでとらえようとする態度が前面におしだされてくる[10]」ことを指摘するとおりである。しかし鈴木の批判は，戦後のゲツェヴィチに対して妥当しないとしても，分類が自己目的化した無自覚的な類型論を戒めるものとしてなお重要であろう。

　もっとも，ゲツェヴィチが「憲法史を発展的な流れでとらえよう」としたにしても，そこに問題がなかったわけではない。たとえば長谷川は，次のような指摘をする。「歴史的ということは，たんなる時間の前後をいうのではない。生起するいっさいの社会的事象をつらぬく発展の論理を無視して歴史を語ることは，語り手の数だけ歴史を濫造することにほかならない[11]」。適切な指摘であると思われる。たしかにゲツェヴィチは，歴史を単なる混沌とみるのではなく，発展的にとらえようとしているが，ゲツェヴィチのいう発展とは，「『万物は流

---

*7)　鈴木安蔵『比較憲法史』（勁草書房，1951年）17頁。
*8)　同前19頁。
*9)　ミルキヌ＝ゲツェヴィチ「比較憲法学の方法」『憲法の国際化』315頁。
*10)　長谷川『〔新版〕憲法学の方法』150頁。
*11)　同前154頁。

転する』ということが，自然科学および社会科学の出発点である[*12]」と彼らが述べているように，ヘラクレイトス的な素朴な弁証法的発展のことである。ゲツェヴィチのとらえ方は，静態的な制度論を越えようとしているが，発展の原動力の源泉が視野に入ってこない。長谷川がいうように，発展を単に時間の経過によって説明することはできない。それは問題の置換にすぎない。なぜ時間の経過とともに発展するのかが問われなければならないからである。

　憲法の動態的把握とは，流転する憲法現象をいわばストロボ写真あるいは動画のように詳細に把握し描写することであろうか。そのような把握は，たしかに憲法に関する表象を豊富にする有益な情報を含んでいるであろうが，それ自体はなお実証主義的な認識にとどまり，文字どおりの動態的な認識たりえていないというべきであろう。なぜそのように現象し，変化するのかを明らかにする認識，運動の源泉を明らかにする認識が動態的認識である。つとに鵜飼信成が述べているように，「実定的な憲法自身が，相対立する政治的な立場の抗争の結果，そのいずれかの絶対的な勝利を以て，もしくは両者の妥協を以て終ったということを，文書によって確認したものに外ならない[*13]」のである。憲法の動態とは，憲法に作用する相容れない方向を向く諸力の矛盾・対立の解消ないし解決形態である。それらの諸力（さしあたりは政治的な諸力。それはさらに，社会的・経済的な構造に根拠を有する）を分析し，動態のなかに現れる対立・矛盾を明らかにする認識が，憲法現象の動因を示す動態的認識であり，合法則的な憲法科学的認識ということができる。

第2節　比較の対象

1　遠隔比較と近接比較

　日本国憲法下に生きる者にとって，直面する日本の憲法現象の分析や日本国憲法の解釈が最も重要な関心事であることには，疑問の余地がない。それゆえに，外国憲法や過去の憲法を具体的に検討する際に，通常どうしても避けられ

---

　*12)　ミルキヌ＝ゲツェヴィチ「比較憲法学の方法」『憲法の国際化』315〜316頁。

　*13)　鵜飼信成『憲法』（岩波全書，1956年）2頁。

ないとされるのが，その検討が自国の現行憲法の研究にとってもつ意義を明らかにすることである。すでに比較憲法学と憲法実践・憲法認識との関係に関する考察がこの点について示唆しているが，ここでは従来の議論を振り返りつつ，比較の対象選択のあり方について検討する。

日本国憲法との比較の対象の選択に関して，かねてから，「比較の対象を原理・傾向乃至は法学が類似する憲法に限るべきか，或いは広く異質の憲法にも及ぼすべきかについては，議論がある」[*14]との指摘はあった。それにもかかわらず，一般に比較の対象には類似のものを選択しなければならないということが当然のごとくいわれてきた。たとえば，宮沢俊義は次のように述べている。「いうまでもなく『比較』という以上，そこにある程度の共通点がすでに前提されている。そしてその共通点が多ければ多いほど『比較』はそれだけ効果的であるわけである」，「民族的・文化的性格のいちじるしく違う諸国の憲法を比較すること——たとえば英国憲法史とエチオピア憲法史を比較するが如し——は，必ずしも無用ではあるまいが，その学問的効用は決して多くはない」[*15]。

この宮沢の言説は，大日本帝国憲法（以下，帝国憲法という）といわゆる近代立憲主義的憲法との比較をいわば真正面から行うことが容易でなかった1936年という時点のものであることを考慮する必要があろう。これに対して，次の芦部信喜の言説は戦後のものであるから，このような考慮抜きに受け取れることはいうまでもない。すなわち，芦部によれば，「空間的に比較する場合に重要なのは，同じ基盤というか，同じ文明の国について比較するのでなければ，余り意味がない」[*16]。たしかに一方で，異質の憲法との比較の重要性が指摘されている。たとえば，高橋勇治は，第2次世界大戦後，比較憲法の対象が広範化・複雑化したなかで，「比較憲法学の最も主要な課題がブルジョア憲法と社会主義憲法との比較研究ということになるのじゃないか」[*17]と述べている。このような社会主義憲法と資本主義憲法との比較の重要性の指摘に対しては，ことさら

---

*14) 田上穣治『比較憲法』（中大出版社，1950年）6頁。

*15) 宮沢俊義「憲法の比較的・歴史的研究について」同『公法の原理』（有斐閣，1967年）149頁，150頁。同論文の初出は，警察研究7巻10号（1936年）。

*16) 小林孝輔・和田英夫『共同討議　憲法研究入門』（酒井書店，1957年）209頁。

*17) 同前192頁。

28　第1部　比較憲法学の課題と対象・方法

異論は出されていない。しかし，大方の論者は，事実上その指摘を無視ないし軽視して，類似していると考えられる憲法の比較を排他的に重視してきたといえる。そうして，日本国憲法の比較の対象としてイギリス，アメリカ，（西）ドイツ，フランスの憲法を選択するのが常であった。

　比較を行うに際して，関係のないものどうしを比較しても無意味であるとか，類似のものどうしの比較でなければ無意味であるとか，言われることがしばしばある。たとえば「『法』と『月』を比較しようとしても，それは無益な時間・労力の損失を意味するにすぎぬ」とか，「比較は，現実のなかで，相互になんらかの連関・関係をもっている事物・現象を比較するのでなければならない」*18）といわれる。なるほど月と法の比較は無意味であろう。自然の事物，社会現象としてそれぞれが異なることは当初から明らかであり（もちろん，それ自体が比較によって得られる認識であるが），それ以上比較しても新たに得られる情報はないであろう。しかし，このような極端な例をもってしては例証にもならないであろう。宮沢が例に挙げた英国憲法史とエチオピア憲法史とが，月と法ほど隔たりがあるといえるであろうか？　たとえば，奴隷制社会と資本主義社会とを比較するのは無意味であろうか？　ローマ法と資本主義社会の民法とを比較するのは無意味であろうか？　奴隷制社会と資本主義社会とは現実のなかで無関係であるが，両者の比較がまったく無意味だと考える人は少ないであろう。もっとも，その比較の意味の根拠を法の継受に求めるならば，古代ローマ社会と現代日本社会とのあいだに現実の関係がないことが問題となる。関係のないものどうしの比較が無意味だと考えるために，しばしば現実の関係がないものどうしに苦し紛れの関連づけを行って比較することも珍しくはなかったのではないか。

　比較憲法学の目的を憲法実践とし，実践上の都合に合わせて比較の対象を選択するときに以上のような無理を犯しやすいように思われる。しかし，すでに検討したように，比較憲法学の目的は，比較を通して個別の憲法の認識を深化させることにあるといえる。そうすると，類似点の発見も相違点の発見も，比

─────────

*18)　下山瑛二「比較法の基礎理論」『新法学講座第3巻　法学の基礎理論』（三一書房，1962年）206頁。

較されるそれぞれの憲法の認識の深化という目的にとってはさしあたり等価である。したがって，類似点が少ないからといって比較の意味が少ないということにはならないはずである。したがってまた，類似点の多いものどうしの比較をどうしても重視するのであれば，その理由を充分に説明する必要がある。類似点が多いこと自体は充分な理由にならないのである。いうまでもなく，類似点の多いものどうしの比較が不当であるとか軽視してよいというのではない。もっぱら類似点の多さを比較の対象選択の理由にすることが問題なのである。そのような立場からすると，日本国憲法と帝国憲法との比較も無意味になりかねないであろう。8月革命説を提唱した宮沢俊義は，この比較を無意味と考えるのであろうか？相違点が多ければ，「では何故違うのか」，「それにもかかわらずどこが似ているのか」と問うことによって，それぞれの憲法の認識を深めることも可能になるはずである。もしそれが果たせるならば，その比較は有意義なものといえるはずである。

　比較される憲法どうしの現実の関係を問題にする際の現実の関係とはそもそも何のことなのであろうか？時空の位相が一致する2つの憲法などありえない。すなわち，憲法の比較は，大なり小なり時空の位相が異なる憲法のあいだでのみ成り立つのであるから，現実の関係のない憲法どうしでしか成立しない。

　以上より，比較の対象選択に客観的必然性はありえないといえる。あるのは，認識主体の関心や能力といった主観的必然性である。その意味で，比較の対象の選択は自由であってよいということになる。したがって，何を選択するかということよりも，選択したうえでどのように比較するかということのほうが重要である。

　もちろん，比較の際には比較可能な共通の属性を取り出すことが手続上不可欠である。それができなければ，比較は成立しない。先述の例でいえば，月と法の場合は，それぞれが自然現象と社会現象で共通の属性がないから，それ以上の比較——というのは，共通の属性の存否自体比較の結果明らかになることであるから——は不能である。それに対して奴隷制社会と資本主義社会とは，一見して似ておらず現実の関連がないにしても，ともに社会現象として共通の属性をもつがゆえに比較可能であり，それぞれの政治制度や経済制度を比較することが可能なのである。要は，比較によってどのような類似点あるいは相違

30　第1部　比較憲法学の課題と対象・方法

点を析出するかである。それによって有意義な比較になるか否かが左右される
のである。

　類似点の少ないものどうしの比較の場合，すなわちモーリス＝デュヴェルジ
ェ（1917年−2014年）の言葉を借りるならば，遠隔比較（comparaisons éloignées）
の場合，類似点の多いものどうしの比較，すなわち同じくデュヴェルジェの言
葉を借りるならば，近接比較（comparaisons proches）の場合にはない特別の困
難があるようにみえるが，実は困難そのものは特別なものではない。[19]というの
は，いずれにしても，比較の際にはあらかじめ比較の対象のそれぞれを一定程
度認識していることが必要であるからである。近接比較の場合には，とくに相
違点の析出が有意義なことが多く，遠隔比較の場合には，とくに類似点の析出
がそうであることが多いであろう。それらの析出は，一見して可能であるわけ
ではなく，対象への立ち入った分析がなければ不可能である。その点で，近接
比較と遠隔比較の困難にはとくに違いがないといえる。

　デュヴェルジェは，遠隔比較について次のように述べる。「それぞれの専門
家が他の社会諸科学の発展をフォローする努力を多く払えば払うほど——たと
え時間がなく『アマチュア』としてしかそうできなくとも——，それだけ多く
彼は，未だに見落とされていた関係から出発して，仮説の基礎をなしうるであ
ろうような類似を発見する——その仮説が新しい研究を涵養するであろう——
ことによって，自分自身の専門分科を進歩させることができる」[20]。「類似」を「相
違」に置き換えれば，同じことが近接比較における相違点の発見についても妥
当するであろう。

　比較に関する以上の一般的考察は，比較憲法の対象選択のあり方にも妥当す
るであろう。すなわち，比較憲法の目的とは，比較によって個別の憲法の認識
を深めることであり，単なる類似点の多寡を比較の対象選択の基準とすること
はできない。重要なことは，近接比較であれ遠隔比較であれ，比較によって類
似点あるいは相違点として見出されたことがらの根拠を明らかにし，それぞれ
の個別憲法現象の諸側面として位置づけることである。すなわち発見された側

---

*19)　参照，デュヴェルジェ『社会科学の諸方法』374頁。
*20)　同前377頁。

面とその姿態を個別憲法現象のなかで把握することである。何故そのような側面があり，その側面が何故そのような姿をしているのかを個別憲法現象の発生・展開のなかで捉えることである。

2　憲法という言葉と概念

　比較憲法とは，憲法と憲法とを比較することである。こう述べるだけでは，無意味な同義反復のように聞こえるかもしれない。しかし，そもそも憲法とは何か？　たしかに，これも，日本国憲法と帝国憲法とを比較する際には問題にならないであろう。しかし，日本国憲法と外国憲法とを比較する場合には，憲法という言葉と概念の問題がただちに生じる。この場合，日本語の憲法に該当する比較対象国の言葉を同定しなければならない。該当する言葉がなければ，日本語の憲法の概念に該当する比較対象国の概念を探求しなければならなくなる。

　そこでまず，日本語の憲法という言葉とそれが表わす概念とが問題となる。よく知られているように，憲法という言葉が今日的な意味で用いられるようになったのは，明治維新後のことである。聖徳太子の十七条憲法にすでにみられる「憲法」は，今日の「憲法」とは概念的に異なる。箕作麟祥（1846年 – 1897年）が，1873年に出版された『フランス六法』のなかで，constitutionを国家の基本法を意味するものとして「憲法」と訳して批判を招いたが，その後，伊藤博文が憲法取調の勅令を受けて以来，constitution，Verfassungに相当する言葉として「憲法」が定着するようになった。[*21)]

　もっとも，今日的意味の憲法は国家の基本法であるが，国家の基本法が即ち今日的意味の憲法というわけではない。国家のあるところに必ず国家の基本法は存在するからである。国家の基本法は，今日的な意味の憲法からその今日的意味を捨象したときに現れる一面である。この最も抽象的な意味で憲法という言葉を使うならば，比較憲法学は，近代以降に限らず近代以前の「憲法」をも比較研究の対象としうることになる。むろん，これは比較憲法学の1つのありようということができる。

---

　*21)　参照，穂積陳重『法窓夜話』（岩波文庫，1980年）176頁以下。

32　第1部　比較憲法学の課題と対象・方法

　これに対して，憲法という言葉を今日的意味で用いるならば，比較憲法学は，近代以降の「憲法」を比較研究の対象とすることになる。フランスの1789年人権宣言第16条は，「権利の保障が確保されておらず，権力分立も定められていない社会はすべて憲法をもたない」と規定する。同条のいうような内容をもつ国家の基本法が今日的意味の憲法である。通常比較憲法学が想定する憲法とは，このような立憲的意味の憲法のことである。

　立憲的意味の憲法（以下，とくに断らないかぎり，「憲法」はこの意味で用いる）は，多くの場合，憲法典という形式をとるが，そのなかに必ず権利保障規定と権力分立をはじめとする統治機構の規定とが揃って含まれているとは限らない。日本国憲法典には両者が定められているが，たとえばフランス第5共和制憲法典は，それ自身のなかに人権条項を有していない。

　フランスの現行のconstitutionに人権条項がないからといって，人権保障に関する日仏の比較ができないわけではない。第5共和制憲法前文は，1789年人権宣言と第4共和制憲法前文とが確認し補完する人権への愛着を宣言しているが，1789年人権宣言をそのまま本文に組み込んでいる1791年憲法典との形式上の違いは明らかである。たしかにその点が，1789年人権宣言・第4共和制憲法前文，さらに同前文中で1789年人権宣言の人権とともに再確認されている「共和国の諸法律により承認された基本原則」の憲法規範としての性格に曖昧さを残していたのである。それに加えて，第4共和制期までフランスでは法原理部門による法律の違憲審査が憲法上許されていなかった。そのため，コンセイユ＝デタが1789年人権宣言に基づいて行政立法や行政処分の審査を行うことはありえたが，それ以上に行政立法や行政処分の根拠である法律の審査は行われず，1789年人権宣言等の人権規範は立法府を事実上拘束しないものとなっていた。しかし，詳細は後に紹介するとして，第5共和制憲法によって創設された憲法院が，1971年に1789年人権宣言等の憲法規範性とそれに基づく法律の審査を承認したことによって，現在，日本国憲法の人権条項の比較の対象をフランス法のなかに同定することは可能であり，それによって人権に関しても日仏比較憲法は可能なのである。

　以上，日仏現行憲法比較の場合を例にして，実定法規範の次元での比較対象の同定のあり方について考えた。憲法概念とconstitutionという言葉とのあいだ

に不一致がみられることはけっして珍しいことではない。したがって，2つの憲法を比較する場合にまず比較の対象を同定するときには，この点への注意を怠らない必要があるのである。繰り返しになるが，歴史的比較と政治的比較を方法とする比較憲法学は，こうして同定される憲法規範を一要素とする憲法現象を分析・比較することによって，個別の憲法現象の認識に資することになる。

第2部

日本国憲法の比較憲法的考察

第2部　はじめに

　第2部では，日本国憲法の主として解釈上の問題点を適宜取り上げて，こ
れに比較憲法的考察を加えることにする。といっても，ここで行うのは日本国
憲法の比較法的解釈ではない。すでに第1部で明らかにしたように，比較憲法
学の目的は，比較を通して個別の憲法現象を認識することにある。憲法解釈上
関心が寄せられている問題点をめぐる憲法現象を比較を通じてより一層深く認
識することを試みるのがここでの課題である。

　このような課題を追究するためには，比較の精度を高めなければならない。
すなわち，比較の対象を深く認識する必要がある。そのためには比較の対象を
絞らざるをえない。ここでは，それをフランスの第5共和制憲法とする。日本
国憲法の比較の対象としてフランス第5共和制憲法を選択することに客観的必
然性があるわけでないことは，すでに論じてきたことからいうまでもない。も
ちろん，同じことは，アメリカ憲法やドイツ憲法を比較対象に選ぶ場合にも妥
当する。

序

　比較対象の選択に客観的必然性はないにしても，フランス第5共和制憲法を比較対象として選択することに一定の意義づけをすることはできよう。具体的な意義は個別のテーマ毎の比較を通じて明らかにする以外にないとして，ここでは一般的な意義に触れておく。19世紀半ばから後半にかけてさながら革命の坩堝と化していたフランスの政治に関心を引きつけられたマルクスのいわゆるフランス3部作の1つに『ルイ・ボナパルトのブリュメール18日』がある。その第3版に寄せた序文のなかでエンゲルスが次のように論じたことはつとによく知られていることである。「フランスは，歴史上の階級闘争がつねにほかのどの国よりも徹底的に，決着までたたかいぬかれた国であり，したがってまた，つぎつぎと交替する政治的諸形態——階級闘争がそのなかでおこなわれ，また階級闘争の結果がそれに総括されてゆく，その政治的諸形態——が最も明確な輪郭をとってきた国である[1]」。1789年の大革命以来のフランスの国家史・憲法史は，1885年のエンゲルスのかような指摘以後も今日に至るまで，constitutionという名称の有無や施行の有無を問わないとすれば，図表1のように[2]7つの多種多様な憲法を含みこむまさしく〈憲法の実験室〉であり続けて[3]きた。現行の第5共和制憲法は，民主的共和制から王制（復古王制，7月王制），帝制（第1帝制，第2帝制），権威主義的体制（ヴィシー体制）まで統治形態の振幅の激しい交替を経験してきた国家史・憲法史の到達点として——モデルないし理想型という意味ではない——知的関心を寄せるに値するといえるのである。

---

*1)　マルクス『ルイ・ボナパルトのブリュメール一八日』村田陽一訳（国民文庫）14頁。

*2)　*Institutions et vie politique*, La documentation Française, 1997, p.6所収の図表を参考に作成。

*3)　憲法を国家の基本法という最も広い意味でとらえるならば，その数は10を超えることになる。

▶図表1　フランス国制・憲法史年表

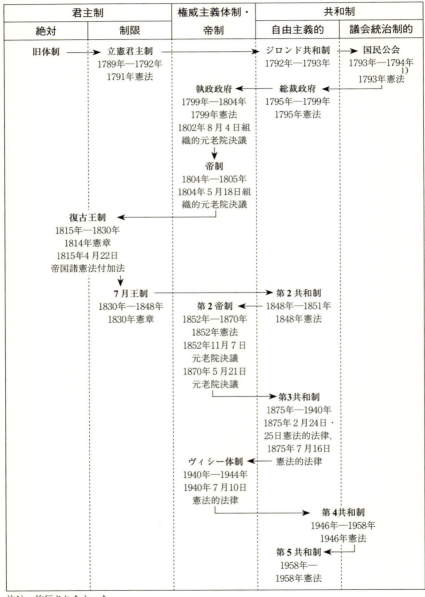

注1）　施行されなかった。

第1章 憲法の正当性

序　説

　本章では，日本国憲法とフランス第5共和制憲法の正当性について，それぞれの成立過程の分析と相互の比較とを通して検証する。

　まず，あらかじめ憲法の正当性（正統性）という問題の意味を確認しておこう。

　ジャン＝ジャック＝ルソー（1712年 – 1778年）は，次のように述べる。「人間は生まれながらにして自由であるが，しかしいたるところで鉄鎖につながれている。（……）どうしてこういう変化が起こったか，私にはわからない。しかし，この変化を何が正当化するのか，といえば，この問題なら解くことができると思う」，「社会秩序は神聖な権利で，他のあらゆる権利の基礎をなしている。それにもかかわらず，この権利は自然から由来するものではなく，したがっていくつかの合意にもとづくものである。そこでこの合意とはいかなるものかを知ることが問題となってくる」[4]。複雑な人間社会はすべて正当性の問題すなわち，社会秩序は何故，どのようにして個人の服従を調達するのかという問題に直面する。この問題は，国家が暴力装置を独占する近代社会においておそらく最も重大かつ明白な問題となる。それを近代前夜の時点で，来たるべき社会の疎外とアノミーを見越すかのように定式化したのが，ルソーである。

　正当な社会秩序とは，成員の大多数によって積極的ないし少なくとも消極的に承認されている社会秩序である。すなわち正当性とは多数の成員の承認である。ではその承認はいかにして調達されるのか。教育や指導，最終的には不承認に対する制裁を伴う強制が承認調達の手段であることはたしかである。とりわけ，非和解的な利害対立が拡大再生産される構造をもつ社会においては，秩序に対する成員の大多数の承認を得ることが難しく，得られてもその維持が困

---

[4]　ルソー『社会契約論』井上幸治訳（中公文庫，1874年）11頁。

40　第2部　日本国憲法の比較憲法的考察

難であるから，強力な暴力装置が必要となる。しかしながら，暴力装置もまた社会秩序の構成部分であり，それに対する承認なしに恒常的に機能することは困難である。そこで暴力装置を含む社会秩序に対する承認の根拠ないし基準すなわち正当性の根拠が問われることになる。

　社会秩序の正当性の根拠は，いうまでもなく歴史的に異なる。身分制の軛から個人が解放された社会諸関係を総括する国家は，個人の自由意思に基づく承認を調達しなければならなくなる。そのような国家権力の正当性の根拠は，個人の自由である。個人の自由は，他の人格による支配を拒否する。すなわち人の支配を拒否し，それに代わる法の支配を要請する。さらにそれだけではない。個人の自由は，自己の意思による自己の規律すなわち自己統治の原則を意味するから，治者と被治者の同一性を要請し，したがって法は治者の命令ではなく一般意思＝人民の意思であることを要請する。国家と個人の関係の憲法による規制は，このような要請を満たさなければ正当とはいえない。それと同時に，憲法の成り立ちそのものの正当性の根拠も個人の自由，自己統治でなければならない。すなわち，問われるべき憲法の正当性とは，その内容と成り立ちにおける民主性，一口にいえば，民主的正当性なのである。

第1節　日本国憲法成立史

　日本国憲法の成立をめぐっては，その民主的正当性に関連していわゆる押しつけ憲法論がある。また，民主的正当性に間接的に関連する8月革命説がある。これらの見解を念頭に置きながら，日本国憲法成立史を概観してみよう。

1　ポツダム宣言受諾

　1945年8月14日大日本帝国はポツダム宣言を受諾して，連合国に無条件降伏した。8月10日同宣言が「天皇ノ国家統治ノ大権ヲ変更スルノ要求ヲ包含シ居ラザルコトノ了解ノ下ニ受諾ス」と日本政府が申し入れた（「ポツダム」宣言受諾ニ関スル8月10日付日本政府申入）のに対して11日に連合国が行った回答は，「降伏ノ時ヨリ天皇及日本政府ノ国家統治ノ権限ハ降伏条項ノ実施ノ為其ノ必要ト認ムル措置ヲ執ル連合国最高司令官ノ制限ノ下ニ置カルルモノトス」とい

うものであった。日本の主権は，ポツダム宣言受諾によって対外的にも対内的にも制限されることになったのである。

　ポツダム宣言は，戦後の対日政策の基本方針を定めた連合国の共同綱領として，連合国軍＝アメリカ占領軍を通じて日本政府を拘束することになる。同宣言は，多くの条文で，日本軍国主義の武装解除と平和主義への転換のための措置を占領政策の柱として位置づけている。

　すなわち，それは，第6項で「日本国民を欺瞞し之をして世界征服の挙に出づるの過誤を犯さしめたる者の権力及勢力は，永久に除去せられざるべからず」とし，第7項で「日本国の戦争遂行能力が破砕せられ」るべきことを述べ，第9項で「日本国軍隊は，完全に武装を解除せられる」べきことを述べている。いずれの条項も，完全実施するには，日本軍国主義の法的根拠となった帝国憲法の根本的変革が必要になるはずであった。

　また，ポツダム宣言は，民主化政策を占領政策のもう一つの柱としている。すなわち，第10項は「日本政府は，国民の間における民主主義的傾向の復活強化に対する一切の障碍を除去すべし。言論，宗教及思想の自由並に基本的人権の尊重は，確立せらるべし」としている。この実施は人権を保障していなかった帝国憲法に触れないわけにはいかなかった。基本的人権の保障は，それに適合的な統治機構が存在してはじめて実現する。すなわち，人権保障は民主的な権力がなければありえない。そこで統治機構の民主化に関連して，ポツダム宣言は次のように定めていた。「前記諸目的［平和的秩序の確立と人権保障の確立］が達成せられ且日本国民の自由に表明せる意思に従ひ平和的傾向を有し且責任ある政府が樹立せらるるに於いては，連合国の占領軍は，直に日本国より撤収せらるべし」（第12項）。国民の自由意思による政府の樹立は，帝国憲法上二重の意味で不可能だった。第1に国民（帝国憲法上は臣民）は自由な意思の表明ができなかったからであり，第2に政府の任命権は天皇にあったからである。またここでいう「責任ある政府」とは，国民に対して責任を負う政府のことであるが，帝国憲法では政府はもっぱら天皇に対して責任を負ったから，かかる政府の樹立は帝国憲法上はできないことであった。

　ところで，日本国憲法が占領下に制定されたことをもって無効だとする一種の押しつけ憲法論がある。これはハーグ陸戦条約を援用して，占領地の現行法

は変更できないとする議論である。しかし同条約附属書「陸戦ノ法規慣例ニ関スル規則」第43条は，「国ノ権力カ事実上占領者ノ手ニ移リタル上ハ，占領者ハ，絶対的ノ支障ナキ限，占領地ノ現行法律ヲ尊重シテ，成ルヘク公共ノ秩序及生活ヲ回復確保スル為施シ得ヘキ一切ノ手段ヲ尽スヘシ」と定めている。これが，占領下の憲法制定を一般的に禁止している訳でないことは明らかである。占領地の現行法の尊重は絶対的な支障がないかぎりで求められているにすぎない。如上のように，ポツダム宣言と相容れない帝国憲法は，これを尊重しなければならない理由が国際法上ないのである。そもそも日本は，帝国憲法と絶対に両立しないポツダム宣言を受諾しているので，その点でも押しつけはないのである。

　さて，受諾されたポツダム宣言は，1945年9月20日の「『ポツダム』宣言ノ受諾ニ伴ヒ発スル命令ニ関スル件」（勅令542号）によって，日本政府による実現過程に入ることになる。それまでは，帝国憲法が妥当していたのである。このため，横浜事件の裁判は，8月下旬から9月上旬にかけて大急ぎで行われている。罪名は治安維持法違反である。さらに，勅令542号ののちも，9月22日にポツダム宣言をいっそう具体化した「降伏後ニ於ケル米国ノ初期対日方針」が発表されたにもかかわらず，あいかわらず日本政府はポツダム宣言実施には消極的であった。間接統治方式をとっていた占領軍は，治安維持法違反の被疑者を仮釈放中にかくまったことを理由に検事拘留処分を受けて豊多摩刑務所に置かれていた哲学者三木清の獄中死のニュース，天皇とマッカーサーとが並んで写った写真を掲載した新聞の発禁処分を知って，日本政府のサボタージュに気づき，10月4日に「政治的市民的宗教的自由の制限除去に関する覚書」（いわゆる自由の指令）を発表した。これを転機として帝国憲法体制は実質的に解体されてゆき，反対にポツダム宣言が形式的なものから実質的なものへ転化してゆく。

2　民間憲法草案の登場

　1945年10月4日以降政治犯の釈放が進み，徐々に国民の政治活動が活発化する。政党や民間の研究会が憲法問題にも取り組み，次々と新憲法構想を明らかにする。1946年1月までに発表されたそれらの主として天皇制に関連する

部分を概観してみよう。

1945年11月11日，日本共産党が「新憲法の骨子」を発表する。骨子は，まず「主権は人民に在り」とし，次に「民主議会は主権を管理す」，「政府は民主議会に責任を負ふ」として，天皇が統治権の総攬者である天皇主権の体制を完全に否定している。さらに民主議会とそれに責任を負う政府の統治構造に不可欠の国民の諸権利についても「人民は政治的，（……）自由であり且つ議会及び政府を監視し批判する自由を確保する」と骨子は述べる。

12月27日，鈴木安蔵らの憲法研究会が「憲法草案要綱」を発表する。要綱は，統治権の「根本原則」として，まず「日本国ノ統治権ハ日本国民ヨリ発ス」とするが，天皇制は維持するものとする。要綱によれば，存続する天皇は「国政ヲ親カラセス」ものとされ，「国政ノ一切ノ最高責任者ハ内閣トス」ることになる。天皇の行うことは「国民ノ委任ニヨリ専ラ国家的儀礼ヲ司ル」こととなり，その即位には「議会ノ承認ヲ経ル」ことが必要とされている。民主的政治過程に不可欠の国民の権利に関して，要綱は，「国民ノ言論（……）ノ自由ヲ妨ケル如何ナル法令ヲモ発布スルヲ得ス」，「国民ハ国民請願国民発案及国民表決ノ権利ヲ有ス」と述べている。

12月28日，憲法研究会のメンバーだった高野岩三郎（1871年–1949年）が「改正憲法私案要綱」を公表する。高野私案は，憲法研究会要綱と異なって，「天皇制ニ代ヘテ大統領ヲ元首トスル共和制ノ採用」を根本原則とし，主権の主体に関しても「日本国ノ主権ハ日本国民ニ属スル」と明確にしている。

1946年1月21日，日本自由党「憲法改正要綱」が発表される。この要綱によれば，帝国憲法の官制大権・緊急命令・独立命令・戒厳大権・非常大権・統帥大権等は廃止されるが，なお天皇は「統治権ノ総覧者」とされ，「国務大臣ノ輔弼」を要するとはいえ，「法律ノ裁可」や「外交」等の重要な権限を有し，それに関して「法律上及政治上ノ責任ナシ」とされる。主権の所在に関しては，「統治権ノ主体ハ日本国家ナリ」と，曖昧にされている。

3　松本委員会構想

1945年10月4日マッカーサーは東久邇宮内閣の事実上の副首相だった近衛文麿に対して憲法改正の必要を示唆した。これを受けて近衛は11日に内大臣府

御用掛となり，佐々木惣一を顧問として，改憲の準備を始めたが，東久邇宮内閣は，自由の指令に動揺して10月5日に辞職していた。10月9日これに代わった幣原内閣とも議会とも無関係な機関によって改憲が準備されることに対して違憲論が強まり，政府が対抗して改憲準備に着手する。

　帝国憲法改正をめぐって一時生じた国家機構内部のラインの乱れは，政府側の巻き返しによって収拾される。10月11日，政府は，マッカーサーの指示によって憲法改正準備を開始し，27日松本烝（1877年−1954年）治国務大臣を委員長とする憲法問題調査委員会（通称，松本委員会）を発足させた。11月末，内大臣府が廃止されたことによって，松本委員会の活動が国家による唯一の憲法改正作業となったのである。

　松本委員会の作業は，12月8日衆議院予算委員会で初めて披露されたいわゆる松本4原則に従って進められた。同4原則とは，すなわち，第1に「天皇が統治権を総攬せられるという基本原則には，なんらの変更を加えないこと」，第2に「議会の議決を要する事項の範囲を拡充すること」と「大権事項をある程度削減すること」，第3に「国務大臣の責任を国務の全般にわたるものたらしめ」ることと「国務大臣は議会に対して責任を負うものたらしめること」，第4に「人民の自由および権利の保護を拡大すること」，その「侵害に対する救済方法を完全なものとすること」，以上の4カ条である。

　松本4原則はきわめて簡単なものであるが，これから明らかになるかぎりでも，委員会が帝国憲法の微温的な「改正」しか考えていなかったことは，はっきりしていた。

4　GHQ草案・内閣憲法改正草案から日本国憲法成立へ

　松本委員会は，1946年1月に改正草案を作り上げる。この通称松本草案が，2月1日毎日新聞によってスクープされる。こうして明らかになった松本草案は，民間憲法草案のなかの最も保守的なものよりもさらに保守的で，そこには委員長の松本が憲法改正作業を「国体守護」の任務と考えていたことがよく現れている。

　スクープに接したGHQは，日本政府がポツダム宣言に従って憲法を改める能力をまったくもっていないと判断し，自ら憲法草案を用意することを決断し

た。3日，マッカーサーは，憲法改正に盛り込むべき必須の3項目をホイット
ニー民政局長に示し，GHQ草案の作成を指示した。いわゆるマッカーサー＝
ノートに記された3原則は，第1に，天皇は国家元首であるが，「天皇の義務
および権能は，憲法に基き行使され，憲法の定めるところにより，人民の基本
的意思に対し責任を負う」こと，第2に，「国家の主権的権利としての戦争を
廃棄する」こと，それは「紛争解決のための手段としての戦争，および自己の
安全を保持するための手段としてのそれ」の放棄をも意味すること，そのため
に「いかなる日本陸海空軍も決して許されないし，いかなる交戦者の権利も日
本軍には決して與えられない」こと，第3に，「日本の封建制度は，廃止される」
こと，である。

　2月8日，日本政府から「憲法改正要綱」（松本草案）がGHQに提出された。
それは，帝国憲法第3条を「天皇ハ至尊ニシテ侵スヘカラス」と改めるとして
いることにあらわれているように，帝国憲法の字句の修正にとどまるといえる
ような内容のもので，たとえば緊急命令や独立命令もマイナーチェンジを施す
だけで温存されるし，軍もそれに対する天皇の統帥権も温存されることとされ
ていた。したがって，たしかにこれは，自由党の要綱と比べてもはるかに保守
的なものであった。

　GHQ憲法草案は2月10日に完成した。GHQ草案は，まず前文第1項に「我
等日本国人民ハ，（……）此ノ憲法ヲ制定確立ス」とあるように，人民を憲法
制定権者としている。草案は，帝国憲法の改正案ではないのである。マッカー
サー＝ノート示された3原則に従って作成されたこの案は，帝国憲法を根底か
ら覆す内容を多く含んでいた。主権は「人民ノ意思」にあるとされ（前文第1項，
第1条），天皇（皇帝）は「国家ノ象徴ニシテ又人民ノ統一ノ象徴」（第1条）と
して「政治上ノ権限ヲ有セス又之ヲ把握シ又ハ賦与セラルルコト無カルヘシ」
とされていた（第3条2項）。2月13日，GHQは，日本政府から提出された要綱
が「自由と民主主義の文書として最高司令官が受け容れることのまったく不可
能なもの[5]」としてそれに関する討議を抑え，GHQ草案を日本政府に手交した。

---

*5) 高柳賢三・大友一郎・田中英夫編著『日本国憲法制定の過程 I 原文と翻訳』（有斐閣，
　1972年）323頁。

46 第2部 日本国憲法の比較憲法的考察

　日本政府は，GHQ草案の予想外の内容に衝撃を受け当初抵抗するが，天皇
制の存続のためにやむを得ないと判断して，これを受け容れることにする。そ
の後GHQとの折衝を経て，3月6日日本政府は，重要な変更がないわけでは
ないがGHQ草案をほぼそのまま受け容れているといってよい内容の「内閣憲
法改正草案要綱」を公表した。

　以上の経緯は国民にいっさい明らかにされていなかった。そのため，後にこ
れが明らかになると，いわゆる「押しつけ憲法」論の根拠とされることになる
のである。

　一方，この間，民間では，2月14日に日本進歩党「憲法改正問題」，2月24
日に日本社会党「新憲法要綱」，3月5日に憲法懇談会「日本国憲法草案」が
発表されている。進歩党は，国体擁護と民主主義の徹底をうたいつつ「天皇ハ
臣民ノ輔翼ニ依リ憲法ノ条規ニ従ヒ統治権ヲ行フ」として，天皇を統治権の主
体とし，社会党は，「主権は国家（天皇を含む国民協同体）に在り」として大権
事項を制限するなどしつつ天皇を議会とともに統治権の主体とし，憲法懇談会
は，「日本国ノ主権ハ天皇ヲ首長トスル国民全体ニ淵源ス」という君民同治主
義をうたい，天皇は立法権を議会と共同で行使し，行政権は大臣の輔弼を受け
ながら天皇が行使するとしていた。もちろんそれぞれに特色はあるが，いずれ
も帝国憲法の根本的変革を指向するものとはいえないものであった。

　ところが，内閣憲法改正草案要綱が発表され，マッカーサーがただちにこれ
に対する支持を表明すると，各党は，「『今日の政府案はわが党の主張するとこ
ろと概ね同一である（！）から大体においてこれを支持するに吝かでない』な
どといふ趣旨の声明を発した」。「『概ね同一』といへるかどうかは大いに問題」[6]
であるが，ここに至って，政府は，新憲法制定過程においてヘゲモニーを掌握
することになった。政府は，帝国憲法第73条の改正手続に従って新憲法を制
定すべく，最後の帝国議会衆議院選挙を実施する。女性も参加して行われた4
月10日の選挙結果は，自由党141議席，進歩党94議席，社会党93議席，協同党
14議席，共産党5議席，諸会派119議席である。共産党や高野岩三郎が示した
ような天皇制を廃止し民主的な共和制を確立するという構想は退けられ，象徴

---

*6)　宮沢俊義「八月革命と国民主権主義」世界文化1巻4号64頁。

天皇制構想がヘゲモニーを握ったのである。

内閣憲法改正草案要綱は政府の「憲法改正草案」としてまとめられ，4月17日に発表された。これは，6月20日に始まった第90帝国議会に提出された。そこでの審議の結果，前文で主権の所在を明記するなどの若干の重要な修正が施されたのち，11月3日新憲法公布，1947年5月3日施行へと至る。

5　日本国憲法の歴史的特質

こうして成立した日本国憲法の歴史的特質を帝国憲法と比較しつつ明らかにする。ただし，ここでは，便宜上，いずれの比較も憲法規範レベルでの簡単なものにとどまる。

(1)　国民主権主義

日本国憲法は，前文第1項第1段が「主権が国民に存する」ことを宣言し，第1条が「主権の存する日本国民」としているように，国民を主権者としている。これは単なる名目ではなく，国民には選挙権が保障され（第15条），国民を代表する国会（第43条）は，「国権の最高機関」という地位に置かれている（第41条）。天皇は象徴的地位に置かれ，政治的実権を有しない。

これを帝国憲法と比較すると，同憲法は主権という文言は使っていないが，天皇主権を原則としているといえ（第1条・第4条），公選議員からなる衆議院（第35条）を含む帝国議会は，立法権を行使する天皇の「協賛」機関にとどめられ（第5条），天皇は衆議院の解散権を有していた（第7条）。

主権原理とそれに基づく統治機構の構造に関して，帝国憲法から日本国憲法への転換の意味については解釈の余地が残るにせよ，両者の断絶は明白であるといってよい。

(2)　平和主義

帝国憲法は，天皇の統帥権（第11条），陸海軍編制権（第12条），宣戦布告権（第13条）について定める。また，天皇は，戒厳大権（第14条），非常大権（第31条）という戦時に関する権限も有していた。臣民には兵役の義務があった（第20条）。

これに対して，日本国憲法には，軍隊の存在を積極的に認める規定もなければ，その存在を前提にした規定もなく，逆に積極的に否定する規定（第9条）が存在している。これは，「政府の行為によって再び戦争の惨禍が起ることの

48　第2部　日本国憲法の比較憲法的考察

ないやうにする」（前文第1項1段）という過去の侵略行為の反省のうえに，帝
国憲法上のその根拠を全廃するものである。さらに平和的生存権が保障される
ことによって（前文第2項3段），平和は政政治部門の政策的判断に委ねられる
ものではなく，国民の管理するところとなっている。

　このような日本国憲法の徹底した平和主義が，帝国憲法のいわば軍国主義と
180度対照的であることもまた多言を要しない。

(3)　人権尊重主義

　帝国憲法による権利保障にはさまざまな問題点があった。第1に，帝国憲法
が保障する権利は，「臣民」の権利（第2章）であって，人の権利ではなかった。
すなわち，それは，臣民という身分に対して付与される「権利」という名の分
際にすぎなかったといえる。第2に，帝国憲法が保障する権利のカタログはき
わめて貧弱であった。第3に，臣民の権利＝分際という性格から必然的に，ほ
とんどすべての権利が法律に留保されていた。唯一信教の自由（第28条）は例
外のようにみえるが，その意味は，信教の自由は法律によらずとも制約できる
ということであった。第4に，臣民の権利の内容を決定する法律を定める権限
は天皇に帰属し，議会は単なるその協賛機関にすぎなかったため，権利保障は
貧弱にならざるをえなかった。第5に，臣民の権利が法律に留保されていると
いうことは，法律によらなければそれを制限することができないということを
意味するが，帝国憲法はそれに重大な例外を設けていた。緊急命令（第8条）・
独立命令（第9条）・戒厳大権（第14条）・非常大権（第31条）からなる緊急事態
法制がそれである。第6に，権利侵害に対する救済制度がきわめて不充分であ
った。臣民に国家賠償請求権はなく，司法権は天皇の名において行われ（第57
条），行政事件は司法裁判所に受理されず（第61条），東京に置かれた一審にし
て終審の行政裁判所という名ばかりの裁判所によってごく限られた場合に受理
されるにすぎなかった。さらに，いずれも法律の違憲性を審査する権限をもた
なかった。したがって，臣民の自由は立法権を制約するものではなかった。

　帝国憲法と対照的に，日本国憲法は，前文第1項1段において，「わが国全
土にわたって自由のもたらす恵沢を確保」することを憲法の目的として掲げて
いる。第1に，日本国憲法が保障する権利は，第13条が「すべて国民は，個人
として尊重される」としているように，臣民の権利ではなく，個人の永久不可

侵の「基本的人権」（第11条）である。すなわち，それは人が生まれながらにして有する権利として尊重されるべきものとされているのである。第2に，日本国憲法は全部で29カ条の人権条項を有しており，帝国憲法の9カ条の臣民の権利条項との数の差は歴然としている。また日本国憲法は，自由権のみならず社会権も保障している。この点でも，社会権条項をもたなかった帝国憲法と明確に異なる。第3に，第1の点から必然的に，人権は，日本国憲法の文言上いっさいの留保なく，その意味で絶対的に保障されている。法律の範囲内で保障されるにすぎない臣民の権利とは違うのである。人権それ自体に限界はあるが，その限界は法律によって恣意的に決定されるのではなく，法律によって確認されるべきものとなっているのである。第4に，その法律を制定する権限は，主権者を代表する国会が独占する（第41条）。これも，帝国憲法とは対照的である。第5に，日本国憲法には緊急事態条項がまったくない。これまた帝国憲法とは対照的である。第6に，日本国憲法は，事後的な権利救済制度を整備している。すなわち，「何人」にも国家賠償請求権（第17条）と刑事補償請求権（第40条），裁判を受ける権利（第32条）を保障している。戦前の行政裁判所のような特別裁判所は禁じられ（第76条2項），裁判官には独立（第76条3項）と身分（第78条）が保障され，それによって裁判の政治化が防止され，その公正が担保されることになっている。また，裁判所には単に司法権が与えられているだけではなく，違憲審査権が与えられている（第81条）。これによって，裁判では，違法性だけでなく，法律の違憲性を争うこともでき，人権は立法権をも制約しうるわけである。

　以上の対比から明らかなように，帝国憲法が外見的性格の強い立憲的な憲法といえるのに対して，日本国憲法は立憲的な憲法であるといえる。規範レベルでみれば，もちろん個別の条文ごとに解釈の余地があるにせよ，日本国憲法に民主的正当性があるということはできる。

第2節　フランス第5共和制憲法成立史

　フランス第5共和制憲法の成立をめぐっても，日本国憲法の場合とは相当異なるしかたで，やはりその民主的正当性が問題となる。ここで，その直接の前

50　第2部　日本国憲法の比較憲法的考察

史から成立に至る経緯を概観してみる。

1　第4共和制憲法体制の崩壊

(1)　第4共和制憲法の成立と民主的正当性

　1946年に国民投票によって成立した第4共和制憲法は，1940年6月以来の
ナチス＝ドイツによる国土の北半分の占領とドイツに服従して南半分の統治を
担っていたヴィシー体制の軛を連合軍の援助を受けつつ自力で克服したレジス
タンス勢力の産物である。

　レジスタンスは，単なる軍事的抵抗活動ではなく，解放後のフランスの社会
＝国家のあり方を構想する運動でもあった。地下活動のなかという制約はあり
ながらも，第3共和制体制とヴィシー体制を総括し，戦後の民主的な国家＝社
会改革構想を周到に準備していた。

　レジスタンスが反ナチ・反ヴィシーで一致した軍事的抵抗運動から解放後の
新しいフランス建設を目指す運動へと発展するなかで生まれた，参加諸勢力の
多様な戦後改革構想に一応の総括を与える全国抵抗評議会綱領（CNR綱領[7]）は，
ごく簡単にいえば，経済改革に関して一定の国有化を伴う国民経済の民主的改
革，社会＝国家改革に関して対独協力者の追放・広範な民主主義の確立・社会
的共和国の樹立といった基本方針を示していた[8]。日本にとってのポツダム宣
言に相当するといってよいCNR綱領は，解放後の具体化の過程での議論を閉
じるものではなく紆余曲折を避けられなかった。とくに国外のレジスタンス
を指導し解放後臨時政府主席となったド＝ゴールは，CNR綱領に敵対的で，第
3共和制憲法の有効性を主張し，民主化の徹底に対する楯の役割を果たすこと
になる。しかし，結局，ド＝ゴールは，共産党・社会党との対立を深め，1946
年1月に下野することになり，CNR綱領は，国内レジスタンスを担った共産
党・社会党・人民共和運動派（MRP。解放後に結成された保守中道の親ド＝ゴール派）
からなる制憲過程における多数派の念頭に常に置かれ，第4共和制憲法に規範

---

*7)　綱領第2部の翻訳として，参照，海原峻編『ドキュメント現代史8　レジスタンス』（平
　　凡社，1973年）251〜255頁。

*8)　レジスタンスの展開と憲法思想について，拙著『委任立法の研究』（日本評論社，1990年）
　　178〜224頁。

的表現を見出すことになる。

　第4共和制憲法の制定は，3つの法律からなる第3共和制憲法の改正という手続ではなく，新たにレフェランドムによって決定された，普通選挙で選ばれた議会での審議ののちレフェランドムによって決するという手続に従って行われた。1945年10月21日に行われた制憲議会選挙は，フランス憲法史上初めて国政選挙に女性が参加し，また同じくフランス憲法史上初めて比例代表制によって行われた。選挙結果は，第1党が共産党で得票率26％議席数151，第2党MRPで得票率25％議席数150，第3党社会党で投票率25％議席数139となり，かつてヴィシー体制を支持した急進社会党と共和派は惨敗した。レジスタンスに結集していた3党が全議席（586）の4分の3を占める，いわばCNR綱領路線の圧勝だった。1946年4月，3党のなかで共産党・社会党が主導して議会を通過した憲法草案は，フランス憲法史上最も民主的な憲法案であったが，MRPが反対に回り，5月5日に行われたレフェランドムで否決されてしまう。そこであらためて6月2日に行われた選挙の結果は，第1党MRPで得票率28％議席数160，第2党共産党で得票率26％議席数146，第3党社会党で得票率21％議席数115となった。形骸化しつつある3党政治の枠組が維持されながら，MRPと社会党の主導によって制憲作業が進むことになった。10月13日に行われたレフェランドムは，賛成約926万票，反対約814万票，棄権約85万票という結果で，第4共和制憲法が採択された。制憲議会での主導権の移動が示唆するように，第4共和制憲法は，4月草案に比べて民主的性格が後退したものであったが，それでも議会中心主義的で近代的人権に加えて現代的人権を豊富に保障する，フランス憲法史上最も民主的な憲法といいうるものであった。

(2)　第4共和制憲法体制の動揺と崩壊

　1946年〜1958年，フランスの経済と社会は大きな変貌を遂げる。第4共和制憲法の施行後まもなく，いわゆる3党政治の崩壊によって，戦後経済改革は民主主義的なCNR綱領の路線から自由主義的な路線に転換する。アメリカからの資金援助に依存した国家資金の撒布による経済の近代化・軍事化路線は，中間層の没落と労働者の困窮とのうえにフランス資本主義の復活・強化を促進した。

　社会的・経済的危機を惹起したインフレの原因となった赤字財政は，近代化

計画に従った国家資金の撒布と軍事費の膨張によるものであった。とくに軍事費は1958年には財政支出の約27％，GNPの6％を占めた。第4共和制末期のアルジェリア作戦は，巨額の戦費を要し，このためインフレが促進されて1958年の国際収支は戦後最悪を記録した。軍拡による経済，財政危機は，民衆の平和への希求を呼び起こしただけでなく，支配層内部に植民地戦争の不経済性の認識を浸透させ，軍事予算をめぐる攻防に導き，しばしば政府危機を招くようになった。

　単に民衆の不安を惹起し，経済，財政に死重をかけただけでなく，支配層内部の対立を決定的にしたアルジェリア紛争は第4共和制体制にとって新たな重大な火種となった。支配層内部において，植民地の政治的・法的独立を承認することによって経済的支配を維持しようとする新植民地主義の路線と現地経営を従来の政治的・法的抑圧によって維持しようとする旧植民地主義の路線との対立が，アルジェリア人民の独立運動を契機に非和解的な形態に転化するのである。

　支配層，被支配層間の対抗関係の多岐化と顕在化，それにあらたに加わった支配層内部のヘゲモニー闘争のかつてない激化，ここから単なる政府危機にとどまらない国家的＝憲法的危機が生じることになる。すでに1946年10月13日レフェランドムにおいて相当の反対に直面していた第4共和制憲法は，積極的な改憲派とは一線を画して憲法擁護の姿勢をとる中道派の運用によって，形骸化されてしまう。たとえば前文に反する植民地戦争や社会的経済的権利の制限（とくにスト権の制限），とくに共産党の政治活動や表現の自由に対する弾圧，社会的権力＝独占の放置などは，中道派の消極的改憲政策の所産であった。

　1956年の国民議会選挙で国民議会に進出した「反システム右翼」のプジャード派は，強硬な反第4共和制憲法路線をとり，アルジェリアの現地植民者と軍に呼応していたにもかかわらず，中道派はこれとの連繋に進み，中道連合政権は従来にない困難を抱えることになる。

　アルジェリア問題は，軍隊の政治化をもたらし，1958年いよいよ国家の暴力装置が危機的状態に陥ることになった。1958年5月13日，「フランスのアルジェリア」を主張する現地植民者と現地軍が蜂起した。パリ＝コミューン以来フランス史上前例のない重大事件の起きたその日に信任されたフリムラン内閣は，17日に緊急状態を宣言してパリの不穏分子を逮捕したが，現地反乱軍

第1章　憲法の正当性　53

にはなんら制裁を加えなかった。その間，コティ大統領は，1946年初め以来，政治の場から離れていたド＝ゴールに首相就任を要請していた。この要請に対して，ド＝ゴールは新憲法制定を条件とした。政局の絶えない中道諸派中心の政党政治に嫌気のさした世論は，政党政治そのものに否定的なド＝ゴールに接近し，軍隊内では元軍人のド＝ゴールに対する支持が固まっていく。議会諸勢力は，共産党を除いて，懐柔によりド＝ゴール支持に傾斜する。

　5月27日，コルシカを掌握したパラシュート部隊が今度はパリを襲うかもしれないという不穏な空気のなかで，フリムラン内閣が辞職する。6月1日，ド＝ゴール新内閣が誕生した。国民議会での信任投票の結果は，賛成329票，反対224票である。反対したのは，共産党，社会党・MRP・急進社会党それぞれの一部などである。2日，ド＝ゴールに6ヵ月間の全権が付与され，3日，政府に憲法草案作成のための全権が付与された。1958年6月3日，第4共和制が死んだのは明白であった[9]。

2　第5共和制憲法制定過程

(1)　第5共和制憲法制定過程の法的構造

　1958年6月3日，ド＝ゴール首相は，全権法案と憲法制定手続案を議会に提出し，成立させる。これらの法律が，第5共和制憲法成立までの制憲過程の法的構造を与えるのである。

　6月3日全権法は単一の条文からなる。その第1項によれば，同法の審署後6ヵ月間，「1958年6月1日に叙任された共和国政府」すなわちド＝ゴール政府は，「オルドナンスというデクレ（命令）によって国家の再建に必要と判断される規定を定める」。しかも，この規定は，「現行の立法規定を……取消しもしくは修正，代替することができる」。このデクレは「コンセイユ＝デタの意見を徴したのち，閣議で定められる」（第3項）。デクレは「第1項に規定された期間の満了の際に，承諾のために国民議会理事部に提出される」（第6項）。このデクレへの授権の限界に関して，「とくに1946年憲法前文および1789年人権

---

*9)　第4共和制憲法の動揺と崩壊について，より詳しくは，拙著『委任立法の研究』442
　　～456頁。

宣言から帰結する共和制的な憲法の伝統によって法律に留保された事項」，公的自由や組合の自由の行使，罪刑，刑事手続，市民に対する基本的補償の調整，選挙法をデクレによる規制の及ばない事項としている（第2項）。

　第2項によって授権事項が限界づけられているようにみえるが，授権期間中，議会の立法活動や政府に対するコントロールは予定されていないから，全権法は，文字どおりの全権法といってよかった。

　全権法体制の下における憲法制定手続を定めるのが，6月3日憲法的法律である。同法は，第4共和制憲法の改正手続に「従って」制定された，改正手続を改正しさらに第4共和制憲法全体を「改正」することを目的とする憲法的法律である。これも単一の条文からなっている。

　第1項は，「憲法第90条［第4共和制憲法の改正手続条項］の規定の適用を除外して，憲法は1958年6月1日に叙任された政府によって次の形式において改正される」とする。第1〜3項によれば，①6月1日に叙任された政府すなわちド＝ゴール政府が草案を作成する，②この草案が諮問委員会にかけられる，③さらにコンセイユ＝デタの意見が徴される，④その後閣議で憲法案が決定される，⑤閣議決定された憲法案がレフェランドムにかけられる，という手続によって新憲法は制定されることになった。起草の権限がド＝ゴール政府限定のものであること，議会の関与がまったくないことが手続的な民主的正当性の観点から問題となり，しかも以上の点は，第4共和制憲法第90条では国民議会が起草の権限を専有していたことから改正手続の本質的変更にあたり，そのような改正手続の「改正」が許されるのかという法理上の問題もあったといえる。

　第1項は，改正の骨子として5つの原理を掲げている。すなわち，①「普通選挙のみが権力の源泉である。普通選挙または普通選挙によって選ばれた決定機関からこそ執行権は派生する」という民意に基づく政治，②「政府と議会とがそれぞれの役割・責任においてそれぞれの権限を完全に請け負うような」立法権と執行権との効率的な分立，③「政府は議会に責任を負うべきである」，④1946年憲法前文および1978年人権宣言の列挙する「本質的な自由の尊重」を確保するための司法権の独立，⑤「共和国と共和国に連合する諸民族との関係」の組織，以上である。全権法体制の下で，レフェランドムに至るまでド＝ゴール政府の圧倒的優位を保障する改憲手続の下，5つの原理はもっぱらド＝

ゴール政府によって解釈されることになる。

　ド゠ゴール政府による「改憲」作業は，形式的にみても「憲法改正」とはい
いがたい。第4共和制憲法体制と1958年6月3日全権法・憲法的法律体制との
間には，法的な断絶があり，開始された「改憲」＝制憲過程はきわめて権威主
義的な法構造を有していたのである。

(2)　第5共和制憲法制定過程

　ド゠ゴール政府は，共産党やプジャード派を除く挙国一致内閣として現れた
が，成立の経緯から明らかなように各党派が対等な立場で連合した統一戦線政
府ではなく，そのような立場で結んだ共同の政府綱領や政策協定があるわけで
もなかった。もっぱらド゠ゴール派のイニシアティヴのもとに存在しているの
がド゠ゴール政府であった。

　フランス第5共和制憲法制定過程の権威主義的な法構造は，制憲過程におけ
るド゠ゴール派の圧倒的なヘゲモニーを担保した。第4共和制憲法制定過程と
比較すれば明らかなように，第5共和制憲法制定過程はほとんど完全に密室の
中で行われ，しかもその密室にはド゠ゴール政府への全権付与に賛成した政治
勢力のみが入ることを許されたのである。改憲＝制憲反対論は手続の外に置か
れ，制憲に影響を与えることができなかった[10]。

　このような制憲過程の問題は，後年のド゠ゴールの次のような回想に示され
ている。「要するに，私の指示に従って，ドブレとその同僚の作業および私も
出席したうえで国務相によってなされたその検討，諮問委員会によって作られ
た報告，コンセイユ゠デタの意見，そして政府の最終決定から出てきた憲法の
条文は私が共和国に必要だと考えるものにふさわしいものである[11]」。

　1958年9月3日憲法案は閣議で確定され，翌日パリのレピュブリーク広場で
ド゠ゴールにより公表された。このセレモニーは，警官に囲まれた，親ド゠ゴ
ールの招待客だけによるもので，大衆的な集会とはいえなかった。そこにいる
ド゠ゴールは，1944年8月25日，解放直後のパリのシャンゼリゼー通りを丸腰
で歩いたド゠ゴールではなかった。憲法案は，一言でいえば，ヴィシー体制を

---

　*10)　第5共和制憲法制定過程の法的構造と審議の概要について，拙著『委任立法の研究』
　　　466～497頁。

　*11)　de Gaulle, *Mémoires d'espoir*, t.1, Plon, 1970, p.37.

56 第2部 日本国憲法の比較憲法的考察

再現することなく議院内閣制的な外観を残しつつ，権威主義的な支配を行う体
制を構想していた。9月4日の演説の結び近くで，ド=ゴールは聴衆に憲法案
への賛成投票を呼びかけて，「もしそうしなければ，ただちにわれわれは周知
の悪習に戻るであろう」と脅迫し，自らの主導権を誇示した。[*12]

　その後，制憲過程は最終段階に入り，9月28日のレフェランドムに向けてさ
まざまな政治勢力・ジャーナリズムによるキャンペーンが繰り広げられた。こ
の段階で初めて根本的な改憲反対勢力が制憲過程への参入を許されたのである
が，それによってそれまでの過程の密室性や歪みが矯正されることになるわけ
ではない。9月4日の改憲反対デモには警察の弾圧が襲いかかり，数百人の負
傷者が出た。反対派の政治的表現の自由はいちじるしく制限されていたのであ
る。9月4日以降の制憲過程にも，反対派の参入に対してはなお高い障壁が設
けられていたといえる。マスコミに関しては，ド=ゴールおよびド=ゴール政
府が事実上ラジオとテレビを独占し，新聞もごく一部の有力紙を除いて憲法案
賛成を表明していた。[*13]　イデオロギー装置は賛成派によって完全に支配されてい
たといってよいであろう。

　以上のような状況のなかで，一般世論が憲法案反対に傾くはずがなかった。
しかし，そうだからといって，世論が憲法案に積極的支持を与えていたわけで
もなかった。市民にとって，問題は憲法の条文が良いか悪いかではなく，ド=
ゴールに賛成するか反対するかなのであった。一般に憲法案は読まれていなか
った。多くの民衆にとってレフェランドムで憲法案を否決するということは，
第4共和制憲法体制に復帰することを意味し，さらにそれ以上に重大なことと
して，ド=ゴールというアルジェリア問題の切り札を失うことを意味した。し
たがって，積極的な承認というよりも，むしろ第4共和制憲法体制の拒否・ド
=ゴールによるアルジェリア問題解決への期待，という消極的な理由から憲法
案へ支持が集まったのである。

　9月28日に行われたレフェランドムの結果は，投票率84.9%，賛成約1770万
票，得票率79.25%，反対約460万票，得票率20.75%というものであった。投

---

*12)　Le Monde du 6 septembre 1958.

*13)　参照，アレクザンダー=ワース『ドゴール』内山敏訳（紀伊國屋書店，1967年）193頁。

第1章　憲法の正当性　57

票率は，1936年の人民戦線選挙以来の記録的高さに達し，賛成票は一部の共
産党支持票まで吸収する数であった。

　憲法案は事前の予想を上回る支持を得たが，その支持の実質的意味はド＝ゴ
ール支持であった。9月28日の投票は，レフェランダムというよりはむしろプ
レビシット的性格が強かったのである[14]。したがって，第5共和制憲法の成立時
の正当性は，けっして数字どおりのものとはいえなかった。

3　第5共和制憲法の歴史的特質

　成立時点での第5共和制憲法の歴史的特質を第4共和制憲法と比較しつつ明
らかにする。ただし，ここでは，便宜上，いずれの比較も憲法規範レベルでの
簡単なものにとどまる[15]。

(1)　国民主権主義

　第5共和制憲法第3条1項は「国民（ナシオン）主権は人民（プープル）に帰
属し，人民は主権を自らの代表およびレフェランダムによって行使する」と規
定する。第4共和制憲法第3条は，「国民主権は人民に帰属する」（1項），「人
民は，憲法事項に関して，主権を自らの代表の表決およびレフェランダムによ
って行使する」（3項），「人民は，その他すべての事項に関して，普通および
平等および秘密選挙で選ばれた国民議会の代議員によって主権を行使する」（4
項）と規定している。

　これらの主権の主体とその行使方法に関する憲法条項をみるかぎり，重大な
変更はみられない。しかしながら，人民の主権行使を媒介する代表機関，すな

---

*14)　フランスでは，人民が政治的問題について賛成か反対かを表明する投票をレフェラ
　　ンダム（référendum）という。これに対して，人民が，提起された質問に対して賛否を表
　　明するよりはむしろ，レフェランダムを行うことを決定した統治者に対する支持・不支
　　持の意思表明をするように仕向けられることになるレフェランダムの堕落形態のことを
　　プレビシット（plébiscite）という。あらゆるレフェランダムにプレビシットのリスクが
　　大なり小なりあり，多くの場合，制度上両者を区別するのは難しい。

*15)　第4共和制憲法の条文は，たとえば，中村義孝編著『フランス憲法史集成』（法律文
　　化社，2003年）204頁以下。また，第5共和制憲法成立時の条文は，たとえば，宮沢俊義
　　編『世界憲法集』（岩波文庫，1960年）199頁以下（野村敬造訳）。ただし，本書では，必
　　ずしもこれらの訳に従っていない。

わち国会の権限に関しては，大きな変化があった。そのうちの立法権に関連する点のいくつかを簡単に眺めてみる。

第4共和制憲法第13条は，「国民議会［下院］のみが法律を表決する」（前段）と規定する。この法律とは，第4共和制憲法前文があらためて確認している1789年人権宣言によれば「一般意思の表明」（第6条）すなわち主権者人民の意思であり，その所管事項に関して憲法上とくに定めはなかった。ところが，第5共和制憲法は，同様に前文において1789年人権宣言を確認し，第34条で「法律は国会によって表決される」（1項）としつつ，同条2項以下で法律所管事項を限定列挙する。第5共和制憲法第37条1項は，第34条に列挙されている法律所管事項以外について「法律の所管に属する事項以外の事項は命令の性格をもつ」と規定する。国会が表決した法律が命令の所管を侵害する場合に備えて，第37条2項は，そのような侵害の有無を判断する権限を憲法院に与えている。

さらに第5共和制憲法第38条は，「政府は，その綱領の実施のために，通常法律の所管に属する措置を一定の期間，オルドナンスによって定めることを国会に求めることができる」（1項）と定める。このオルドナンスと呼ばれる特殊な命令は，「一定の期間」経過後は，法律によらなければ変更することができない（第38条3項）。立法の委任が憲法上明文で認められているのである。この点も，第4共和制憲法第13条が「国民議会は，この権利［法律を議決する権利］を委任することができない」（後段）と定めていたのと対照的である。

第5共和制憲法第49条3項によれば，首相は，法案の表決に関して，閣議を経て，国民議会に対して政府の責任をかけることができ，この場合，それに続く24時間以内に不信任案が可決される場合を除き，法案は可決されたとみなされる。すなわち，法案が国会の審議抜きに成立することがありうるのである。このような立法手続は，第4共和制憲法にはなかった。

以上のように，第5共和制憲法は，人民の主権行使を媒介する代表機関である国会の立法権を第4共和制憲法に比べて大きく制限している。この点は，日本国憲法と比較しても顕著な特徴である。

(2) 平和主義

平和主義に関して，1789年人権宣言第12条は「人および市民の権利の保障は，武力を必要とする」と規定し，第4共和制憲法は，前文で「フランス共和国は，

その伝統に忠実に，国際公法の規定に従う。フランス共和国は，征服を目的としていかなる戦争も企てず，いかなる人民の自由に対しても決して武力を行使しない」（第14項）[*16]，「フランスは，相互主義の留保の下に，平和の組織と防衛に必要な主権の制限に同意する」（第15項）と規定する。

第5共和制憲法は，前文で1789年人権宣言に加えて第4共和制憲法前文も確認しているから，以上にみた征服戦争放棄および相互主義の留保を伴う主権制限を内容とする武装平和主義条項は，第5共和制憲法でも維持されていることになる。

(3) 人権尊重主義

第5共和制憲法は本文には人権条項がないが，前文が「1789年宣言によって定められ1946年憲法によって確認および補完された人権および国民主権の諸原理」へのフランス人民の「愛着」を宣言している。

自由権と形式的平等を中心に保障する1789年人権宣言を補完する第4共和制憲法前文には，社会権と実質的平等を保障する具体的な規定が豊富にある。注目されるのは，権利の主体が労働者，女性，児童，青年，母親，老齢者と，具体的であることである。また，労働基本権の保障に加えて，労働者の経営参加が保障されている点，独占的性格を有する財産の国有化を可能とする条項がある点も注目される。

第4共和制憲法の近代的かつ現代的な人権尊重主義は，ひとまずその継承が第5共和制憲法によっても宣言されているといえる。

第3節　日仏憲法成立史の比較

1　制定過程・手続の比較

(1) 日本国憲法制定過程の民主的正当性

a　押しつけ憲法論

日本国憲法の正当性を否定し，全面的な改憲を主張する議論として押しつけ

---

*16)　征服戦争の放棄は，1789年の制憲議会が制定した1790年5月22日デクレによって規定され（第4条），1791年憲法第6編，1848年憲法前文Vにおいても同様に規定されていた。

憲法論なる議論がある。

　押しつけ憲法論には，既述（第1節1）のようなハーグ陸戦条約違反という主張とは別に，端的に日本国憲法が日本人の意に反して押しつけられたと主張するいわば社会学的な押しつけ憲法論もある。このような主張をする以上は，「押しつける」という行為には主体と客体があるから，誰が誰に日本国憲法を押しつけたのかを明らかにしなければならない。押しつけ憲法論は，アメリカを敵に回すことになるためかこの点について明言しない。

　政府の憲法改正草案には，二院制のような日本政府の構想になる規定も入っている。制憲議会では，貴族院で沢田牛麿が，枢密院本会議で憲法改正草案に反対した美濃部達吉（1873年 – 1948年）の名を挙げて改正慎重論を唱えるのみならず，政府の憲法改正草案を「急造粗製」の「変梃子なもの」と難じる一方で帝国憲法を「理想的に立派な憲法」と評価する発言を行っているくらいであるから，反対が不可能だったわけではない。同じく制憲議会では，国民主権が明記されるなどの政府憲法改正草案に重要な変更も行われている。また，毎日新聞の行った2000人の有識者アンケートによれば，大多数がGHQ案をもとに作成された政府の憲法改正草案を支持している（毎日新聞1946年5月27日）。こうしてみると，政府・議会の主体性が保障されていなかったとすることはできず，多数の日本国民にとって，日本国憲法は意に反して押しつけられたものではなかった。日本国憲法を押しつけられたと考えたのは，1950年代になって押しつけ憲法論を主張しはじめた勢力であるといえる。

　そもそも，GHQ案作成の際には，1945年10月の自由の指令以降，民間で検討され公にもされた憲法草案が参考にされている。鈴木安蔵らの憲法研究会が作成し1945年12月27日に公表されている「憲法草案要綱」には，象徴天皇制に近い構想や日本国憲法25条（生存権）の原型になる案（「国民ハ健康ニシテ文化的水準ノ生活ヲ営ム権利ヲ有ス」）が含まれてた。

　占領下の制定という現象の表面だけをとらえて，自らの主観的意欲をそこに投影し，制定過程全体の実際を見ないのが押しつけ憲法論の特徴である。

---

*17)　参照，清水伸編著『逐条日本国憲法審議録〔増補版〕第1巻』（原書房，1976年）15頁，21頁。

もちろん，占領下という状況はいわば掛け値なしの平時とは違う。しかし，憲法制定自体がそもそもきわめて非日常的な行為である。アメリカ合衆国憲法は独立戦争の産物であり，フランス1791年憲法は革命の産物である。ドイツのワイマール憲法は，第1次大戦敗戦とその後の革命の産物である。「生まれ」を問題にするなら，世界の多くの国の憲法が問題になりうる。しかし，制憲手続に問題があることだけを理由に憲法を変えるべきだという議論は容易には成り立たない。何故なら，憲法自体の評価と憲法の生まれの評価とは次元が異なる問題だからである。一方の評価をもって他方の評価に代えることはできない。押しつけ憲法論は，日本国憲法自体の評価を憲法の生まれの問題にすり替える議論である。

b　8月革命説

通説的な日本国憲法生誕の法理が8月革命説である。日本国憲法は，帝国憲法第73条の改正手続によって制定され，その内容はいわゆる3大原理のいずれも帝国憲法の基本原則と相容れないものとなっている。この点は，日本国憲法の上諭（「朕は，……帝国憲法第73条による帝国議会の議決を経た帝国憲法の改正を裁可し，ここにこれを公布せしめる」）と前文（「日本国民は，……主権が国民に存することを宣言し，この憲法を確定する」）との矛盾という解釈上の問題として現れている。8月革命説は，この問題に答える「最も適切な学説」[18]とみられている。

戦前戦後を通じて通説となっている憲法改正限界論の立場をとる8月革命説は，帝国憲法の改正によって日本国憲法を生み出すことが法的には不可能であることを承認する。しかし，8月革命説によれば，「ポツダム宣言は国民主権主義をとることを要求しているので，ポツダム宣言を受諾した段階で，明治憲法の天皇主権は否定されるとともに国民主権が成立し，日本の政治体制の根本原理となったと解さなければならない」，「つまりポツダム宣言の受諾によって法的に一種の革命があったとみることができる」。この法的革命の結果，「憲法の条文はそのままでも，その意味は，新しい建前に抵触する限り重要な変革をこうむったと解さなければならない」。それゆえ，日本国憲法は「実質的には，明治憲法の改正としてではなく，新たに成立した国民主権主義に基づいて，国

---

[18]　芦部『憲法〔第6版〕』30頁。

民が制定した民定憲法」であって，帝国憲法第73条による改正という手続によったのは，2つの憲法の間に形式的な継続性をもたせる便宜上の理由であったとされる。[*19)]

　以上の8月革命説は，日本国憲法上論と前文の矛盾を解消しようとする解釈学説のようである。したがって，これに対して1945年8月15日以降の社会的現実に合わず，革命など起きていないと主張する批判には，これを的外れとする反論が可能なようにも思われる。しかし，以上の8月革命説の主張自体にも，ポツダム宣言受諾によって国民主権が「日本の政治体制の根本原理となったと解さなければならない」といいつつ，ポツダム宣言受諾によって「法的に一種の革命があったとみることができる」というなど，解釈と認識が混在しているようにみえる。

　そもそも，8月革命説が問題を上論と前文の矛盾にかかわる解釈問題と把握することに問題がないとはいえない。この場合の解釈の対象は，規範命題ではないからである。規範命題の解釈とは，規範の文言と規範の価値や目的に即した価値判断である。しかし，上論や前文の問題箇所は，社会現象の記述である。そうすると，その記述内容が客観的認識として正しいか否かが問題にならざるをえない。

　事実問題として，日本国憲法の制定が帝国憲法第73条の手続を踏んでいることに関しては疑問の余地がない。それに対して，国民による憲法制定という記述に関しては，疑問の余地がないとはいえない。そこで生じる解釈問題とは，規範命題の解釈とは違って，憲法制定過程の諸事実の意味づけという解釈問題である。すなわち国民による憲法制定という客観的事実の存否とその評価という問題である。事実が与える枠を超える評価＝解釈は妥当性を欠く解釈として排斥されなければならないであろう。

　形態上，上論と前文との矛盾をどう解消するかという憲法テクストの解釈問題として現れている問題が憲法の民主的正当性の評価という問題であるとすれば，これを，憲法の存立を前提にする憲法テクストの解釈だけで処理することはできない。いうまでもなく，民主的正当性という問題は，憲法の存立そのも

---

*19)　以上，芦部・同前30〜31頁。

のにかかわる問題だからである。

　日本国憲法制定過程の民主的正当性の評価は，帝国憲法の改正手続に則った国民による憲法制定という法的手続と実際のプロセスとの矛盾が実質的に後者によって統一されているとどこまでいえるかにかかる。

　たしかにポツダム宣言受諾をもって法的な革命が起きたということには相当の無理がある。法的な建前が天皇主権から国民主権へ変わったとしても，統治機構とその担い手の根本的な民主的改革が現実に伴わなければ，国民主権は画餅に帰す。その意味では，8月革命が法的な革命にすぎず社会学的意味ないし政治学的意味の革命ではないといえば済むことではない。1945年8月，国民主権原理の担い手はいなかった。ポツダム宣言を受諾した政府がしばらくその実施をサボタージュしたこと，そしてその政府を批判する対自的な国民＝民衆が当初不在だったことからすれば，ポツダム宣言受諾即法的革命の成立という8月革命説の所説は虚偽といっても間違いとはいえない。

　しかしながら，そもそも革命は，一朝一夕に成就する事業ではない。それは多かれ少なかれ漸次的に進行する。それゆえ，ポツダム宣言受諾の瞬間はともかく，敗戦後革命は起きなかったと簡単にいうこともできない。1945年8月15日〜1946年11月3日（日本国憲法公布）の間を概観すると，GHQの指導と政府の抵抗，主権主体＝国民の成熟途上という事情の下でも，自由の指令（1945年10月4日），婦人解放・労働組合の結成奨励・学校教育民主化・秘密審問司法制度の撤廃・経済機構の民主化を内容とする5大改革指令（10月11日），財閥解体開始（11月6日），戦犯逮捕（12月2日等），神道指令（12月15日），第1次農地改革開始（12月29日），天皇人間宣言（1946年1月1日），軍国主義者の公職追放（1月4日），財閥解体本格化（4月20日），第2次農地改革開始（10月21日）と，重要な国家＝社会改革が行われている。これらは，神権的天皇・不在地主・財閥という戦前の支配層のためではなく，国民のための社会諸関係の近代化という革命的な措置である。

　日本国憲法制定過程もまた，成立史の概観と押しつけ憲法論の検討でも触れたことから明らかなように，民主的な変革の過程として正当性があるといえなくはない。自由の指令以降の民間の憲法草案の簇生，それがGHQに与えたインパクト，女性が参加した制憲議会選挙，制憲議会での自由な審議等は，制憲

過程が，帝国憲法第73条の手続によりながら，実質は国民による憲法制定過程であると評価しうる事実といえる。そのかぎりでは，8月革命説には根拠があるといってもよい。

しかしながら，日本国憲法制定過程の民主的正当性にも問題があったことも見逃せない。国民による憲法制定が帝国憲法第73条の手続によらなければならなかった理由が問題として残るのでる。これを便宜的な理由によるとする8月革命説は，実際の経過をあとから正当化するアポロギアとの批判を免れないであろう。8月革命説は，ポツダム宣言受諾後，帝国憲法の条文の意味が「新しい建前に抵触する限り重要な変革をこうむった」という。たしかに実際，帝国議会では自由な審議が確保され，重要な変更も行われたのであるが，憲法改正草案は，第73条の予定するとおり，政府が提出した。国民が制憲権の主体であるならば，たとえば貴族院を含む帝国議会ではなく憲法制定議会という特別な議会を設置するとか新憲法案をレフェランダムにかけるとかというような，第73条とは異なる手続をとることも考えられるはずであった。仮に第73条によるにしても，憲法草案の提出を政府の専権とする点は「重要な変革をこうむった」として，国民が選挙で選んだ衆議院に議席を有する政党・政派にも改憲案＝新憲法案を提出する権限が保障されるべきであったとも考えられる。8月革命説は，手続に関する以上のような他の選択肢を隠蔽し，GHQ・政府の一定のイニシアティヴを担保する実際の手続を正当化していることになる。

(2) フランス第5共和制憲法制定過程の民主的正当性

民主的正当性という側面から第5共和制憲法制定過程をみるならば，そこに重大な問題があることについては多言を要しないであろう。第4共和制憲法の改正手続の「改正」によって，国民議会（下院）に独占されていた改憲案の起草権限はド＝ゴール政府の独占するところとなり，草案は反ド＝ゴール派を排除した密室審議を経て，ド＝ゴール政府によって決定されることになる手続は，およそ民主的正当性を担保するものではない。その後のレフェランダムも，反対派の政治的表現の自由が抑圧されていたこと，マスメディアが事実上，政府に独占されていたこと等々から，有権者は新憲法案そのものの正確な知識を欠いたまま投票し，プレビシット的に機能した。レフェランダムは，ド＝ゴールのクーデタによる憲法制定に民主的正当性の外観を与える偽装工作であったと

いえる。

(3) 2つの憲法制定過程の民主的正当性の比較

　日本国憲法・フランス第5共和制憲法のそれぞれの制定過程を比較してみると，まず，それぞれの発端が，敗戦・被占領，植民地軍の反乱といういずれも異常事態であることが注目される。しかし，日本国憲法制定はそのような「外圧」によって開始されたにもかかわらず，第5共和制憲法制定に比べれば，はるかに開放的な手続に従って行われた。これに対して，第5共和制憲法制定過程は，「内圧」によって開始されたにもかかわらず，閉鎖的な手続に従って行われ，民主的正当性がきわめて乏しい。

　2つの憲法は，ともに当時圧倒的多数の有権者の支持を受けて成立したのであるが，以上の点からみると，日本国憲法の場合は，だからこそ押しつけ憲法論が失当であるのに対して，フランス第5共和制憲法の場合は，それにもかかわらず国民はド゠ゴールによるド゠ゴールのための憲法を押しつけられたということができよう。

2　実体的正当性の比較

(1) 日本国憲法の実体的民主的正当性

　日本国憲法が，その制定過程の民主的正当性に担保されて，実体的な民主的正当性を有していることについて多言を要しない。もちろん，そこには制憲過程の民主的正当性の問題点に由来する限界もないわけではない。たとえばパルチザン闘争によってファシズム体制から自力解放したのちレフェランドムで王制を廃止したイタリア憲法と比較すると，象徴天皇制という帝国憲法時代の天皇制の残存は，そのような限界の一例といえる。また，第4共和制憲法と比較すると明らかになる社会権保障の程度の差も，同様の一例といえる。とはいえ，帝国憲法時代の臣民の政治的無権利状態からの根本的転換を内容とする国民主権主義，多くの人命と甚大な損害をもたらした侵略戦争の反省に基づく平和主義，臣民に上から与えられた権利保障から180度転換した人権尊重主義，これらはいずれも日本国憲法の実体的な民主的正当性を根拠づけるものといえる。

(2) フランス第5共和制憲法の実体的民主的正当性

　フランス第5共和制憲法の実体的な民主的正当性は，規範レベルに限ってみ

ると，一見アンビヴァレントである。国民主権主義を標榜しているにもかかわらず，統治機構は，国会の権限を制限し，執行権の権限を拡大する（後述）などさまざまな点で，人民を主権から疎外する仕組みになっていたが，その一方で平和主義や人権尊重主義は，第4共和制憲法を継承しているようにみえるからである。

　民主的な権力なくして人権保障は困難である。さらに，成立時点では，憲法院に人権保障機能はなかった（後述）。そのことからすると，当時のフランス第5共和制憲法の両面性は，その権威主義的側面によって統一され，平和主義・人権尊重主義は修飾的なものであったということになる。当時の同憲法の実体的な民主的正当性はきわめて脆弱なものであった。のちに第4代大統領となるフランソワ＝ミッテランが，1964年の著書で第5共和制憲法体制を「永遠のクーデタ」と称してその正当性を否定していたことにはそれだけの理由があったのである。[20]

(3)　2つの憲法の実体的民主的正当性の比較

　以上の概観と検討から，日本国憲法と1958年成立当時のフランス第5共和制憲法の規範レベルでの実体的民主的正当性の比較は容易であろう。たしかに人権条項をみるかぎり，第5共和制憲法の民主的正当性が際立つ。またもっぱら主権条項をみるかぎり，第5共和制憲法の民主的正当性が際立つ。しかしながら，両憲法の制定過程に規定された統治機構に着目すると，日本国憲法の統治機構は立法国家型にして司法国家型であるのに対して，直接には第4共和制憲法の議会制に対する反動として生まれたフランス第5共和制憲法の統治機構は行政国家型，それも「将軍の衣装」などとも称された権威主義的な統治機構である。その点からいうと，成立時のフランス第5共和制憲法の民主的正当性は，立憲的意味の憲法ということにためらいを覚えるほど薄弱であったといえよう。

---

*20)　リプリント版として，François Mitterrand, *Coup d'Etat permanent*, Les Belles Lettes, 2010.

第2章 国民主権

序 説

　本章では，日本国憲法とフランス第5共和制憲法の主権原理について，それぞれの規範構造と相互の比較とを通じて検討する。

　まずあらかじめ，今日の日本における国民主権論の歴史的前提となる論争をごく簡単に振り返っておく。

　主権者は誰かという問題が，日本国憲法制定過程で最重要テーマの1つになったことはすでにみたとおりである。この点について，日本国憲法は，国民が主権者であることを明文で規定している。そこで，あらためて日本国憲法上の問題となったのは，国民主権原理と天皇制との関係である。憲法上国民主権原理が採用されているにもかかわらず，それと相容れないはずだった天皇制がなお存在することが問題となる。この点について，今日の有力な見解によれば，天皇が憲法上日本国および国民統合の象徴にすぎないとされ政治的実権がないことから，民意による政治を要請する国民主権原理と象徴天皇の存在とは矛盾しないと考えられる。[*1)]

---

　*1)　この説もなお解消しがたい問題を残している。日本国憲法上天皇は国家機関である。国民主権を基本原理とする憲法上の国家機関が世襲制であることは矛盾でないといえるのか？　国民が制定した憲法が皇位を世襲としていることをもって国民主権原理と世襲制が矛盾しないとするのは，国民の憲法制定権力と国民主権とを混同するものと批判されよう。仮にそのような考えに従うならば，憲法を改正（？）して総理大臣を世襲にしても国民主権原理に反しないということになりかねないであろう。憲法上天皇に政治的実権が与えられていないことも国民主権との矛盾を解消するものとはいいがたい。重要な国家機関の担当者が血脈によって決まり，国民がこれを選任できないことが国民主権原理に反しないということは困難である。世界の歴史をみるならば，選挙君主制もあるのだから，むしろそれは不可能であろう。カール＝レーヴェンシュタインのいうように「君主制の本質は，きわめてつよく感情的価値によって満たされており，その結果，君主制はしばしば形而上学，神秘的，神話的な特徴をおび，理性よりもむしろ信仰がこれを解 ↗

68　第2部　日本国憲法の比較憲法的考察

　一方，帝国憲法と日本国憲法の主権原理が根本的に異なり相容れないと考える宮沢俊義の8月革命説に異論を唱えた尾高朝雄（1899年 – 1956年）は，主権の意味を問題にした。すなわち，宮沢が，主権を国家の最高の政治権力と解するのに対して，尾高は，そのような立場が，「力は法なり」ということを認めるものであるという批判を行い，いかなる力も超えてはならない矩というものがあると主張した。尾高はこの矩すなわち法の理念を，ギリシア語を借りてノモスと呼び，国家の最高の政治権力によっても超えることのできないノモスにこそ主権がある，と主張した。このノモス主権論によれば，帝国憲法も日本国憲法もともにノモス主権原理をとっており，その点で2つの憲法には連続性があり，日本国憲法が帝国憲法の改正手続によって制定されたことは，憲法改正に限界があることを前提にしても，改正の限界を超えていないのだから，矛盾なく説明できることになる。尾高のように解するならば，戦前・戦後を通じて，主権原理に変化はなく，国民も天皇もともにノモスの支配の下にあることになるから，国民主権と天皇の存在との矛盾はノモスにおいて統一され，そもそも問題はないといいうことになる。

　しかし，尾高のノモス主権論には，重大な欠陥があった。すなわち，帝国憲法自体は，主権という文言を用いていないが，日本国憲法は，主権が国民に存する旨を明記している。それにもかかわらず，国民ではなくノモスに主権があると解することは不可能というべきである。また，ノモスの具体的意味が曖昧なうえ，「ノモスとは何か」を判断する主体が明らかでないのも重大な問題点である。それは天皇のなのか，それとも国民なのか，これが宮沢の問題にしたことであった。尾高の主張には，このような決定的な問題点があったうえ，国体が護持されたとする保守的な論調に同調する一面があったため，学界で多くの支持を得られず，宮沢の主張が通説的な地位を占めるに至ったのである。[3]

　◪く鍵となっている」（『君主制』秋元律郎・佐藤慶幸訳（みすず書房，1957年）19頁）とすれば，天皇の言動が主権者国民の政治意識に影響を与えることを回避することも難しいであろう。

*2)　なお，宮沢は，1952年の概説書では主権を「権力」と定義しているが（『憲法〔第4版〕』（有斐閣，1952年）73頁），のちには「権威」と改めている（『憲法〔改訂版〕』（有斐閣，1982年）71頁）。

第2章　国民主権　　69

　その後ひさしく国民主権の意味について学界で議論されることはなかった
が，憲法が社会に広く深く定着していく一方で反憲法的な改憲を党是にする政
治勢力が国家の政治部門を制する日本国憲法史の展開は，宮沢・尾高論争では
充分に触れられなかった主権の意味・国民の意味を問い直すことになる。この
問い直しに大きく寄与したのが，フランス憲法研究であった。

第1節　日本国憲法の国民主権の構造

1　解釈上の諸問題──通説的国民主権論の問題点

　日本国憲法では，前文第1項で「主権が国民に存する」，第1条で「主権の
存する国民」とある。この主権在民ないし国民主権の原理の意味は，「主権」
の意味，「国民」の意味はいうまでもなく，それとともに他の関連条文の意味
によって規定される。

　主権には3つの意味がある。第1に，国家権力の最高独立性を意味すること
がある。つまり国内においていかなる権力にも優越し，対外的には他国から干
渉されない独立のものであるという意味である。憲法前文第3項に「自国の主
権を維持し」という「主権」はこの意味の主権を意味する。この点は，争いが
ない。第2に，主権が国家権力そのもの（統治権）を意味することがある。ポ
ツダム宣言第8項の「日本ノ主権ハ本州，九州及ビ四国並ビニ吾等ノ決定スル
諸小島ニ極限セラルベシ」という場合の主権がこの意味の主権である。この点
も，とくに争いがない。第3に，「国政についての最高の決定権[4]」を意味する
ことがある。これは「国の政治のあり方を最終的に決定する力または権威」と
いう意味であり，日本国憲法前文第1項および第1条にいう主権がこれに当た
るといわれる[5]。

　国民主権という場合の主権は，この第3の意味の主権であるとかつて一般に
いわれ，今日でも少なからぬ基本書でこのように説明されているようである。

───────────

*3)　宮沢・尾高論争の経緯と総括について，参照，杉原泰雄『国民主権の研究』（岩波書店，
　　　1971年）3頁以下。
*4)　芦部『憲法〔第6版〕』39頁。
*5)　参照，同前40頁。

70　第2部　日本国憲法の比較憲法的考察

しかし，ここには看過しがたい問題が含まれている。「憲法前文一項で『ここに主権が国民に存することを宣言し』という場合の主権，および一条で『主権の存する日本国民の総意』という場合の主権がこれにあたる[*6]」といわれるが，これは，第1・第2の意味の主権の例のように，争う余地なく認識しうることであろうか。第3の意味そのものに，「政治のあり方」，「最終的に決定する」，「力」，「権威」といった明確とはいいがたい文言が充満している。かつて一般に，そして現在も通説がそう処理するように，このような曖昧な概念規定を前提にして憲法前文第1項・第1条にいう主権が第3の意味の主権に「あたる」と認識することはできない。それらの条項にいう主権の意味如何は，解釈を要する問題である。少数有力説は，このような通説的見解を斥け，憲法前文第1項および第1条にいう主権が第2の意味の主権であると解釈する。通説は，妥当性が問われるこの解釈問題を認識問題と錯覚しているといわなければならないであろう。

　通説的国民主権論が，主権を「力または権威」としている点について，「力」の意味にせよ，「権威」の意味にせよ，論者は明らかにしていないが，どちらも多義的でその定義は容易ではない。しかし，権威もまた1つの力であるから，ここでいう力とは権威とは区別される力すなわち権力のことを意味すると考えられる。権威と権力の概念規定も容易ではないが，通常，権力とは，威嚇や武力によって強制的に同意・服従させる能力をいう。これに対して権威とは，自発的に同意・服従を促すような人的な優越性をいう[*7]。おそらく，このような通常の権力概念，権威概念に従って，通説的国民主権論は，「国民主権の原理には，二つの要素が含まれている」とし，次のように述べている。「一つは，国の政治のあり方を最終的に決定する権力を国民自身が行使するという権力的契機であり，他の一つは，国家の権力行使を正当づける究極的な権威は国民に存するという正当性の契機である[*8]」。通説的国民主権論は，このように，日本国憲法上の主権概念にまったく異なる2つの意味が含まれているというのである。こ

---

*6)　同前。

*7)　たとえば，参照，『〔新訂版〕現代政治学事典』（ブレーン出版，1998年），猪口孝ほか編『政治学事典』（弘文堂，2000年）。

*8)　芦部・前掲書，41頁。

れもまた，通説にとっては，認識の問題ということになるが，国民主権という同一の基本原理の意味にまったく異なる2つの意味があるとすることが認識の名において可能なのであろうか。この点を考える手がかりになりそうなのが，「契機」という概念である。これはヘーゲル論理学の用語で，「単なる寄せ集めではない，独自の全体を構成している側面，要素，段階」という意味である。[*9]たとえば，「成，即ち生起と消滅」の2つの「契機」である「有」と「無」について，ヘーゲルは，「両者は，はじめに両者がもつと考えられた独立性から契機（Moment）に，即ちいまもまだ互いに区別されてはいるが，しかし同時に止揚〔否定〕されているような二契機に落とされる」[*10]という。ヘーゲルのいう契機は，全体の不可欠の一部分であり，それを1つでも除去すると，全体が崩壊したり，完全に変質してしまうものである。[*11]通説がこのような意味で契機概念を用いているのだとすると，権力的契機と正統性の契機とは区別されるが，国民主権の不可欠の部分として切り離せない関係にあるということになる。しかし，両者がそのような関係にあることを通説が明らかにしているわけではない。つまり，国民主権原理に2つの契機が含まれているという認識は，証明されていない。主権の意味という問題は，認識しうる問題ではなく，権力か，それとも権威か，あるいはまた両者なのか，という解釈の問題なのである。

　国民の意味については，かつての宮沢・尾高論争ではまったく問題にされなかった。この点では，今日の議論の水準は，かつてのそれを凌駕しているといってよいであろう。少なくとも，国民の意味に関して2通りの解釈がありうることは広く了解されている。通説的見解は，主権の2つの「契機」それぞれに異なる国民概念が対応するという。すなわち，「主権の権力性の側面においては，国民が自ら国の統治のあり方を最終的に決定するという要素が重視されるので，そこでの主権の主体としての『国民』は，実際に政治的意思表示を行う

---

*9)　栗田賢三・古在由重編『哲学小辞典』（岩波書店，1979年）62頁。参照，岩佐茂・島崎隆・高田純編『ヘーゲル用語事典』（未来社，1991年）58〜59頁。

*10)　Hegel, *Wissenschaft der Logik I Werke 5*, Suhrkamp, S.112.『ヘーゲル全集6a』武市健人訳（岩波書店，1956年）112頁。傍点は，訳文。なお，旧字体は改めた。

*11)　参照，見田石介『ヘーゲル大論理学研究第1巻』ヘーゲル論理学研究会編（大月書店，1979年）16頁。

ことのできる有権者（選挙人団とも言う）を意味する」，これに対して，「主権の
正当性の側面においては，国家権力を正当化し権威づける根拠は究極において
国民であるという要素が重視されるので，そこでの主権の保持者としての『国
民』は，有権者に限定されるべきではなく，全国民である」[*12]というのである。
国民概念に２つの意味を与えることによって，国民主権の意味の分裂はいっそ
う明らかになっている。国民主権は，有権者が実際に政治的意思表示を行うと
いう原則であると同時に，実際に政治的意思表示を行わない全国民が国家権力
の正当性の根拠であるという原則であることになる。

　通説的国民主権論が，「日本国憲法における国民主権の観念には，このよう
な二つの側面が併存しているのである」とするのは，日本国憲法が代表民主制
を採用する一方で直接民主制をも導入していることを説明しようとするからで
ある。有権者が権力主体であるという意味での国民主権原理は，「国民自身が
直接に政治的意思を表明する制度である直接民主制と密接に結びつくことにな
る」のに対し，全国民が国家権力を正当化し権威づけるという意味の国民主権
原理は，「代表民主制，とくに議会制と結びつくことになる」[*13]というのである。

　通説的国民主権論は，日本国憲法の規範構造を反映しつつ，そこにみられる
一定の矛盾を整合的に説明しようとするものである。繰り返しになるが，その
説明は認識に徹して行えるものではない。憲法規範上にみられる矛盾を解決す
るために国民主権に２つの異なる「側面」を読み込むこの説が，唯一の整合的
な解釈を与えるものといえるのかは疑問である。そのような論理構造の問題に
加えて，別の整合性も問題になる。というのは，通説は，有権者に帰属する権
力を憲法改正権とし，全国民が正当化する対象を国家権力（統治権）とするが，
これでは憲法改正権を除く統治権の帰属主体が不明であるからである。

2　日本国憲法の国民主権の構造

　ここで日本国憲法の国民主権に関連する規範と運用の実態を概観してみる。
　まず前文第１項および第１条は主権が国民に存することを明記しているが，

---

*12)　芦部・前掲書，42頁。傍点は，原文。

*13)　同前。

主権，国民の意味を明らかにしない。したがって，これらの点すなわち国民主権の意味は，憲法の解釈に委ねられている。そこで他の関連条項を参照する。

前文第1項第2段は，「国政は国民の厳粛な信託によるものであって，その権威は国民に由来し，その権力は国民の代表がこれを行使し」と規定する。これは，全国民が国家権力を正当化し権威づけるという国民主権解釈を根拠づけるようにみえる。しかしながら，この規定は国家権力の帰属主体を明示していない。国民代表が国家権力の行使主体であるから，代表される国民が国家権力の帰属主体（所有者）と解釈することに特段の困難はない。国民が国家権力の所有者であることは必ずしも常に国民がそれを行使しなければならないことを意味するわけでもない。そうだとすると，この規定は，必ずしも有権者が国家権力主体であるとする国民主権解釈を排除するものではない。憲法の運用上注目されるのは，判例が，裁判員制度の憲法上の根拠を国民主権に求めている点である。すなわち，最高裁は，この制度が「国民主権の理念に沿って司法の国民的基盤の強化を図るものであることを示していると解される」として，「裁判員の職務等は，司法権の行使に対する国民の参加という点で参政権と同様の権限を国民に付与するもの[14]」としている。この説示は，最高裁が国民を国家権力の所有者として把握していると解することもできるであろう。

第15条1項は，公務員の選定罷免を「国民固有の権利」としている。国政に関していえば，通説は，これがもっぱら国民代表を選挙する権利であるとし，議員を罷免する権利をも保障するとは解さない。しかも，選挙する権利の性質を権利であると同時に公務であるというように二元的に解する[15]。しかし，このような解釈は，まず憲法の文言との整合性に関して問題を残す。そのような解釈の効果に関しては，有権者が国家権力の所有者であると解する国民主権解釈からの批判を免れない[16]。通説的な第15条1項解釈は，一方で議員罷免権を否定し，他方で選挙権の権利性を公務性によって矮小化することによって，国民の政治参加を極小化する蓋然性があるからである。たしかに，国政選挙自体は国民代表を選定する手続であり，有権者が公的事項について決定する直接民主制

---

*14)　最大判2011・11・16刑集65巻8号1285頁。

*15)　芦部・前掲書，261頁。

*16)　参照，杉原泰雄『憲法Ⅱ』（有斐閣，1989年）173頁以下。

74 第2部 日本国憲法の比較憲法的考察

的手続とは異なる。しかし，国民代表を選定すること自体が1つの政治的意思表示であるし，これを単なる人選にとどめない制度も考えられないわけではない。そうすると，国民主権を有権者が国家権力の帰属主体であることを要請する原則と解し，これを前提に，第15条1項が字義通りに公務員の選定罷免の権利を保障し，そのような権利にふさわしい制度を法律上整備することを要請するものと解することも斥けることはできない。憲法の運用をみれば，在外日本人が小選挙区および選挙区で投票できなかったことが争われた事件で，最高裁[*17]が「憲法は，国民主権の原理に基づき，両議院の議員の選挙において投票をすることによって国の政治に参加することができる権利を国民に対して固有の権利として保障しており，その趣旨を確たるものとするため，国民に対して投票をする機会を平等に保障しているものと解するのが相当である」として，選挙権を国民主権原理に基づく国政に参加する権利と捉え，「国民の選挙権又はその行使を制限することは原則として許されず，国民の選挙権又はその行使を制限するためには，そのような制限をすることがやむを得ないと認められる事由がなければならないというべきである」と，選挙権の権利性を強く認めていることが注目される。これは，国民主権の意味を単に国民が国家権力の正当性の根拠にすぎないとする解釈よりは，むしろ国民が国家権力の所有者と捉える解釈に近いとみることもできよう。他方で，いわゆる定数不均衡に注目すると，この問題が長期間にわたって放置されているに等しい状況からは，政治部門の多数派が国民を国政から疎外し，国家権力の正当性の根拠に引き下げているといえる。近年，最高裁は，格差の許容範囲を厳格に解する傾向にあり，いわゆる違憲状態判決を出すようになってきたが，多くの死票を出す小選挙区制に関しては問題視していない。この点からは，最高裁は，国民をむしろ権威の主体という存在にとどまるものと解しているとみることができよう。

憲法第41条が国会を国権の最高機関と位置づけているのは，周知の通説＝政治的美称説によれば，国会が主権者国民を直接代表する機関であるからであるが，同時にここにいう最高機関性には法的意味がないという。この解釈は，国民が単なる権威の帰属主体であるという国民主権解釈を前提にするものであろ

---

*17) 参照，最大判2005・9・14民集59巻7号2087頁。

う。しかし，「国権の最高機関」が憲法上の文言である以上，その法的意味を肯定する総合調整機能説や新統括機関説にも充分理由があるといえよう。これらの有力説は，国民が統治権の所有者であると解する国民主権解釈になじむものといえる。

　憲法第43条1項は，国会を全国民の代表機関としている。これは，全国民が権威の帰属主体とされる国民主権解釈になじみやすい規定とみられがちである。通説的見解は，「代表」に政治的代表と社会学的代表という2つの意味を読み込んでいる。同一の文言に相容れない2つの概念を読み込むこと自体が論理的な問題であるとともに実質的理由が問われる問題であるが，どちらにも明確な説明がない。前者の問題については，「日本国憲法における『代表』の観念も，政治的代表という意味に加えて，社会学的代表という意味を含むものとして構成するのが妥当である」と述べられていることからすると，実質的理由は不明であるが，政治的代表の意味が主で社会学的代表の意味が従と解するようである。実際，この説は，政治的代表に加味された社会学的代表という意味から，「国民の多様な意思をできるかぎり公正かつ忠実に反映する選挙制度が憲法上要請される」という帰結を導き出すにすぎない。このような解釈は，有権者を「選挙が終わってしまえばたちまち奴隷の身となり，なきに等しい存在となる」地位に置くことになるとして，国民が統治権の所有者で，憲法第43条1項の「代表」は社会学的代表またはフランス憲法にいう半代表を意味すると解すべきだとする批判を受ける。このような批判的見解の憲法第43条1項解釈は，通説的見解自身が社会学的代表概念をそこに読み込んでいるのであるから，けっして不可能ではなく，同一の文言に矛盾する2つの概念を読み込む論理的問題もない。

　憲法第51条が保障する議員の免責特権の解釈は，第43条の代表の解釈と関連する。第51条が議員の職務上の民事および刑事の法的責任を免除する趣旨で，政治責任を免除するものではないと解する点では学説上争いはない。見解

---

*18)　芦部・前掲書，294頁。
*19)　同前。
*20)　ルソー『社会契約論』井上幸治訳（中公文庫，1974年）126頁。
*21)　杉原『憲法Ⅱ』162頁以下。

76　第2部　日本国憲法の比較憲法的考察

が分かれるのは，政治責任の追及の仕方をめぐってである。通説は，第43条の代表を主として政治的代表と解し，自由委任が原則と解する[22]ので，有権者による議員の政治責任の追及は憲法上不可能ということになる。選挙が責任追及手続として機能するか否かは有権者による選挙の意味づけにかかることであるため，それは罷免手続そのものに代替しうるものではない。そうすると，通説は，第51条が政治免責を否定していると解しながら，政治責任追及を許さないと解する矛盾に陥っているといえる。これに対して，有力説は，第51条が政治責任まで免除するものではないとし，その追及方法として地方公共団体において一応整備されているリコール制のような制度を設けることが憲法上の要請であると解する[23]。憲法第15条が公務員の罷免権を国民固有の権利として保障し，命令委任を禁止する明文がないことからすれば，有力説の解釈はとくに矛盾もなく，文言上も可能である。実際の憲法の運用上は，政治責任の制度化が行われていないことはいうまでもない。

　第95条は，地方自治に関する規定であるため，通説的見解は，特にこれを国民主権と関連づけることなく，住民自治の原則の一環として位置づける[24]。これに対して，有力説は，憲法の基本原理としての国民主権原理が，地方公共団体においては地方自治権が住民に帰属することを要請する原理として機能すると解し，直接民主制である第95条の住民投票制度を当然の手続としてとらえることになる[25]。第95条の規定は明確であるから，同条の解釈上特段の対立は生じないが，その位置づけ方に関して，通説は第92条制度的保障説をとるため，住民投票の必要な理由が必ずしも明らかにならないうらみはある。

　第96条の憲法改正の国民投票が，有権者の権力＝憲法改正権行使の手続であることはいうまでもなく，学説上とくに争いはない。

　以上にみられるように，日本国憲法の国民主権の構造は，けっして条文上一義的に明らかというわけではなく，通説的解釈を鋭く批判する有力説を斥けるものではない。憲法の運用の実態は，有力説を支持するようにみえる一面もあ

---

*22)　参照，芦部・前掲書，293頁。
*23)　参照，杉原『憲法Ⅱ』168頁，284頁。
*24)　参照，芦部・前掲書，368頁。
*25)　参照，杉原・前掲書，167頁，461頁。

るが，長期にわたる甚だしいいわゆる定数不均衡状態，大量の死票を生み出す小選挙区制中心の選挙制度，自由委任は，有権者を含む全国民を権威の主体あるいは国家権力の正当性の根拠，要するに国家活動のいわば受動的な認証機関という地位にとどめているといえ，通説は，そのような実態を正当化する一面をもつことになっているといえる。

第2節　フランスにおける国民主権の構造

1　フランス憲法史のなかの国民主権

　フランスでは，革命によって絶対王制が打倒され，1789年人権宣言第3条が「全主権の根源は本質的に国民に存する」と規定した。ここにフランスの国民主権の憲法上の原理・制度としての歴史が始まる。

　国民主権が君主主権の対立物であることはたしかであった。しかし，そのポジティヴな意味については，すでに革命前夜から思想的な対立があり，革命後，1789年人権宣言の時点では顕在化していなかったが，その後の憲法制定過程には異なる国民主権構想の相剋が現れ，それが制定憲法に反映することになる。

　フランスにおいても，主権の意味は多義的であるが，対内的な主権の意味は，フランス革命が国家権力の帰属をめぐる政治闘争であったことから，これを国家権力ないし統治権と解するのが通常である。そのうえで国民主権の意味をめぐっては，フランス革命以来，大要2種類の概念が対立してきた。一方の概念は，主権がnation（「国民」と訳すことが多いが，「人民」と紛らわしいため，以下，ナシオンという）に帰属するといい，他方の概念は，主権がpeuple（「人民」と訳すことが多いが，「国民」と紛らわしいため，以下，プープルという）に帰属するという。

　国籍保持者の総体あるいはいわばマルチ世代的な全国民とされるナシオンは，抽象的観念的な存在である。そのようなナシオンは，君主を含むこともありうる。1791年憲法は，立憲君主制を国家形態としながら，「主権はナシオンに帰属する」（第3編第1条）とする。ナシオン主権原理は，原則として直接民主制や半直接民主制を排除し，代表制を自らに適合的な制度とする。それは，代表制に必要な選挙を公務と観念する制限選挙制を排除することもない。1791年憲法は「ナシオンはすべての権力の唯一の淵源であるが，その権力を

代表を介してのみ行使しうる」(第3編第2条)とする。

これに対して，プープルは，多様な市民＝有権者の集団として，それ自体自然的な意思決定能力・執行能力を有する具体的な存在である。プープル主権原理は，直接民主制を優先し，代表制を可能ならば半直接民主制的技術によって修正し，次善のものとしてのみ認める。この場合，選挙は権利と観念される。1793年憲法は，1793年人権宣言第25条において「主権はプープルに存する」とされていることを受けて，第7条で「主権者プープルはフランス市民の全体である」としていた。ここにいう市民とは，「フランスにおいて生まれかつ居住し，満21歳に達しているすべての男性」(第4条)で，「主権者プープルは，法律について審議する」(第10条)とされていた。このプープルの立法権は，具体的には立法拒否権として行使されることになっていた(第58条・59条・60条)。主権者プープルが直接任命する代議士(第8条)は，1793年人権宣言第29条で「受任者」とされていた。また，憲法改正について，1793年人権宣言第28条は，「プープルは，憲法を見直し，改良し，変更する権利を常に有する」とし，憲法は，これを受けて憲法改正のイニシアティヴをプープルに保障する手続を置いていた(第115条・117条)。しかし，1793年憲法は，戦時にあることを理由として施行されなかった。

フランス革命期に以上のような異なる主権原理が現れたのは，偶然ではない。絶対主義国家は封建的生産関係を経済的土台としていたが，その内部においては資本主義的生産関係が展開し，封建的生産関係と絡み合いながらそれを侵食しつつあった。そこには，封建的な収奪を行う特権階級と収奪される農民，封建的生産関係を保護する絶対主義国家から一定の保護を受けつつ政治的に疎外され収奪されるブルジョアジー，そのブルジョアジーによって搾取される労働者・民衆という，経済的利害・政治的利害を異にする社会的カテゴリーが存在した。

このような社会的背景のもとに，フランス革命においては，おおまかにいえば2つの政治的対抗関係が生まれていた。1つは，君主主権を法的支柱とする旧体制を護持した封建的特権階級(反革命勢力)と旧体制下において何らかの形で収奪され疎外されていた反特権階級(革命勢力)との対抗関係である。もう1つは，革命勢力内部におけるブルジョアジーと民衆との対抗関係である。

1791年憲法のナシオン主権はブルジョアジーの担う主権原理であり，1793年憲法のプープル主権は民衆の担う主権原理を議会のブルジョア左派が不十分な形でもたらしたものである。[26]

　主権原理の違いに端的にあらわれているように，フランス革命期，革命勢力のなかには，革命によって樹立されるべき国家＝社会のあり方をめぐって鋭く対立する2つの憲法思想があった。1つは，「アンシャン・レジームの憲法原理――君主主権，権力集中，君主による恩恵としての臣民の『権利』――を排除しつつ，権力の民主化より権力の自由化によって，形式的な自由・平等を確保しようとするもの」[27]で，1789年～1791年の憲法制定国民議会の多数派をなしたブルジョアジーの代表を担い手とするものである（以下，これを自由主義的憲法思想という）。もう1つは，「アンシャン・レジームの憲法原理を排除しつつ，権力の民主化を人民の自由と実質的平等の保障のための要とみなすもの」[28]で，サンキュロットを主要な担い手とするものである（以下，これを民主主義的憲法思想という）。

　これらの2つの憲法思想のうち革命過程を経てヘゲモニーを掌握するのは自由主義的憲法思想である。しかし，その結果として両者の対立がなくなるわけではない。自由主義的憲法思想によって構想されるナシオン主権の法構造がブルジョアジーの政治支配を担保し，社会的多数者である民衆を主権から疎外するかぎり，そしてまたブルジョアジーの経済的支配が民衆を抑圧するかぎり，それに対抗する民衆の憲法思想が再生産される。民主主義的憲法思想は，フランスの民衆運動等のなかで発展的に継承されるのである。[29] 1848年2月革命以後，民主主義的憲法思想は，労働者階級を歴史的担い手に得て，政治の基本問題を提起することになる。とくに歴史的に重要な事象として1871年のパリ＝コミューンは，試行錯誤のうちに民主主義的憲法思想を実践しようとした世界史的事件であり，1972年の左翼共同政府綱領は，同じ思想を新しい歴史段階の

---

*26)　参照，杉原『国民主権の研究』53頁以下。
*27)　杉原泰雄「主権と自由」芦部信喜編『近代憲法原理の展開Ⅰ』（東京大学出版会，1976年）7頁。
*28)　同前9頁。
*29)　参照，同前29頁。

特殊フランス的状況に適用しようとするものであった。

　自由主義的憲法思想は，フランス革命を経てヘゲモニーを掌握し，若干の例外的時期を除いて制定憲法の原理として妥当せしめられてきた。しかしその制定憲法上および憲法運用上の具体的あらわれは，対立する憲法思想からの影響を受けざるをえない。現代憲法においては，自由主義的憲法思想のヘゲモニーのもとに，民主主義的憲法思想が運用上影響を与え部分的には憲法典レベルにもあらわれる。資本主義が高度化する独占段階以降の経済的自由の制限と社会権の導入は，そのような「上からの対応」の象徴的な事例である。

　直接民主制の採否および採用の程度，命令委任の採否を指標に近現代フランス憲法史を通覧するならば，いわゆる共和制から君主制，帝制までさまざまな国家形態，統治形態を経験するなかで，ほぼ一貫してナシオン主権が憲法の原理として維持されながら今日に至っていること，しかしその具体的な制度にはさまざまな変容がみられ，大づかみにいって，ナシオン主権からプープル主権への傾斜がみられるといってよい。[30]そのような主権原理の過渡的性格を象徴的にあらわしているのが，第4共和制憲法第3条の「ナシオン主権はプープルに帰属する」という規定である。

2　第5共和制憲法の国民主権

　第5共和制憲法第3条1項は，「ナシオン主権はプープルに帰属し，プープルは主権を自らの代表およびレフェランダムによって行使する」と規定する。これもまた第4共和制憲法同様，1789年革命以来のナシオン主権の史的展開の今日的到達点を示唆する規定である。関連する条文を通して第5共和制憲法の主権原理の構造を概観してみよう。

　第2条5項は「共和国の原理は，プープルの，プープルによる，プープルのための統治（gouvernement）である」と規定する。この条文は，それ自体として法的意味をもつものではなく，他の条文を参照することによってはじめて意味を有するものである。[31]これを第3条1項と併せて解釈すれば，プープルのた

---

*30)　参照，杉原泰雄『国民主権の史的展開』（岩波書店，1985年）。

*31)　Cf. Thierry S. Renoux, Michel de Villiers et Xavier Magnon (sous la direction de), Code constitutionnel 2017, Lexis Nexis, 2016, p.715.

めの統治にとどまらず，プープルによる統治を要請するプープル主権原理が採用されているとみることも可能なようににみえる。そこで，関連する第5共和制憲法上の具体的な制度が問題となる。

　直接民主主義的手続としては，第5共和制憲法第3条1項にいうレフェランドムが第11条と第89条によって具体的に制度化されている。

　第5共和制憲法第89条は，憲法改正に関して，両院が可決した同一の文言の改正案がレフェランドムにより承認されることによって改正が確定すると定めている（2項）。ただし，政府提出改正案は，大統領がこれを両院合同会議に付託することを決定した場合，その有効投票の5分の3の多数の承認によって改正が確定することになっている（3項）。つまり，憲法改正の際，つねにプープルが直接意思表示できるわけではない。またレフェランドムの手続上きわめて重要なのは，イニシアティヴの所在である。第89条は，大統領（首相の提案に基づく）と国会議員にそれがあるとしながら，プープルには認めていない（1項）。ここには，憲法改正レフェランドムがプレビシット的に悪用されるおそれが看取できる。第5共和制憲法の制定時のレフェランドムは，そのようなおそれを裏づける。第89条の枠組によって承認された憲法改正は，2017年12月現在，22回行われている。このうち第89条2項による承認は2000年の1回だけである。この改正は，大統領の任期をそれまでの7年から5年に短縮するもので，賛成73％を得ていた。現行第5共和制憲法では直接公選の大統領の任期を短縮する改正であるから，レフェランドムによる承認は不可欠かつ不可避であったといえるが，あらかじめ相当の賛成が見込める案件であった。その他の21回の憲法改正では，プープルが意思表示する機会を大統領が奪った訳である。

　第5共和制憲法第11条は，これまでに2度改正されている。もともと同条は，公権力の組織に関する法律案，共同体の協定の承認を含む法律案，憲法に違反しないが制度の運営に影響を及ぼす条約の批准を許すことを目的とする法律案を，政府の提案または両院の一致した提案に基づいて，レフェランドムに付することができると定めていた（1項）。対象事項がいずれもきわめて包括的であるため，立法権が大幅に制限される可能性があった。しかも，この規定もプープルのイニシアティヴを認めていなかった。第11条に基づいて行われたレフェ

82　第2部　日本国憲法の比較憲法的考察

▶**図表2　フランスにおけるレファレンダム**

日付	対象	結果
1961年1月8日	アルジェリア民族自決	賛成74%
1962年4月8日	エヴィアン協定	賛成90%
1962年10月28日	大統領直接公選制	賛成62%
1969年4月27日	元老院改革と地方分権	反対53%
1972年4月23日	ヨーロッパ経済共同体の拡大	賛成67%
1988年11月6日	ニューカレドニアの公権力の組織	賛成80%
1992年9月24日	マーストリヒト条約	賛成51%
2005年5月29日	憲法条約	反対54%

ランドムは，2017年12月現在，図表2のように8回あるが，1958年制定時の規定の下で行われたレファレンダムは，1992年のマーストリヒト条約承認までの7回である。すべて政府提案に基づいて行われた。1960年代の4回は，いずれもド゠ゴール大統領が自らの進退をかけて行ったプレビシットというべきものであった。とくに1962年10月28日の大統領直接公選制導入は，それまで憲法第6条で間接選挙とされていた大統領選挙方法を変更するもので，第89条の憲法改正手続によるべきであったにもかかわらず，第11条の対象を強引に拡大して行ったのである。同様のことは1969年に否決され，ド゠ゴールの退陣を招いたレファレンダムでも行われた。

　1995年には，第11条が改正されて，共同体の協定の承認を含む法律案がレファレンダムの対象からはずされ，あらたに国家の経済政策または社会政策およびそれに貢献する公役務にかかわる改革に関する法律案がそれに加えられた。その一方，この改正では，政府提案に基づいてレファレンダムを行う場合には，政府が，両院にその意思を表明し，その後討議を行う手続が新設された（2項）。2005年のレファレンダムは，1995年改正第11条に基づいて政府提案によって実施された。なお，ド゠ゴール以後の大統領は，1972年〜2005年の4回のレファレンダムのいずれにおいても，投票結果に自らの進退を賭ける旨の発言を行っていない。

　2008年の憲法改正では，第11条3項が新設され，国会議員の5分の1による発案およびこれに対する選挙人10分の1の支持によってレファレンダムを行うことができるようになった。この手続によるレファレンダムは，議会少数派に

よる立法の可能性を保障し，しかもプレビシット的運用に堕する危険が少ない。これは注目すべき点であるが，プープルのイニシアティヴはなお認められていない。

　以上のように，第5共和制憲法のレフェランダム条項は，2008年の改正第11条3項はともかく，総じてプレビシット的な利用を妨げにくい条文構造になっていることが否定できず，またそのような運用の実例を生み出してきたといえる。

　プープルの主権行使を媒介する第5共和制憲法第3条1項にいう「代表」である国会の立法権が制限されていることはすでにみたとおりである[32]。国会議員と有権者との関係については，第5共和制憲法第27条1項が「命令委任はいっさい無効である」と定めている。この条文に解釈の余地はない。

　以上の概観からは，第5共和制憲法上，有権者は国家活動のいわば受動的な認証機関にとどめられているといえる。すなわち，同憲法の主権原理はナシオン主権原理である。

第3節　日仏主権原理の比較

1　憲法構造の比較

　日本国憲法，フランス第5共和制憲法のそれぞれの主権主体条項それ自体の違いは明瞭である。日本国憲法前文第1項・第1条が国民に主権が帰属すると規定するのにとどまるのに対して，フランス第5共和制憲法第3条1項・第2条5項はプープルに主権が帰属すると充分解しうるものである。

　そこで，具体的な制度を比較してみると，直接民主制的手続は，日・仏ともに例外的である。

　憲法改正手続に関しては，日本国憲法第96条が，国民投票を必須の手続としているのに対して，フランス第5共和制憲法第89条は必ずしもレフェランダムを必須とはせず，実際にも両院合同会議の承認手続による改正例がほとんどである。この点では，日本国憲法の直接民主制手続の方がより徹底している。

---

*32)　参照，第2部第1章第2節 **3**(1)

84 第2部 日本国憲法の比較憲法的考察

　他方，フランス第5共和制憲法が立法レフェランドムを可能にしているのに
対して，日本国憲法はこれを認めていない。日本国憲法第41条がいわゆる国
会単独立法を原則とするため，立法レフェランドムが憲法上不可能である点に
ついては，解釈上あまり争いがない。もっとも日本国憲法上も，投票結果に法
的拘束力のない諮問的なレフェランドムが可能であると解することにはとくに
争いはない。[33] ともあれ立法レフェランドムが可能である点で，フランス第5共
和制憲法の直接民主制手続の方がより徹底しているということはできる。フラ
ンスの現行のレフェランドムが，レフェランドムの際の運動の展開次第では，
プープルが政権による賛成動員に利用されないこともありえ，実際に政府提案
を否決した例がある点は注目される。とはいえ，プープルのイニシアティヴを
認めず，プレビシット的利用を防止できないことからすれば，フランスの立法
レフェランドムをプープル主権適合的な直接民主制とみるのは過大評価といえ
よう。

　日・仏の代表制を比較すると，日本国憲法上，国会が国権の最高機関とさ
れているが（第41条），国民主権との関係が必ずしも明確ではないのに対して，
フランス第5共和制憲法上，国会はプープルの主権行使を媒介する代表の地位
にあることが明確である（第3条1項）。しかしながら，フランス第5共和制憲法上，
国会は，立法事項が制限されているうえ（第34条），命令委任が禁止されてい
る（第27条）。これに対して，日本国憲法上，国会の立法事項は限定されておらず，
解釈上も運用上も，一般的抽象的法規範から処分的法律まで可能とされている。
また命令委任を明示的に禁止する条文がない点もフランス第5共和制憲法との
違いとして注目されよう。国会の代表機関としての地位と立法権を比較すると，
フランス第5共和制憲法がナシオン主権適合的であるのに対して，日本国憲法
は，プープル主権適合的な解釈の余地があり，通説的解釈や実際の憲法運用に
対する批判の余地が少なくないといえる。

2　主権原理の歴史的位相

　フランス第5共和制憲法の歴史的位相を把握するうえでフランス第4共和制

---

*33)　参照，芦部『憲法〔第6版〕』261頁。杉原『憲法Ⅱ』221頁。

憲法の参照は欠かせない。すでに激動の19世紀の末，第3共和制期に君主制に戻る道を断ったフランスは，ナチス゠ドイツによる国土の北半分の占領とそれに従属するヴィシーの傀儡政権とを連合軍の協力を借りつつもレジスタンス（抵抗運動）によって乗り越えた。このような解放の経緯を背景に生まれた第4共和制憲法は，第3条1項で「ナシオン主権はフランスのプープルに帰属する」と規定している。第4共和制憲法の反動形態として生まれた第5共和制憲法がこの規定を抹消することができず，類似の第3条1項を有している。ここに，ナシオン主権のプープル主権への傾斜というフランス憲法史の大局的傾向のなかに第5共和制憲法の主権原理が存することがあらわれている。

　神権主義の対立物にすぎず，必ずしも君主制を排除するものではないとさ[34]れ，象徴天皇制という天皇制の名残りをとどめることになった日本国憲法の国民主権原理は，同時期に制定された第4共和制憲法の主権原理と比較するとき，絶対主義的天皇制の清算という直面した課題の違いや制憲過程・主体の違いを反映していることが明らかであろう。主権の意味，国民の意味が問われるには，日本国憲法の施行と一定の定着を俟たなければならなかった。

　人口の大半を有権者とする男女普通選挙制の下，自由委任が行われると，多くの有権者が，自らの選挙した代表によそよそしくあしらわれ，さらに裏切られるという政治的疎外を否応なく経験する。「国民主権の原理を確立したのちの資本主義国家の政治支配を批判し，それに対抗するという抗争的性格[35]」が与えられたプープル主権の理念は，このような疎外された有権者の多くを捉え，憲法の運用に何らかの影響を与える可能性を有する。ナシオン主権がプープル主権に傾斜せざるをえない所以である。日・仏いずれの憲法も，そのナシオン主権原理の構造は，その運用上あるいは繰り返し第6共和制待望論があらわれるフランスでは憲法の制度上，変化――もとより単純な不可逆的一方通行ではないであろう――を避けることができないであろう。

---

*34)　宮沢俊義「八月革命と国民主権主義」世界文化1巻4号67頁。

*35)　影山日出弥『憲法の基礎理論』（勁草書房，1975年）125頁。

第3章　議院内閣制

序　説

　国民主権の原理と関連して，主権者国民を代表する機関すなわち国会が統治機構のなかでどのような位置を占め，どのような権限を有するかという問題がきわめて重要な意味をもつことはいうまでもない。本章では，国民代表機関にして立法機関である国会と行政権の帰属主体である内閣との関係を表す議院内閣制という概念について，日本国憲法の規範構造と実態，フランス第5共和制憲法の規範構造と実態をそれぞれ概観・比較し，考察する。

第1節　日本国憲法上の国会・内閣関係

1　日本国憲法における国会と内閣

　国民主権原理を基本原理とする近代憲法は，立法府・行政府・司法府のなかでも主権者を代表する立法府に優越的な地位を与えた。そのような統治形態を有する国家を立法国家と呼ぶ。日本国憲法も国民主権原理を基本原理とし，立法国家型の統治機構を予定している。すなわち，憲法上，主権者国民は，国政レベルでは普通選挙で選んだ国会を通じて主権を行使することになっている。主権者である国民を代表する国会（第43条）は，統治機構のなかでも「国権の最高機関」（第41条）という地位にあり，種々の重要な権限を有する。

　国会は「唯一の立法機関」であり（第41条），行政は法律に基づいて行われることになっている（法治主義）。実質的意味の法律は，一般的抽象的法規範にとどまらず，いわゆる処分的法律も含む。この点については，学説と実務に隔たりはない。国会はまた，予算の審議・議決（第86条，第60条），条約の承認（第73条3号，第61条）を行う。さらに両議院の権限として国政調査権がある（第62条）。

　他方，内閣は，総理大臣と総理大臣（首相）によって任免される国務大臣（第

68条）とから構成される（第66条）。首相は，国会議員のなかから指名され（第67条1項），国務大臣の過半数も国会議員でなければならない（第68条1項）。

内閣は行政権の主体として（第65条），その行使について国会に対して連帯して責任を負う（第66条3項）。憲法第73条は，「他の一般行政事務」のほか，法律の誠実な執行をはじめとする全部で7項目の事務を内閣の事務として列挙する。これらが第65条および第66条3項にいう行政の内容である。

憲法上の根拠や要件をめぐり学説上の争いはあるが，内閣は衆議院解散権を有する。

国会の行政に対する統制は，内閣総理大臣の指名や内閣の連帯責任，衆議院の内閣不信任手続によって担保されている。また，両議院の国政調査権は，行政に対する監督・統制の手段でもある。

2　日本国憲法上の議院内閣制

以上のような憲法上の立法国家の構造は，いわゆる行政国家化という現実によって歪められている。

行政国家現象は，憲法解釈上の諸問題を提起している。たとえば，行政の意味に関する通説とみられる控除説は，行政国家を正当化しかねない。その一方で，同説は，憲法第41条にいう「国権の最高機関」が帰属不明の権限を国会に帰属せしめる権限推定規定と解する多数説と矛盾しかねない。また，多くの法律が内閣の発案によるものである。これは国会中心立法の原則（第41条）に牴触すると考えられる。そうだとすると，憲法上内閣に法案提出権を授権する明文規定がないかぎり，それが例外として許されることはないはずである。ところが，そのような明文規定がないにもかかわらず，多数説は，内閣の法案提出権が憲法上認められると考える。また，国政を大きく左右する予算の審議・議決権は国会にあるが，予算案を作成・提出する権限は内閣にある（第86条）。そこで，国会による予算案の修正の可否や程度，予算の法的性格が問題となる。しかし，国会による予算案修正に限界はないと考える見解や予算を一種の法律と解する見解は多数説ではない。さらに，条約承認権に関しても，条約の修正の可否・程度の問題がある。これらは，国会の地位や国会と内閣との関係をどのように解するかにかかる問題である。

88　第2部　日本国憲法の比較憲法的考察

　また，行政国家現象として把握される問題ではないが，解散権の主体や要件に関する問題や憲法改正原案の発案権の主体に関する問題も解釈に委ねられており，ここでも国会の地位や国会と内閣との関係の理解が問われることになる。

　日本国憲法上の国会と内閣の関係は，これまでしばしば議院内閣制と規定されてきた。たとえば清宮四郎（1898年-1989年）は，議院内閣制を「国会と内閣との関係において，国会に，内閣の存立を左右するほどの優位が認められ，内閣の成立と存続とが国会の意志に依存せしめられている制度[*1)]」と定義し，第66条3項・67条・68条・69条・70条を列挙して，「日本国憲法も，議院内閣制を採用して，成文化している[*2)]」という。これらの条文を根拠に，清宮の定義する議院内閣制が日本国憲法上採用されていると考えることはできよう。問題はその先にある。清宮は，「権力分立の要請にもとづいて，行政権と立法権とを一応分離したのちに，さらに，民主主義の要請にもとづいて，行政権を民主的にコントロールするために設けられる制度[*3)]」であって，「国民—議会—内閣という直線的連結が民主主義の実現に適するばかりでなく，行政部が，立法部と密接に結びつき，立法部を背景として，これと共働することによって，その行動に柔軟性と弾力性とが与えられ，国政のより円滑な能率的遂行が期待されるという利点[*4)]」が考えられる議院内閣制を憲法解釈の嚮導理念としている。すなわち，内閣の法案提出権について，清宮は，「憲法は議院内閣制を採用して，内閣と国会との共働を認めていること[*5)]」を理由の1つとして，これを憲法上許されるものとしている。また，解散権に関して，「憲法は，議院内閣制を採用し，内閣の国会に対する責任を明らかにすると同時に，衆議院の内閣不信任決議権を認め，これに対応するものとして，権力分立の見地から，内閣の解散決定権を認めるものと解せられる[*6)]」とし，さらに解散が行われる場合について69条非限定説をとる。また，憲法改正原案発案権について，「憲法が採用する議院

---

*1)　清宮四郎『憲法Ⅰ〔第3版〕』（有斐閣，1979年）78頁。
*2)　同前79頁。
*3)　同前76頁。
*4)　同前78頁。
*5)　同前417頁。
*6)　同前235頁。

内閣制における国会と内閣との『共働』関係からみて，内閣の発案権が認められても不思議なことではない[*7)]」という。

しかし，国会と内閣との共働関係の意味は明らかではない。またその共働関係からなぜ内閣の法案提出権や憲法改正原案発案権が導き出されるのかは，「不思議なことではない」どころではない。議院内閣制が権力分立の要請を含みつつも民主主義の要請をそれに優先させ，「内閣の成立と存続とが国会の意志に依存せしめられている制度」であるとしながら，内閣の衆議院解散権について69条非限定説とすることは矛盾しているといわざるをえない[*8)]。

ここには，国会の地位や国会と内閣との関係に関する憲法解釈の妥当性如何という問題とともに，根本的な方法論上の問題が現れている。憲法の概念規定をめぐる議論に際しては，まず，その概念が憲法典上の文言として存在する場合とそうではない場合とを区別する必要がある。前者の場合，概念規定は，憲法の解釈・運用に直結する問題となる。解釈・運用上の妥当性の存否・優劣によって，概念規定をめぐる議論は評価されよう。これに対して，後者の場合，概念規定が多くの論者によって共有されることが望ましいとしても，異なること自体が問題視される程度は低い。その場合，概念規定が明示されていれば，混乱は回避できるからである。しかしながら，その際にも，概念規定の目的は明確でなければならない。すなわち，憲法解釈上の必要から行う概念規定なのか，それとも憲法科学的認識を目的とする概念規定なのかは明確にしなければならない。議院内閣制概念については，この点が曖昧なことが多い。

議院内閣制という文言は，いうまでもなく，憲法典には存在しない。すなわちそれ自体憲法解釈の対象ではなく，したがって，その概念規定は憲法の解釈・運用に直結する問題とならない。議院内閣制という概念は，後に簡単に触れるように，イギリスで憲法の運用上生まれ，その後ヨーロッパ諸国にも渡って変容するものである。歴史的に存在し現に存在しているこの概念が憲法科学的な認識の対象になることはいうまでもない。他方，憲法解釈上の概念としての議

---

*7)　同前398頁。

*8)　参照，樋口陽一「議院内閣制の概念」小嶋和司編『憲法の争点〔新版〕』（有斐閣，1985年）183頁。

90　第2部　日本国憲法の比較憲法的考察

院内閣制概念の必要性は，少なくともそれが憲法の規範構造を反映しているか否かにかかる。国会と内閣との関係において，国会が内閣の存立を左右するほどの優位を占める制度という清宮の議院内閣制概念は，憲法第66条3項・67条・68条・69条・70条を反映している。しかし，それ以上に，憲法解釈を導く理念として，つまり憲法が解釈の余地を残している点を解決する価値基準としてこの概念を用いることは，不可能であろう。既述のように，議院内閣制概念を価値基準として，内閣の法案提出権や衆議院解散権，憲法改正原案提案家に関する解釈上の結論を必然的に導き出すことはできないからである。清宮がいうように，議院内閣制には「自由主義の原理と民主主義の原理とが相交わっている」とすれば，なおさらそうである。[*9]

　芦部信喜は，議院内閣制そのものを論じるところでは，それが「元来立憲君主制の下で，君主と議会との権力の均衡をねらって成立した政治形態」であるが，「民主主義の発展とともに，……その性格が変化することは免れ難い」ものとしつつ，歴史的沿革をふまえて「議会（立法）と政府（行政）が一応分立していること」と「政府が議会（両院制の場合には主として下院）に対して連帯責任を負うこと」とを議院内閣制の本質的要素とする。[*10]この芦部説のいう議院内閣制概念は，憲法科学上の概念である。歴史的沿革をふまえて，議院内閣制（parliamentary system, régime parlementaire）を他の政治形態と区別し，議院内閣制たらしめる標識を示しているからである。それゆえ，「まず，最も中心的な内閣の連帯責任の原則（66条3項），および内閣不信任決議権（69条）が定められているほかに，内閣総理大臣を国会が指名すること（67条），内閣総理大臣および他の国務大臣の過半数は国会議員であること（67条・68条），などの細かな規定が成文化されている」として，「日本国憲法が議院内閣制を採用していることは，明らかである」と芦部が述べているのは，科学的認識であることが[*11]明らかである。また芦部は，清宮と違って，つとに「憲法が議院内閣制を採用していることを前提とし，その建前だけから，内閣に一般的な解散権が当然に

---

*9)　清宮・前掲書76頁。
*10)　芦部信喜『憲法〔第6版〕』331頁。
*11)　同前332頁。

認められるべきだと主張する解釈は，正当とはいえない」[12]と述べているように，議院内閣制概念を憲法解釈上の概念とすることに否定的であった。しかしながら，芦部もまた，内閣の法案提出権を合憲と解する理由の1つとして「議院内閣制の下では国会と内閣の協働が要請されて」[13]いることを挙げており，結局，その議院内閣制概念の定義そのものの点，またその位置づけ（憲法科学上の概念か解釈上の概念か）の点で，首尾一貫していない。

議院内閣制概念は，憲法解釈上の概念から駆逐し，あくまでも憲法科学上の概念にとどめておくべきである。

第2節　第5共和制憲法上の国会・政府関係

1　大統領・政府・国会の権限と地位

第5共和制憲法第3条1項は，「ナシオン主権はプープルに帰属し，プープルは主権を自らの代表およびレフェランドムによって行使する」と規定する。ここにいうプープルの主権行使を媒介する代表とは，国会と1962年の憲法改正により直接公選となった大統領である。

(1)　大統領

大統領は，憲法の尊重を監視し，国家の独立の保障者である（第5条）。また，大統領は，外国政府への大使に信任状を授与し，外国の大使を接受する（第14条）。大統領は，条約の交渉と批准を行う（第52条）。以上から，大統領は，国家元首（Chef de l'Etat）ということができる。

大統領は，首相（Premier ministre）を任命し，首相の提案に基づいて他の閣僚を任命する（第8条）。よって，国家元首である大統領とは別に，首相という政府の長（chef de gouvernement）のポストが存在するわけである。このような場合，それぞれに授権されている権限次第で，行政権は一頭制的または二頭制的になる。第5共和政憲法は，大統領と首相それぞれに重要な権限を配分しており，行政権は二頭制であるといえる。大統領には次のような権限が与えられ

---

*12)　芦部信喜・小嶋和司・田口精一『憲法の基礎知識』（有斐閣，1966年）180頁（芦部執筆）。
*13)　芦部『憲法〔第6版〕』297頁。

ている。

大統領は閣議を主宰する（第9条）。

大統領は，国会で採択された法律が政府に送付されてから15日以内に審署する。大統領は，この15日の期間中に新たにこの法律の審議を行うことを請求できる（第10条）。また，大統領は，法律案をレフェランドムに付託することができる（第11条）。立法に関してきわめて重要な権限を大統領が有しているわけである。

大統領は，首相および両院議長に諮問した後，国民議会を解散することができる（第12条）。

大統領は軍隊の長であり，国防高等評議会および国防高等委員会を主催する（第15条）。

大統領は，非常権限を有する（第16条）。

(2) **政府**

政府は，国政を決定し指揮する。政府は行政および武力を掌握する。政府は国会に対して責任を負う（第20条）。

首相は，政府活動の指揮監督，法律の執行の確保を行い，国防について責任を負う（第21条1項）。

首相は，閣議の主宰について大統領の職務を代行することができる（第21条4項）。

首相は大統領によって任命されるとはいえ，憲法上以上のような重要な職務を行うことになっていることから，行政権は二頭制であると確認できるのである。

(3) **国会**

国会は，直接選挙によって選ばれる国民議会（下院）と間接選挙によって選ばれる元老院（上院）とからなる（第24条2〜4項）。国会議員には免責特権と不逮捕特権が保障されており（第26条），さらに命令委任が明示的に禁止されている（第27条1項）。

国会は，法律の表決，政府活動の統制，公的政策の評価を行う（第24条1項）。

ただし，法律の発案権は，国会議員だけではなく，首相にも明示的に授権されている（第39条1項）。

また，国会による立法手続には，法案の審議・議決を首相のイニシアティヴで省略できる重大な例外がある。第5共和制憲法第49条3項によれば，首相は，閣議の審議の後，財政法案や社会保障財政法案の表決に関し，国民議会に対して政府の責任をかけることができ，その後24時間以内に政府不信任案が可決されないかぎり，この法案は採択されたものとみなされる。さらに首相は，1会期につき他の1つの政府提出法案または議員提出法案について同じ手続をとることができるのである。

そもそも法律事項は，憲法上限定されており（第34条），その他の事項は，命令事項とされる（第37条）。また，法律事項について定めるオルドナンスという一種の命令を政府は定めることができる（第38条）。この点で憲法自体が立法国家というよりは行政国家を構造化しているのである。

2　大統領・政府・国会における責任と均衡

フランス第5共和制憲法上，大統領と国会とは，同じく主権者の代表という地位にある。そのかぎりで両者は対等の関係にある。

大統領は国民議会解散権をもつ一方，国民議会は大統領を罷免することができない。その点では，国民議会は大統領に対して従属的な地位にあるといえる。

しかし，大統領が任命する政府は，国会に対して責任を負う。国民議会は，政府に対する不信任の表決を行うことができる（第49条2項）。このような制度上必然的に，大統領は，政府の任命にあたって，国会とくに国民議会の同意を事実上必要とすることになる。これによって，大統領に対する国民議会の従属性は緩和され，両者間には一定の均衡関係が成立する。

政府の位置に着目すると，政府は国会に対して責任を負うが，他方で任命権者でありかつ閣議を主宰する大統領に対しても，憲法の明文はないにせよ，責任を負うことになるのは制度必然的なことである。

大統領与党と国会多数派が一致している場合，大統領と国民議会との間の均衡関係は現れず，国民議会の大統領に対する従属性が現れる。また，政府の国会に対する責任も問われることがなく，政府の大統領に対する責任が政府の大統領に対する従属性として現出する。つまり，政治部門が全体として大統領中心主義的に現れることになる。

94　第2部　日本国憲法の比較憲法的考察

　これに対して，大統領与党と国会多数派が一致しない場合，大統領は国会から不信任されないような政府を任命せざるをえないから，自らの与党と対立する国会多数派を象る政府を任命しなければならない。この場合，大統領と国会との間の均衡関係が顕現する。また，この場合，大統領の政府任命権が国会多数派によって制限されているため，政府の大統領に対する責任は国会に対する責任よりも弱く，大統領・政府間にも均衡関係が現出する。

　いずれにしても第5共和制憲法上，政府が国会多数派を象ったものになることには変わりがない。つまり，政府の対国会責任が政治制度の中心的要素であることが指摘できる。

第3節　日仏「議院内閣制」の比較

1　一元的議院内閣制と二元的議院内閣制

　議院内閣制は，これに限ったことではないが，しばしば歴史の産物であるといわれる。それは，18世紀にイギリスで発祥し，ヨーロッパで経験的に発達した制度で，二元型議院内閣制と一元型議院内閣制の2つのタイプに大別される。

　歴史的には，まず二元型が立憲君主制の下に登場し，20世紀に入って両大戦間期に一元型が一般化する。二元型議院内閣制は，ブルジョアジーが有力な社会勢力となりさらに議会内の有力勢力となって，君主と対峙するなかで，議会多数派を無視した君主による政府（超然内閣と呼ばれたりする）の任命を批判し，これに対して君主が譲歩しながら議会勢力と政治的力関係において均衡を保とうとした歴史段階を反映して，議会の信任を受けた政府が国家元首（君主）に対して責任を負い，国家元首が議会解散権をもつことによって，議会と国家元首が対等な立場を維持すると考えられる制度である。国家元首と議会との力関係が一定の均衡状態にあり，政府はその間にあって両者に対して責任を負う。そこでこれを二元型議院内閣制という。

　その後次第に君主の政治的影響力が低下するに従って，その政治的実権が形骸化し，さらにはなくなるに伴って，政府の国家元首に対する責任も形式化し，実質的には議会に対してのみ責任を負うことになる。これが一元型議院内閣制

である。

　社会経済構造の近代化＝資本主義化に伴って，君主制が制限君主制へ，さらに立憲君主制へと変貌し，遂には君主制の廃止に至る歴史的経緯のなかで，権力分立も変容し，執行府と立法府との関係も，超然内閣から二元型議院内閣制へ，二元型議院内閣制から一元型議院内閣制へと変化する。この変化は，憲法や国制の運用上の変化である場合もあれば，憲法そのものの変化として現れる場合もある。また，その変化の細部が国により歴史的事情により異なることはいうまでもない。一元型議院内閣制といっても具体的な制度は多様であって一義的ではない。また，19世紀にイギリスで先駆的に確立されたといわれる一元型議院内閣制は，150年ほどかかって出来上がった憲法習律上の制度であり，20世紀初めにフランスで確立したといわれる一元型議院内閣制も，当時の憲法的法律の運用の産物である。

2　「議院内閣制」の日本と「大統領制」のフランス

　日本におけるかつての議院内閣制論は，責任本質説と均衡本質説に分かれ，前者は均衡型の議院内閣制を不真正といい，後者は責任型の議院内閣制を不真正と評価した。しかし，歴史の産物である議院内閣制を真正のものと不真正のものに区別することの意味は意識されていなかったようにみえる。この区別を前提に議院内閣制概念が価値基準として憲法解釈に持ち込まれたことの問題点は，すでに指摘のとおりである。

　憲法科学上の議院内閣制概念は，歴史を反映した一元型と二元型に区別すべきであろう。ここでは，この認識枠組を前提に，比較の視点から，日仏の行政府・立法府の関係をみてみよう。

　日本国憲法上の行政府は，フランス第5共和制の二頭制的な行政府と異なって，一頭制的である。議院内閣制が，国家元首（君主または大統領）に対する政府責任と議会に対する政府責任とが問題となりうる政治形態の下で生まれ，その責任の一元性または二元性が問題となったことからすれば，日本国憲法上の行政府・立法府関係を議院内閣制か否かと論じるべき前提が欠けていることになるともいえる。したがって，日本国憲法上，政府が国会に対して責任を負うことからこれを一元型議院内閣制と規定することはミスリーディングともいえ

る。

　他方，フランス第 5 共和制の政治制度は，大統領制と称されることが多い。しかし，行政府が二頭制的である点は，典型的な大統領制とみられるアメリカ大統領制とは相当異なる。いうまでもなく，アメリカの行政府は一頭制である。また，同じく行政府が二頭制的であるドイツの大統領が政治的実権をもたないのと違って，フランスの大統領はたしかに強力な権限を有している。以上の点からは，フランスは典型的な大統領制とは隔たりがあり，むしろ二元型議院内閣制というべきで，大統領与党と国会多数派が一致する場合に，大統領中心主義的に機能するといえよう。

　以上のように，日本の国会・内閣関係は議院内閣制の範疇には入らないともいえるのに対して，フランスの国会・政府・大統領関係は二元型議院内閣制と規定しうる。ただ，いずれにしても，政府（内閣）が国会に対して責任を負う点に共通点がある。しかしながら，憲法の現実においては，国会が政府に従属する行政国家現象がみられる。これもまた，両国に共通する問題である。日本の場合は，国会が主権者を代表する国権の最高機関とされ，重要な権限を授権されているにもかかわらず，であり，フランスの場合は，憲法上国会がプープルの主権行使を媒介する地位にありながら，同じく憲法上行政優位の構造が設けられていることによって，である。

第4章　平和主義

序　説

　本章では，日本国憲法とフランス第5共和制憲法の平和主義について，それ
ぞれの規範構造と相互の比較とを通じて検討する。

　まずあらかじめ，近代以降の戦争の違法化の歴史的展開を主として国際法の
次元で概観し，現代の平和主義の歴史的前提を確認することにする。

1　戦争の違法化の史的展開

　戦争放棄の努力は，近代憲法の歴史とともに始まったといってもよい。フラ
ンスの1791年憲法第6編は，「フランス国民は，征服を目的とするいかなる戦
争の企ても放棄し，いかなる人民の自由に対してもその武力を行使しない」と
定めたのである。

　フランスの1791年憲法は，ヨーロッパ諸国の憲法に大きな影響を与えたと
いわれる。しかし，それは人権規定の部分のことであって，19世紀において
この征服戦争放棄条項はほとんど影響を与えなかった。その影響がようやくあ
らわれるのが1907年ハーグ国際平和会議において締結された「契約上の債務
回収のためにする兵力使用の制限に関する条約」（ポーター条約）である。その
第1条1項は「締約国ハ，一国ノ政府ニ対シ他ノ一国ノ政府カ其ノ国民ニ支払
ハルヘキモノトシテ請求スル契約上ノ債務ヲ回収スル為ニ，兵力ニ訴ヘサルコ
トヲ約定ス」と定めている。すなわち，この条約は，自国民の債権を回収する
目的で，債務国に対して武力を行使することを禁止する条約である。これによ
って国際法上，無差別戦争観が克服され，違法な戦争が規定されたのである。
しかし，この条約にはなお大きな限界があった。禁止されたのはごく限られた
範囲の武力行使にすぎず，債務国が仲裁裁判を拒否したり，裁判の結果に従わ
なかった場合に戦争に訴えることを認めるものであったからである。

98　第2部　日本国憲法の比較憲法的考察

　戦争の違法化の次の段階を画すことになったのは国際連盟規約であった。第
1次世界大戦は，開戦当初の予想に反して長期化し世界史上初の総力戦となっ
た。このことが平和を希求する諸国人民の運動の高揚を導き，革命運動の発展
をもたらした。1917年のロシア10月革命の成功も，革命勢力が戦争からの離
脱による平和の実現を最重要かつ緊急の要求の1つとし，それが人口の多数を
占める農民の共感を得たことによるところが大きかった。このような状況のな
かで，世界各国政府は，それまでのように戦争を各国の自助による紛争解決手段
として主権により保障された合法的なものとして維持することが困難になった。
　こうした背景のもとに生まれた国際連盟は，国際平和と安全の維持を主目的
とした歴史上はじめての国際組織であった。連盟規約は，前文で「締約国ハ戦
争ニ訴ヘサルノ義務ヲ受諾シ」とし，第12条で「国交断絶ニ至ルノ虞アル紛
争発生スルトキハ」，それを国際裁判所か連盟理事会の審査に付託することと
し，そのような手続を踏まない戦争を禁止した。また裁判の判決後3ヵ月はい
かなる理由であれ戦争に訴えてはならないとしていた。国際連盟規約は，この
ように戦争に手続の枠をはめたが，国際紛争解決手段としての戦争そのものを
一般的に禁止するものではなかった。さらに，国際連盟規約は，戦争を合法的
に行ないうる余地を残していた。たとえば，国際紛争について連盟理事会が解決
のための報告書を作るに至らないときは，「連盟国ハ正義公道ヲ維持スル為必
要ト認ムル処置ヲ執ル権利ヲ留保ス」として，連盟が紛争処理の結論を出せな
い場合の戦争を容認していた。また，国際連盟規約は，規約違反の戦争を起こ
した国に対して集団的制裁措置をとることを定めていたが（第16条），制裁を
発動するか否かは各加盟国が認定することになっていて，制裁措置への参加は
義務ではないとされていたため，制裁措置の実効性は乏しかった。
　1928年の不戦条約は，「締約国ハ国際紛争解決ノ為戦争ニ訴フルコトヲ非ト
シ且其ノ相互関係ニ於テ国家ノ政策ノ手段トシテノ戦争ヲ抛棄スルコトヲ其ノ
各自ノ人民ノ名ニ於テ厳粛ニ宣言ス」（第1条），「締約国ハ相互間ニ起ルコトア
ルベキ一切ノ紛争又ハ紛議ハ其ノ性質又ハ起因ノ如何ヲ問ハズ平和的手段ニ依
ルノ外之ガ処理又ハ解決ヲ求メザルコトヲ約ス」として，文面上戦争を一般的
に禁止した。しかし，この条約では，紛争の平和的処理手続には触れられず，
違反に対する制裁措置がいっさい規定されていなかった。また，アメリカその

他の多くの国が自衛権について留保して，自衛権に基づく武力行使は不戦条約による禁止の対象ではないと一般的に了解された。このため，不戦条約は，国際紛争解決手段としての戦争をいっさい放棄すると規定する一方で，実際には侵略戦争の放棄にとどまっていたことになる。このような問題を孕んでいたとはいえ，この条約の下では，たとえ自衛戦争をする場合でも，それが不戦条約に反しない自衛権の行使であることを立証する責任を果さなければならないことになったのは重要な変化であった。なお，当時の日本政府は，条約第1条の「各自ノ人民ノ名ニ於テ厳粛ニ宣言ス」という文言が天皇主権の日本には適用されないことを宣言していた。

第1次大戦後の以上のような国際法上の戦争違法化の動向は，一部の憲法にもあらわれた。たとえば，1931年制定のスペイン第2共和制憲法は，「スペインは，国策の手段としての戦争を否認する」（第6条）とし，自衛の手続に関して「共和国大統領は，国際連盟規約に定める条件による場合を除いては，非戦闘的性格を有する防衛措置を尽くし，かつ，スペインが当時国となり国際連盟において登録された国際協定に定める司法手続又は和解及び調停の手続を尽くした後でなければ，いかなる宣戦布告にも署名してはならない」（第77条1項）と規定していた[*1)]。これは，国際連盟の仲裁に期待して，不戦条約を憲法のなかに織り込んだものとして注目される。

第2次世界大戦では，侵略戦争が「自衛」の名において行われた。たとえば，太平洋戦争の開戦の詔書では「帝国の自存自衛のため」と言われていた。また，国際法上の戦争ではない武力行使＝事実上の戦争が大規模に行われた。「満州事変」や「支那事変」は，国際法上の戦争ではなかった。戦争の惨禍は，第1次世界大戦をさらにしのぐ甚大なものとなった。

第2次世界大戦の経験は，国際社会を戦争放棄に向けて大きく前進させた。国際的な反ファシズム連合が日独伊侵略ブロックを打ち破った戦後，戦争の防止・平和の維持に向けた効果的な国際的制度の必要性を国際社会は痛感した。国際連合憲章前文では，「われら連合国の人民は，われらの一生のうちに2度

---

*1)　スペイン第2共和制憲法の条文は，池田実「［資料-］（邦訳）スペイン1931年憲法」山梨大学教育人間科学部紀要6巻2号155頁以下。

まで言語に絶する悲哀を人類に与えた戦争の惨害から勝利の世代を救」うこと，「国際の平和及び安全を維持するためにわれらの力を合わせ，共同の利益の場合を除く外は武力を用いないことを原則の受諾と方法の設定によって確保」することが目標とされている。国連憲章は国際連盟規約を発展させ，実効的な平和措置を国連に授権している。国際紛争の平和的解決を基本原則とし（第1条，第2条，第33条），国際法上の戦争のみならず，武力による威嚇，武力の行使も禁止している。これに違反した場合の制裁措置として経済制裁その他の非軍事的措置（第41条），平和的手段による解決が望めないときの軍事的措置（第42条）がある。平和の破壊および侵略の存在などの認定，それに対するこれらの措置は，憲章第7章の諸条項の定めに従って，安全保障理事会の決定に基づいて発動される。この決定は加盟国を拘束する（第25条）。ただし，軍事的措置に関しては，「各国の憲法上の手続に従って批准されなければならない」（第43条3項）特別協定を要し，加盟国を一律に義務づけるものではない。

　さらに国連憲章は，各国の個別的自衛権そのものを否定しないが，各国が独自に「自衛」と称して戦争を行う余地を大きく残していた不戦条約の反省をふまえ，その明確化と限定を行っている。個別的自衛権の行使は「武力攻撃が発生した場合」に限定され，自衛措置をとった場合の安保理への報告が義務づけられ，安保理が必要措置をとるに至った場合には自衛措置は停止しなければならない（第51条）。自衛措置そのものについても，緊急性や必要性，相当性などの要件を満たさなければならないと了解されている。

　国連憲章には，平和の破壊に対して国連が集団的措置をとるという基本原則に反する集団的自衛権を認める矛盾もあるが，以上のように，かつては国家主権の最たる発動形態であった戦争＝武力行使が，今日，原則として違法とされ，例外的に容認される個別的自衛権の行使にも厳格な要件が課せられているのである。

　第2次世界大戦は，第1次世界大戦以上に強い影響を憲法に与えた。戦後あらたに制定された諸国の憲法が侵略戦争の放棄を定めているのである。たとえば，1949年制定のドイツ連邦共和国基本法第26条1項は，「諸国民の平和的共同生活を妨害するおそれがあり，かつ，このような意図でなされた行為，とくに，侵略戦争の遂行を準備する行為は，違憲である。このような行為は処罰さ

郵便はがき

料金受取人払郵便

京都北郵便局承認
6144

差出有効期間
平成31年12月
31日まで

切手は不要です。
このままポストへ
お入れ下さい。

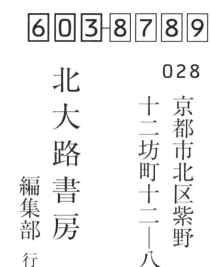

6038789

028
京都市北区紫野
十二坊町十二—八

北大路書房
編集部　行

―――――――――――――――――――――――――――

（今後出版してほしい本などのご意見がありましたら，ご記入下さい。）

《愛読者カード》

書 名

購入日　　　年　　　月　　　日

おところ（〒　　　－　　　）

（tel　　　－　　　－　　　）

お名前（フリガナ）

男・女　　　歳

おなたのご職業は？　○印をおつけ下さい

(ア)会社員　(イ)公務員　(ウ)教員　(エ)主婦　(オ)学生　(カ)研究者　(キ)その他

お買い上げ書店名　都道府県名（　　　　　）

書店

本書をお知りになったのは？　○印をおつけ下さい

(ア)新聞・雑誌名(　　　　　)　(イ)書店　(ウ)人から聞いて
(エ)献本されて　(オ)図書目録　(カ)DM　(キ)当社HP　(ク)インターネット
(ケ)これから出る本　(コ)書店から紹介　(サ)他の本を読んで　(シ)その他

本書をご購入いただいた理由は？　○印をおつけ下さい

(ア)教材　(イ)研究用　(ウ)テーマに関心　(エ)著者に関心
(オ)タイトルが良かった　(カ)装丁が良かった　(キ)書評を見て
(ク)広告を見て　(ケ)その他

本書についてのご意見（表面もご利用下さい）

このカードは今後の出版の参考にさせていただきます。ご記入いただいたご意見は
無記名で新聞・ホームページ上で掲載させていただく場合がございます。
お送りいただいた方には当社の出版案内をお送りいたします。

※ご記入いただいた個人情報は、当社が取り扱う商品のご案内、サービス等のご案内および社内資料の
　作成のみにご利用させていただきます。

れなければならない^{*2)}」と規定する。侵略戦争とその準備行為を禁じている。侵略戦争の放棄にはその準備の禁止も当然含意されているはずであるにもかかわらず，そのことを明示しているのである。また，1947年制定のイタリア共和国憲法第11条は，「イタリアは，他国民の自由に対する攻撃の手段としての，および国際紛争を解決する手段としての戦争を放棄し，他国と同等の条件で，諸国家間の平和と正義を保障する機構に必要な主権の制限に同意し，この目的のための国際組織を促進し，かつ助成する^{*3)}」と規定する。不戦条約と同様，国際紛争解決手段としての戦争を放棄し，さらに主権＝個別的自衛権も制限しているのである。敗戦国だけでなく，戦勝国であるフランスも，1946年制定の第4共和制憲法前文で「フランス共和国は，征服を目的としていかなる戦争も企てず，いかなる人民の自由に対しても決して武力を行使しない」（第14項），「フランスは，相互主義の留保の下に，平和の組織と防衛に必要な主権の制限に同意する」（第15項）と規定する。これも侵略戦争を放棄するとともに，主権＝個別的自衛権を制限しているのである。

2　平和の保障としての国民主権

　戦争の違法化の歴史が単に国際舞台の上の出来事でないことはいうまでもない。戦争の違法化は，舞台上のアクターの単なる個人的な善意や思いつきあるいは思想の所産ではない。とくに世界史上最初の総力戦となった第1次世界大戦の勃発以来，平和の問題は，民衆の生命・暮らしに直接，深くかかわるものとして社会運動や政治運動の重要な課題となった。国際法上・憲法上の戦争の違法化は，そこに至るまでにさまざまな複雑な経緯があったにせよ，そのようないわば下からの戦争違法化要求の一定のあらわれということができる。

　第2次世界大戦は，平和の確保にとって，民主主義的な国家形態と統治形態，それに民衆の解放が不可欠であることを教えた。国際平和を破壊した枢軸国がナチズム，ファシズム，絶対主義的天皇制というきわめて権威主義的な政治体制をとっていたからである。ポツダム宣言が，日本の武装解除・軍国主義の解

---

*2)　宮沢俊義編『世界憲法集〔第3版〕』（岩波文庫，1980年）170頁（山田晟訳）。

*3)　阿部照哉・畑博行編『世界の憲法集〔第4版〕』（有信堂，2009年）21頁（阿部照哉訳）。

102　第2部　日本国憲法の比較憲法的考察

体と合わせて社会＝国家の民主化を課題としていたのも，このような教訓の認識による。

　ミルキヌ＝ゲツェヴィチが，アメリカとフランスの革命が生み出した憲法に国際的な規定が設けられ，18世紀末以来，「これらの国際的な規定は，次第により重要な地位を占めてきた[4]」ことに注目し，「平和と民主主義とのあいだには，きわめて近い関連（リエゾン）がある，――そして，国内の民主主義と国際的な平和主義とのこの関連，この不可分性が近代公法の進化を支配している[5]」と述べているのも，とくに第1世界大戦以後の平和と民主主義の弁証法的関係を歴史的に総括するものとして注目に値しよう。

　したがって，平和主義は，憲法上もっぱら戦争放棄条項に集中的にあらわれているのではなく，国際協調主義の原則的規定や種々の国際関係条項が平和主義を支える前提となる規範形態であることはもちろんであり，それに加えて主権原理の具体的ありようすなわち統治機構の規範形態如何が内政・外交両面で平和と軍事をいかに民主的に管理するかを左右し，また人権尊重主義のありようが国家による平和と軍事の管理を左右するという意味で，いずれも平和主義の認識と評価に不可欠であるといえるのである。

第1節　日本国憲法の平和主義

1　非軍事平和主義

　明治維新以後，日本は，数々の戦争（日清戦争（1894年〜95年），義和団事件（1900年），日露戦争（1904年〜05年），第1次世界大戦（1914年〜18年），太平洋戦争（1941年〜45年））や事変などと呼ばれる武力行使＝事実上の戦争（台湾出兵（1874年），シベリア出兵（1918年〜22年），山東出兵（1927年〜28年），満州事変（1931年〜32年），第1次上海事変（1932年），日中戦争（1937年〜45年。当時は支那事変と呼ばれた），ノモンハン事件（1939年）），武力による威嚇（対華21カ条要求（1915年））を行ってきた。

　帝国憲法上，天皇は陸海軍の統帥権を有していた（第11条）。統帥権とは軍

---

*4)　ミルキヌ＝ゲツェヴィチ『憲法の国際化』小田滋・樋口陽一訳（有信堂，1964年）289頁。

*5)　同前290頁。

の最高指揮権で，帝国議会の関与を必要としない大権であったが，そのうえ国務大臣の補弼の外に置かれていたため，政府も関与できないとされていた（統帥権の独立）。そのほか，天皇には陸海軍編制権（第12条），宣戦布告権（第13条）があり，戦時に必要とされる戒厳大権（第14条），非常大権（第31条）も備わっていた。他方，臣民には兵役の義務があった（第20条）。天皇とその軍隊が帝国議会や政府の上に立って戦争を行う国家体制が帝国憲法上整備されていた。数々の戦争や武力行使，武力による威嚇のうち台湾出兵を除くすべてがこの帝国憲法の下で行われたのである。

　1931年の満州事変以後のいわゆる15年戦争は，これを侵略戦争として認めることを一貫して拒否し，犠牲者数をなるべく過小に見積もる日本政府の統計によっても310万人に達する日本人犠牲者（戦死者，民間人の国外での死亡者，空襲等による死者）を出した。また，この戦争は，各国政府の公表した数字などに基づくと，アジア・太平洋各国に2000万人を超える死者を含む史上最大の惨害をもたらした。

　日本国憲法の平和主義は，「政府の行為によって再び戦争の惨禍が起ることのないやうにする」（前文第1項1段）という過去の残虐な侵略行為の反省を単に戦争政策の反省にとどめず，帝国憲法そのものの反省にまで推し進めている。このような反省は，第2次世界大戦の敗戦国だけでなく，戦勝国の新しい憲法にも現れている。しかし，戦争違法化の世界的潮流のなかで，日本国憲法の平和主義には他に類をみない特徴がある。

　日本国憲法の平和主義が，19世紀以来の戦争違法化の世界的潮流のなかに位置づけられることはいうまでもない。第9条1項は，国権の発動たる戦争等を「国際紛争を解決する手段として」放棄する。これが戦争の全面的放棄を意味すると解釈するのか，それとも部分的放棄を意味すると解釈するのかは，周知のとおり学説上争いがある。しかし，憲法解釈上の争いを離れ，歴史認識の問題として，この規定を戦争違法化の歴史のなかに位置づけるならば，「締約國ハ國際紛争解決ノ爲戦争ニ訴フルコトヲ非トシ」とする1928年不戦条約第1条の文言との類似性が指摘できる。この点からは，「国際紛争解決手段として」という留保がついていることは，戦争放棄が限定された意味になること，すなわち侵略目的の武力行使の放棄を意味することになる。

104　第2部　日本国憲法の比較憲法的考察

　しかしながら，日本国憲法の平和主義は，そこにとどまらない。第9条2項が戦力不保持と交戦権否認を定めるからである。これをめぐっても，全面的不保持か部分的不保持か，全面的否認か部分的否認かという解釈上の対立がある。しかし，憲法解釈上の争いを離れ，歴史認識の問題として9条2項の位置を確認するならば，これが不戦条約の水準にとどまらないことは明白であろう。よって，第9条全体によって規定される日本国憲法の平和主義は，非軍事平和主義であり，戦争違法化の潮流の先端に位置づけられることになる。

2　平和的生存権

　日本国憲法の平和主義を特徴づけるもう1つの点が平和的生存権の保障である。日本国憲法前文第2項3段には，「われらは，全世界の国民が，ひとしく恐怖と欠乏から免かれ，平和のうちに生存する権利を有することを確認する」とある。これは，「『ナチ』ノ暴虐ノ最終的破壊ノ後……一切ノ國ノ一切ノ人類カ恐怖及欠乏ヨリ解放セラレ其ノ生ヲ全ウスルヲ得ルコトヲ確實ナラシムヘキ平和カ確立セラルルコトヲ希望ス」と規定する1941年の大西洋憲章第6項に由来するとみられる。ここにいう恐怖と欠乏からの解放が自由権と社会権の保障を意味することはたしかであったが，平和裡の生の確保の法的性格は明確とはいえなかった。この点で，日本国憲法は，平和のうちの生存（平和的生存）を単に国の政策によって与えられる反射的利益とは異なる権利としており，大西洋憲章とは明確に異なる。平和的生存が権利として保障されることによって，平和は政治部門の政策的判断に委ねられるものではなく，国民の管理するところになるはずであろう。臣民に兵役を義務づける帝国憲法上，このような権利が保障されていなかったことはいうまでもない。さらに平和的生存権が日本国民のみならず全世界の国民の権利とされているのは，諸外国に対して武力行使しないことを誓約するものである。諸外国の憲法のなかにこのような平和的生存権を保障するものはみられない。9条とともに平和的生存権は日本国憲法の平和主義を戦争違法化の潮流の先端に据えるものである。

3　日本国憲法下の平和と戦争の弁証法

　国際的にみて先駆的な日本国憲法の平和主義は，第2次世界大戦後まもな

く始まる冷戦，朝鮮戦争の経過とともに，大きな試練を受けることになる。1950年に警察予備隊が新設され，1952年にこれが保安隊に変わり，1954年自衛隊発足に至る過程で，政府は戦力の定義を変えながら，事実上再軍備を進めた。しかもこのプロセスは，片面講和体制をもたらす1951年のサンフランシスコ条約（1952年発効）とそれにつづく日米安保条約（1951年署名，1952年発効）のもとで進められた。米軍に対する基地提供条約であった安保条約は1960年に片務的な軍事同盟条約に強化されて今日に至る。その間，日本は，ベトナムやアフガニスタン，イラク等中東への米軍の出撃拠点として機能してきた。1980年代半ばから，日本は，海外での軍事活動を担うようアメリカから再三にわたり要請され，冷戦後の1990年代からこれに応じる自衛隊の海外活動が展開されている。その活動内容は，1990年代前半の国連PKO活動への参加から，国連とは無関係のイラク派兵（2003年〜2009年）にまで拡大している。イラク派兵に関しては，「少なくとも多国籍軍の武装兵員をバグダッドに空輸するものについては，他国による武力行使と一体化した行動で，自らも武力の行使を行ったとの評価を受けざるを得ない」とし，「航空自衛隊の空輸活動は，イラク特措法を合憲とした場合であっても，……イラク特措法2条2項，……同条3項に違反し，かつ憲法9条1項に違反する活動を含んでいる」とする高裁判決も出た（名古屋高裁2008年4月17日判決（2007年（ネ）第58号）。

　多くの法律からなる2015年成立のいわゆる安保法制は，集団的自衛権の行使，自衛隊の海外での武力行使を可能にするなど，平和主義等に関連する重大な憲法上の問題を含んでいる。

　冷戦後，世界にはあらたな緊張が広がっている。それを理由に，日本政府は日米安保体制を堅持するどころか強化している。しかし，緊張が広がる一方で，軍事同盟下の人口は，1960年代世界人口の50パーセントを超えていたのに対して今日その比率は10数パーセントにとどまり，非同盟諸国は1961年に25カ国であったのが，今日は118カ国に上っている。また，2016年12月19日，国連総会は，「何人も，すべての人権が促進および保障されならびに発展が充分に実現されるような平和を享受する権利を有する」（第1条）と規定する「平和への権利宣言」を賛成131カ国，反対34カ国，棄権19カ国で採択した。しかし，日本は，平和的生存権を保障する憲法をもつにもかかわらず，同宣言に反対し

ている。

憲法の非軍事平和主義と平和的生存権は，国会の多数派と政府によって蹂躙されてきたが，それによって憲法第9条が規範性を喪失してしまったわけではない。平和運動，米軍基地反対運動，原水爆禁止運動，憲法擁護運動，9条裁判運動などさまざまな国民運動が憲法第9条の空洞化阻止に尽力してきたからである。

憲法第9条の解釈をめぐって，学説は，1項の戦争放棄が全面的なものか部分的なものかという点で分かれるものの，2項の戦力不保持に関しては多数の見解が全面的不保持と解する。したがって，学説上は，第9条が全体として目的の如何を問わず戦争・武力行使・武力による威嚇を禁じていると解する見解が多数説である。自衛権に関して，学説は，集団的自衛権が憲法上ないことは当然の前提として，個別的自衛権肯定説と否定説に分岐する。もっとも従来は個別的自衛権肯定説も多数はいわゆる武力なき自衛権説だったので，実質的には学説上の対立はなく，自衛隊違憲説が多数であった。近年は，自衛隊合憲説もみられるが，この説は，個別的自衛権を前提として専守防衛の限度で自衛隊の活動を容認する。

他方，従来の政府（内閣法制局）解釈によれば，憲法第9条1項は戦争を放棄しているが，自衛のための実力の行使は放棄しているわけではないとされていた。自衛のための実力行使は第9条1項にいう「戦争」ではないというのである。また憲法第9条2項は戦力の不保持をうたっているが，自衛のための実力の不保持までうたっているわけではなく，それは第9条2項にいう「戦力」ではないということになっていた。その際の自衛とは，個別的自衛（専守防衛）であって，集団的自衛の意味は含まないというのが，政府見解であった。2014年7月1日閣議決定後の現在の政府見解は，実質的に従来の見解を踏み越える内容となっているが，公式的にはその枠内にとどまると説明される。このような説明がなされるのは，第9条の文言の明確性とそれを支持する国民の憲法意識が背後にあるからである。

政府によれば，憲法第9条の射程は上記のように限定されているのであるが，だからといって，ただちに自衛隊が合憲といえるわけではない。まず，政府の第9条2項解釈によっても戦力の具体的意味が問題となる。何が戦力にあたる

のかということが問題になるのである。1950年に警察予備隊がつくられた際には，憲法が禁じる戦力とは警察力を超える実力とされた。1952年に警察予備隊が保安隊に改組された際には，近代戦争遂行能力が憲法第9条2項にいう戦力であるとされた。1954年自衛隊が発足すると，政府は自衛のための必要最小限度の実力を超える実力が戦力であるとした。これが現在まで維持されている政府の戦力解釈である。警察予備隊から保安隊へ，さらに自衛隊へと実力の規模が大きくなるたびに第9条2項の戦力の定義が変えられてきたのである。しかし，自衛のための必要最小限の実力がどの程度なのかは，攻撃してくる相手国の実力によって左右され，不確定である。政府流の戦力解釈をとれば，世界には核兵器保有国が存在するから，核兵器の保有さえ，自衛目的によって正当化できることになる。それゆえ，現在の政府解釈は，自衛隊の装備の拡大，高度化に何ら歯止めになっていないという批判を免れない。このような批判を免れない政府は，自衛隊が戦力に当たらないことを挙証する責任を常に負うことになる。これも，憲法9条の規範性のあらわれといえる。

　かりに以上の問題点をおくとしても，第9条の限定解釈だけでは，自衛隊を合憲ということはできない。それだけでは，せいぜい自衛隊が第9条に違反しないといえるだけである。憲法は，授権規範である。そうすると，憲法第9条に違反しないということがただちに合憲であることを意味することにはならない。自衛隊が合憲であるというためには，憲法上の根拠が必要なのである。その根拠を，政府は，国家の自衛権に求める。すなわち，政府によれば，国際法上自衛権は独立国家に固有の権利であり，日本国憲法もこれを否定していない。ただ，日本国憲法は第9条で戦力を放棄しているので，自衛権に基づく戦力の保持や行使はできない。憲法第9条のもとでは，戦力にあらざる自衛のための必要最小限の実力の保持と行使が自衛権によって可能である，というのである。このような考え方は，「戦力なき自衛権説」と呼ばれる。しかし，このような政府見解に対しては，独立国家に固有の権利として自衛権があるにしても，憲法第9条のもとでは，外交交渉による侵害の未然回避，警察力による侵害の排除などによって行使されると主張する「武力なき自衛権説」からの批判がある。さらに，より根本的な批判として，自衛権否定説がある。自衛権は，通常「外国からの違法な侵害に対して，自国を防衛するために緊急の必要があ

108 第2部 日本国憲法の比較憲法的考察

る場合，それに武力をもって反撃する国際法上の権利」と定義される。そうすると，武力なき自衛権説は，通常とは異なる自衛権概念を前提にしていることになる。この見解の主張する外交交渉や警察力の行使は，通常の行政権に含まれることであり，自衛権による正当化をまつまでもない。また，戦力なき自衛権説も武力なき自衛権説も，自衛権を憲法が否定していないと考えるが，憲法によっても否定されない国家固有の権利というものが考えられるのかという問題が残る。自衛権を個人の正当防衛権に擬する見解があるが，国家と個人とは同列に論じることが許されない。さらに，武力行使を本質的内容とする自衛権を行使する上で不可欠の授権規範，つまり軍隊の組織原則等を定める条文が日本国憲法にはない。そうすると，立憲主義の最小限の意味を満たすことがどうしてもできないのである。ここでも政府は，実際には履行不能というべき重い挙証責任を負うことになっているのである。

　施行以来ほぼ一貫して憲法の非武装平和主義・平和的生存権に敵対的な政権が続き，それらを担う運動が政治過程から疎外され続けてきた。このような対抗関係のなかにあって，憲法の非武装平和主義・平和的生存権は，その理念を規範として十分発揮できていないが，みられるような重要な規範性を示しているといえる。

第2節　フランス第5共和制憲法の平和主義

1　武装平和主義・政策としての平和

　フランス第5共和制憲法の平和主義が日本国憲法のそれと大きく異なることは，いうまでもない。

　戦争違法化の歴史の20世紀半ばにおける到達点が第4共和制憲法前文に反映していること，すなわちその前文が侵略戦争を放棄し（第14項），相互主義の下に主権＝個別的自衛権を制限していることはすでにみたとおりである。第5共和制憲法は，前文で第4共和制憲法前文を確認している。したがって，第4共和制憲法の平和主義は，第5共和制憲法にも継承されている。この平和主義は，自衛のための武力の保持・行使を排除しない武装平和主義である。ただし，憲法は，武力の保持を授権する明文規定も軍隊を創設する明文規定も設けてい

ない。憲法は，武力の保持・軍隊の存在を自明視して，関連する条文を置いているのである。

　第5共和制憲法には平和的生存権条項がない。平和への権利宣言に日本と同様，フランスも反対している。したがって，この憲法が保障するのは，いわば政策としての平和である。憲法上，フランス人民にとっての平和は，政策の反射であって，権利ではないということになるのである。

　以上を要するに，射程の限られた平和主義は，政治部門の政策的裁量に委ねられている。この裁量に関して，第5共和制憲法は，侵略戦争禁止以外にとくに実体的な限界を明示していない。

2　軍事の統制

　第5共和制憲法上，平和の管理すなわち軍事の統制に関する組織・手続規定は，わずかしかない。まず組織に関して，第13条2項は，武官の任命を大統領の権限とする。第15条は，大統領を軍隊の首長とする。第20条2項は，政府が武力を掌握すると定める。第21条1項は，首相が国防上の責任を負うと規定する。

　軍隊の活動に関する第5共和制憲法上の規定としては，第35条と第36条がある。ここでは，合囲状態に関する後者は扱わないことにする。第35条は，憲法が戦争について定める唯一の条文である。2008年改正前の同条は現在の第1項「宣戦は国会がこれを承認する」のみの単一条文であった。この条文は，国会の承認手続や承認された場合に宣戦を行う権限の主体に関して明確に規定していない。しかしながら，これらの問題は，もはやほとんど注意を喚起していない。というのは，第2次世界大戦後，国際法（とくに国連憲章）が戦争を禁止しているうえ，武力行使の形態が古典的な戦争と異なって多様化しているからである。もはや正式に宣戦布告の手続をとる戦争は行われることがなく，そのため，諸国の類似の憲法規定と同様に，第5共和制憲法第35条は時代遅れになっていたのである。

　それにもかかわらず，一定数の国々は，PKOや危険地域の住民の支援のための国際的警察活動を行った。これらの活動の法的根拠とされたのが，国連安保理決議，軍事同盟条約，正当防衛権である。なんら根拠が示されないことも

あった。2008年の憲法改正以前，フランスが軍事行動を行うときには，アフリカでたびたび行われた単独軍事行動の場合であれ，他国との共同行動の場合（1990年湾岸戦争，1999年NATOによるセルビア空爆，2001年アフガニスタン対テロ戦争，2011年リビア介入）であれ，憲法第35条は適用されなかった。これらの軍事的介入の決定は，第15条と第21条1項に基づいて，大統領と首相が共同で行った。このような決定に関して，政府が国会に対してそれを正当化する政策を宣言することが可能であるし，もしそれが行われなかった場合には，両院の議員が質問によって説明を求め，場合によっては国民議会で問責動議を提出するということも考えられたが，現実には問責決議はきわめて困難ないし不可能であった。

　国によっては法律または判例または慣習上，海外における武力行使に関して議会の事前承認が必要とされている場合もあれば（ドイツ，スペイン，イタリア），軍事介入の決定は執行権のみにあり，ただ執行権が議会に報告しなければならず，介入が一定期間を超過する場合に議会の明示的な承認が必要とされている場合もある（アメリカ1973年戦争権限法）。

　2008年改正後の現行第35条2項以下は，多かれ少なかれアメリカの戦争権限法をモデルにしているといえる。すなわち，憲法第35条2項は，「政府は，外国に軍事力を介入させる決定を，介入開始後遅くとも3日以内に国会に報告する。政府は，介入の目的を明確にする。この報告は，これを表決の伴わない審議の対象とすることができる」とし，同3項は，「介入の期間が4ヵ月を超える場合，政府は期間の延長を国会の承認に付する。政府は，国民議会に対して最終的に決定することを要求できる」と規定している。第35条2項以下を新設した2008年憲法改正は，宣戦布告によって始められる伝統的な戦争が行われなくなったために実益を全く失っていた第35条に実益を取り戻させたことはたしかであろう。しかしながら，軍事介入の決定は政府の専権とされており，国会は追認や4ヵ月を超える延長の可否を判断するにすぎない。この点に，国会による統制の限界が現れている。

　要するに，軍隊の海外派兵に対する国会による「民主的」統制は限られており，さらに侵略戦争の禁止という1点を除いて軍事活動が政策的判断に委ねられているため，立憲的統制に関しては，憲法的歯止めそのものがないといえるのである。

第3節　日仏「平和主義」の比較

1　平和主義の諸類型

　深瀬忠一（1927年－2015年）は，第2次世界大戦後の諸国憲法の平和主義を，①征服（侵略）戦争放棄・主権制限型，②不戦条約憲法条項化型，③永世中立憲法化型，④非同盟・軍縮型，⑤無軍備憲法体制型，⑥社会主義的侵略戦争否認型，⑦平和条項不備型，以上の7類型に分類している[*6]。これは，主として各国憲法の平和条項の文言と規定ぶりに着目した分類であるが，そこには分類上の観点や指標はとくに示されておらず，各類型の明確な形態規定もみられない。したがって，この類型化・分類をそのまま受入れることはできない。そもそも平和主義もいくつかの構成要素からなるいわば構造物であるから，何か包括的な指標がありうるとしても，それによる分類からさほど有意義な成果は出ないであろう。個別の平和主義を認識・評価する際には，武力の保持・管理，武力行使の可否，外交上・国際関係上の原則，軍事に対する民主的・立憲的統制の程度等が考慮すべき点となるであろう。深瀬の類型には，そのような平和主義の諸側面を形態規定するうえで参考にすべきカテゴリーがあるといえる。

　ともあれ，ひとまず深瀬の言葉を使えば，フランス第5共和制憲法の平和主義が征服（侵略）戦争放棄・主権制限型であること，日本国憲法の平和主義が無軍備憲法体制型であるということは，これまでの叙述から明らかである。

2　歴史的背景

　武力の保持，武力行使の可否と範囲の点で，日本国憲法の平和主義とフランス第5共和制憲法のそれとが大きく異なることにはそれぞれの歴史的背景があることはいうまでもない。

　日本国憲法の非軍事平和主義が，制憲過程におけるGHQや日本政府のさまざまな思惑を背景にもちながらも，アジア・太平洋地域への日本の侵略の歴史的総括から生まれたことはここでいうまでもない。

---

*6)　深瀬忠一『戦争放棄と平和的生存権』（岩波書店，1987年）150～169頁。

112 第2部 日本国憲法の比較憲法的考察

　一方，フランスは，ナチス=ドイツに国土の北半分を占領され，南半分も対独協力を固く約束したヴィシー政府統治下に置かれた状況から，レジスタンスによって自力解放を遂げて戦後を迎えた。そのため，第4共和制フランスにとって，侵略戦争の放棄は当然としても，非武装の平和は論外となっていた。

　さらにフランスの歴史的事情として植民地問題があった。日本が敗戦によって植民地をもたない国として再出発したのに対して，戦勝国フランスは，植民地を抱えた国として再出発した。もともとド=ゴールによって指導された海外のレジスタンスは，植民地に対して独立を約束してその協力を得てきたにもかかわらず，解放後のフランス政府は，この約束を反故にした。このために解放後まもなくアフリカやインドシナの植民地の反乱に直面することになるフランスは，武力への依存を深めることになるのである。

3　平和主義の規範力

　日本国憲法第9条の文言そのものは，他の条文と比べれば明らかなように，きわめて詳細で解釈の余地はほぼないといっても過言ではない。それにもかかわらず，朝鮮戦争を契機として再軍備が進められ，今日日本は世界有数の軍事大国となっている。また，日本国憲法の平和主義は，非軍事平和主義であることから当然のことながら，軍事同盟をいっさい許さない。ところが，占領終了後，日本は日米安保体制下に入り，今日に至っている。日本国憲法の平和主義と現実とは大きく乖離しているのである。

　他方，フランスでは，第4共和制から今日に至るまで，平和主義に関して原則と現実の乖離というべき問題は起きていないといえよう。しかし，その間の歴史が平和な歴史にほど遠かったことはいうまでもない。フランスがかかわったインドシナ戦争（1946年～1954年），朝鮮戦争（1950年～1953年），アルジェリア戦争（1954年～1962年），湾岸戦争（1991年），コソボ紛争（1996年～1999年）は，いずれも伝統的な意味での戦争ではないが，武力行使という事実上の戦争であったことは明白である。フランスの平和主義はこれに関して規範的に機能しなかったのである。

　フランス第5共和制憲法の侵略戦争放棄・主権制限という立場も，論理必然的に永世中立や非同盟中立原則と矛盾するわけではない。実際フランスは，過去にNATOに加盟していなかった時期もある。しかしながら，武力行使に関す

る禁則の射程を限定している第5共和制憲法は，軍事同盟加盟を政策的判断に委ねていることになるから，NATO加盟は違憲にはならない。それゆえ，コソボ空爆も憲法上の問題にならなかったのである。

　そこで翻って日本国憲法の平和主義と現実との乖離をみてみると，日本政府は，湾岸戦争時に自衛隊法第100条の5に基づく特例政令なるものを制定して，難民輸送のために自衛隊機を「派遣」しようとしたが，結局これは実施されず，多国籍軍の軍事活動終了後に，ペルシャ湾の機雷除去のために掃海艇を派遣した[*7]。これが最初の自衛隊海外「派遣」であった。こうした活動でさえ憲法第9条の下では許されないと考えられ，実際それをめぐる激しい論議が起きた。海外での軍事活動は許されないというのが，まがりなりにも憲法第9条の共通理解になっているからこそ，その後もPKO参加やアフガニスタン対テロ戦争の際のインド洋への「派遣」，イラクへの自衛隊「派遣」の際にも，憲法第9条にかかわる議論となり，「武器使用」と「武力行使」，「派遣」と「派兵」，「後方支援活動」と「兵站」という無理な言葉の使い分けまで行われたのである。ここには，憲法第9条の規範としての力がなお現れているのである。

　平和主義の規範性に着目して比較すると，現実から乖離していると一方の側から問題視される日本国憲法の非軍事平和主義は，強権的な歪曲や空洞化にもかかわらずなおそれを擁護する国民の運動の力に支えられて規範としての力を保持している。これに対し，日本国憲法に比べて限られた規範内容しかもたないフランス第5共和制憲法の平和主義は，20世紀後半の新しい武力行使の現実においては規範として機能しない。これがフランスにおける憲法規範と現実との「一致」の意味である。軍事に対する限られた議会的統制しかなく，その統制は憲法の規範的歯止めのかからない政策的判断にとどまる。日本国憲法の平和主義が立憲平和主義と呼びうるのに対して[*8]，フランス第5共和制憲法の平和主義は事実上非立憲的平和主義といえるであろう。

---

　*7)　参照，拙稿「湾岸危機・戦争と民主主義——法治主義と委任立法」法律時報63巻12号。参照，山内敏弘「立憲平和主義」法律時報編集部編『法律時報増刊　戦後日本憲法学70年の軌跡』（日本評論社，2017年）。
　*8)　参照，山内敏弘「立憲平和主義」法律時報編集部編『法律時報増刊　戦後日本憲法学70年の軌跡』（日本評論社，2017年）。

第5章　違憲審査制

序　説

　日本における国民主権をめぐる議論を念頭に置いていえば，学説上統治権と主権とを区別するか否かの違いはあれ，区別しない見解においても統治権が憲法上の統治権である以上，いずれにしても統治権は憲法に拘束される。そこで，この憲法の優位（立憲主義）をどのようにして確保するかが問題となる。

　今日の現代立憲主義的憲法は，憲法の優位を確保する方法として，司法裁判所ないしいわゆる憲法裁判所のような国会・内閣とは別の機関による違憲審査制を採用しているが，それは憲法の最高規範性から論理必然的に導き出される方法ではない。本章では，日本国憲法の違憲審査制とフランス第5共和制憲法の違憲審査制とを憲法規範の構造と若干の運用の側面に着目して比較検討し，それぞれの特質を明らかにする。

第1節　日本国憲法の違憲審査制

1　憲法裁判所の禁止

　日本国憲法第81条が付随的違憲審査権を裁判所に授権していることに関しては，学説上も実務上もまったく異論がない。問題となってきたのは，同条の下で付随的違憲審査に加えて抽象的違憲審査が可能かという点である。

　これに関して，通説的見解は，抽象的違憲審査制を「特別に設けられた憲法裁判所が，具体的な争訟と関係なく，抽象的に違憲審査を行う方式」，付随的違憲審査制を「通常の裁判所が，具体的な訴訟事件を裁判する際に，その前提として事件の解決に必要な限度で，適用法条の違憲審査を行う方式」とし，2つの理由から，憲法第81条がもっぱら付随的違憲審査制を採用するものであると解する。すなわち，第1に，第81条が設けられている第6章は「司法」に

関する章であり，司法とは，「伝統的に具体的な権利義務に関する争い，または一定の法律関係の存否に関する争いを前提とし，それに法令を適用して紛争を解決する作用であり，違憲審査権はその作用に付随するものとして81条に明記されたと解される」からであり，第2に，抽象的違憲審査が認められるためには，「それを積極的に明示する規定，たとえば提訴権者・裁判の効力に関する規定等が憲法上定められていなければならない[*1)]」からである，というのである。

　しかし，第1の理由に関しては，伝統的司法概念をとる解釈論上の理由が示されていない。たとえば憲法第41条の立法概念の解釈上，実践的な理由から伝統的な法規概念は斥けられるのに，司法概念に関しては伝統を無批判に受容するのは解釈論としては理由不備といわざるをえないであろう。また，ここにいう伝統とは何をいうのかも明確ではないが，日本国憲法の解釈をしているのであるから日本の伝統をいうことになろう。そうであるとすると，戦前の民事事件・刑事事件を対象とする大陸法的な司法概念ということになるが，大陸法的な司法概念は本来的に違憲審査権と相容れず，付随的審査も許されないことになろう。第1の理由は，憲法81条解釈の理由としては破綻しているといわざるをえない。

　第2の理由は，一応もっともな理由であるといえる。そこに例示されているような規定が授権規範・制限規範としての憲法に明記されていない以上，抽象的違憲審査は憲法上できないと解さざるをえない。もっとも，このような理由をいうのであれば，そもそも通説的見解は，抽象的違憲審査の主体を「特別に設けられた憲法裁判所」としているのであるから，憲法第81条にいう違憲審査の主体が最高裁になっていることを指摘すれば済むであろう。

　さらに，第2の理由には，通説的見解自身にも跳ね返ってくるブーメラン効果がある。訴訟当事者に違憲の抗弁を行う権利が憲法上明示的に与えられていないではないか，付随的審査の結果違憲の判断が出された場合の効果も憲法上明記されていないではないか。このような問は通説的見解も避けることができない。これらの疑問が憲法の解釈によってクリアできるとすれば，憲法上抽象的違憲審査制が可能だとする説もまた解釈としてありうることになろう。

---

*1)　芦部『憲法〔第6版〕』379頁。

そうすると，憲法は明示的に特別の憲法裁判所を設けてはいないが，憲法第81条が最高裁に抽象的違憲審査権を与えており，そのための組織・手続に関しては法律で定めうると解釈することは不可能ではないといえよう。

しかし，最高裁は，警察予備隊違憲訴訟で，次のような判断を示した。[2)「裁判所が現行の制度上与えられているのは司法権を行う権限であり，そして司法権が発動するためには具体的な争訟事件が提起されることを必要とする。我が裁判所は具体的な争訟事件が提起されないのに将来を予想して憲法及びその他の法律命令等の解釈に対し存在する疑義論争に関し抽象的な判断を下すごとき権限を行い得るものではない。けだし最高裁判所は法律命令等に関し違憲審査権を有するが，この権限は司法権の範囲内において行使されるものであり，この点においては最高裁判所と下級裁判所との間に異るところはないのである（憲法76条1項参照）。原告は憲法81条を以て主張の根拠とするが，同条は最高裁判所が憲法に関する事件について終審的性格を有することを規定したものであり，従って最高裁判所が固有の権限として抽象的な意味の違憲審査権を有すること並びにそれがこの種の事件について排他的すなわち第一審にして終審としての裁判権を有するものと推論することを得ない」。

以上のように，日本国憲法第81条には解釈の余地があるが，その運用上は，付随的違憲審査制が行われているのである。

2　司法裁判所による違憲審査

学説上，付随的違憲審査制の下で裁判所が行う違憲審査には大別して法令審査と適用審査の2種類があると考えられている。

法令審査とは，事件に適用される法条そのものの違憲性を判断することである。この場合，審査は，法条そのものとそれを支える立法事実を素材にして行う。立法事実とは，「違憲か合憲かが争われる法律の立法目的および立法目的を達成する手段（規制手段）の合理性を裏づけ支える社会的・経済的・文化的な一般事実[3)」のことである。

---

*2)　最大判1952・10・8民集6巻9号783頁。

*3)　芦部『憲法〔第6版〕』383頁。

第5章 違憲審査制 117

適用審査とは，事件に適用される法条自体は合憲である（少なくとも合憲的に解釈できる）場合に，法条の適用の違憲性を判断することである。合憲の（ないし合憲的解釈が与える意味の）法条を適正に適用すれば問題にならないはずのところ，不適正な適用によって憲法違反が生じた場合，これを適用違憲という[4]。このような適用違憲の存否を判断するのが適用審査である。適用審査は，合憲の（ないし合憲的に解される）適用法条の意味を前提に，司法事実を素材にして行う。司法事実とは，「『誰が，何を，いつ，どこで，いかに行ったか』という，当該事件に関する事実」のことである[5]。ここにいう適用違憲は，適用が法令の意味や趣旨から外れていることにほかならないので，裁判所は，これを違法と判断するにとどまり，違憲と明言することはない。適用違憲は，講学上の概念にとどまっているのである。

　現行制度上，裁判所が行っている違憲審査は法令審査のみである。また，現行制度上，最高裁は，民事訴訟では，判決に憲法の解釈の誤りその他憲法違反がある場合および訴訟手続上の重大な法令違反がある場合（民事訴訟法第312条1項・2項，第318条），刑事訴訟では，憲法違反，憲法解釈の誤りまたは最高裁等の判例との相反がある場合（刑事訴訟法第405条）に，上告を受理する。上告審である最高裁は，民事訴訟では法律審であり（民訴法第321条），刑事訴訟では職権で事実問題を判断することもできるが一定の場合に限られており（刑訴法第411条），基本的にはやはり法律審であるといえる。したがって，現行制度上，最高裁が行う違憲審査は，具体的事件の司法事実から離れた法令審査である。

第2節　第5共和制憲法の違憲審査制

　フランス1789年人権宣言第6条は「法律は一般意思の表明である」と規定している。これは，法律が主権者の意思であることを意味し，そのため立法府以外の国家機関が法律の違憲性を審査し無効と判断することは国民主権原理に反すると伝統的に考えられてきた。このため，第5共和制以前のフランスには，

---

*4)　適用違憲をさらに細かく分類する見解もあるが，ここではそれに触れることはしない。
*5)　芦部『憲法〔第6版〕』383頁。

他の憲法上の権力とりわけ国会を拘束する憲法解釈を行う憲法裁判所の名に値する機関は存在していなかった。第4共和制憲法上「国民議会が議決した法律が憲法改正を前提とするか否かを審査する」（第91条3項）憲法委員会（Comité constitutionnel）が存在したが，このような機関の設置をめぐっては制憲過程で強い反対もあり，実際には機能しなかった。

第5共和制憲法における憲法院（Conseil constitutionnel）の創設は，大革命以来のこの伝統と縁を切る意思を表していた。もっとも，発足当初の憲法院は，アメリカ合衆国連邦最高裁判所のような人権保障機関ではなく，憲法「裁判所」には程遠かった。フランスの憲法院は，1970年代前半に事実上，そして憲法改正によって憲法上，変貌し，さらに2008年の憲法改正によって，全き意味で人権保障機関の容貌を備えるに至った。

1　憲法院の組織と権限

(1)　組織

憲法院は9名の任命判事（憲法上は「構成員（membre）」という）のほかに終身の法上当然の判事（これも憲法上は「構成員」という）となる元共和国大統領によって構成される（憲法第56条）。

9名の任命判事は，任期9年で再任は許されていない。3年ごとに3分の1ずつ即ち3名ずつ交代する。任命判事の3名は大統領により，3名は国民議会議長により，3名は元老院議長により任命される。憲法院判事の任命は，もともと憲法上，大統領・国民議会議長・元老院議長の裁量に委ねられていた。2008年の憲法改正により，憲法第56条1項に「これらの任命には，第13条の最後の項に規定された手続が適用される」とする規定が設けられて，それぞれの裁量が制限された。第13条の最後の項すなわち第5項によると，同条の第3項に定められる以外の職もしくは地位で，権利と自由の保障もしくは国民の経済・社会生活の保障にとって重要であるものについて，大統領による任命は各議院の所管の常任委員会の公開意見が出された後に行われることとされ，各委員会における反対票の合計が両委員会における有効票の5分の3以上の場合，大統領は任命が行えないとされている。大統領による憲法院判事の任命にはこの手続が適用されることになる。各議院の議長による任命については，2008

年の憲法改正により新設された上記の第56条1項の規定に続いて「各議院の議長によって行われる任命は関係議院の所管の常任委員会の意見のみに従う」という規定が設けられている。この場合，任命阻止の要件が問題となるが，第56条が第13条に言及している以上，有効投票の5分の3以上が反対のとき，任命は阻止されると解されるようである。[6]

　任命権者の裁量は，以前よりは制限されているが，任命阻止の要件は重い。憲法院判事の要件は，公職に就任することができることだけで，法曹ないし法律家である必要はない。

　審理で可否同数の場合に決済の権限をもつ憲法院院長の任命は大統領が行う（第56条3項）。

(2)　権限

a　政治制度監視権限

　憲法院は，若干の政治制度の機能を監視し調製する職務を憲法上，与えられている。

　憲法院は，憲法第16条の大統領非常権限発動の手続的要件として，大統領の諮問を受ける（同条1項）。[7]また，憲法院は，大統領が非常事態において執る措置に関して諮問を受ける。憲法院は，非常権限の発動30日後，国民議会議長または元老院議長，60人の国民議会議員，60人の元老院議員の申立てにより，発動の要件が満たされているか否かの審査を行い，意見を公表する。さらに非常権限の発動60日後，およびこの期間を経過後はいつでも，憲法院はこの審査を当然に行い，意見を公表する（第16条6項）。

　憲法院は，大統領の執務不能の認定を行う（憲法第7条4項・5項）。憲法院は，大統領選挙の適法性を監視する。すなわち，立候補の受理可能性を審査し，候補者リストを作成する（第58条1項）。

　憲法院は，レフェランダム（法律のレフェランダム（第11条），憲法改正レフェランダム（第89条），ヨーロッパ連合加盟承認レフェランダム（第88−5条））の適法性を監視し，結果を宣告する（第60条）。

---

*6)　Francis Hamon et Michel Troper, *Droit constitutionnel*, 36ᵉéd., L. G. D. J., 2015, p.739.

*7)　参照，第2部第7章第1節2(3)。

120 第2部 日本国憲法の比較憲法的考察

b 選挙訴訟機関

憲法院は，大統領選挙・レフェランダムの実施に関する異議申立を審査し，投票結果を公表する（第58条2項，第60条）。また，争いのある場合に，国民議会議員選挙および元老院議員選挙の適法性について決定する（第59条）。

c 違憲審査機関

憲法院は，法律・条約等の合憲性を審査する。ただし，法律・条約がレフェランダムにかけられた場合は審査の対象にならない。

審査には事前審査と事後審査がある。

事前審査には義務的なものと任意のものとがある。組織法律は審署の前に，憲法第11条のレフェランダムにかけられる法律案はレフェランダムの前に，両議院の議院規則は施行前に，憲法院に付託されなければならない（第61条1項）。付託を受けた憲法院は，1ヵ月以内にその合憲性を審査しなければならない。ただし，緊急の場合は，政府の請求に基づいて，8日以内に審査しなければならない（第61条3項）。この審査により違憲と判断された法律等は，審署も施行もされない（第62条1項）。

その他の事前審査は任意である。憲法第41条によれば，議員提出法案または修正案が命令事項を侵害していることまたは憲法第38条のオルドナンスへの[*8]委任に反していることが立法過程で明らかになった場合，政府または関係議院の議長は不受理をもって対抗することができ，両者の意見が不一致の場合，いずれかが憲法院に法案または修正案の合憲性について提訴することができる。その場合，憲法院は8日以内に規範制定権限の配分に関して裁決しなければならない。

憲法第54条によれば，批准前の条約の合憲性について，大統領または首相，国民議会議長，元老院議長，60人の国民議会議員，60人の元老院議員の提訴により，憲法院は審査する。もし，条約中に違憲の条項が含まれると憲法院が判断した場合，その批准のための国会審議は憲法改正後でなければできないことになる。

憲法第61条2項によれば，法律の合憲性について，審署の前に，大統領また

---

*8)　参照，第2部第1章第2節3(1)。

は首相，国民議会議長，元老院議長，60人の国民議会議員，60人の元老院議員の提訴により，憲法院は審査する。提訴を受けた憲法院は，1ヵ月以内に審査しなければならない。ただし，緊急の場合は，政府の請求に基づいて，8日以内に審査しなければならない（第61条3項）。この審査により違憲と判断された法律は，審署も施行もされない（第62条1項）。

　事後審査には，2種類がある。政府が，第5共和制発足後に制定された法律をデクレによって改正しようとする場合に，憲法院は，当該法律が憲法第34条の列挙する法律事項を所管するものなのかそれとも命令事項を所管するものなのかを審査する（憲法第37条2項[*9]）。

　2008年憲法改正により新設された憲法第61−1条によれば，裁判所において進行中の訴訟手続において，当事者から適用法条が憲法によって保障されている権利および自由を侵害しているとの抗弁がなされた場合，所定の期間内に意見を表明するコンセイユ＝デタまたは破棄院（司法裁判所の最高裁）からの移送を受けて，憲法院は当該法条の合憲性を審査する。これによって違憲と判断された条項は，違憲判決の公表のときから，または違憲判決の定めるその後の日から廃止される。憲法院は，違憲と判断した条項から生じた効力の再検討のための要件および範囲を定める（第62条2項）。憲法院の判決は，いかなる不服申立ても許さず，公権力，すべての行政機関・裁判機関を拘束する（第62条3項）。

(3)　憲法院の性格

　かつて，憲法院は，その組織構造・権限の面からみて，政治機関か裁判機関かということが論じられていた。憲法院を裁判機関というよりは政治機関とみる理由としては，第1に憲法院判事の任命方法が挙げられていた。憲法院判事は，政治部門によって任命され，法律家である必要もない。たしかに，法律家であることを要件としない点は，他のヨーロッパ諸国の憲法裁判所裁判官と異なる点である。第2に，2008年の憲法改正以前は，法律の違憲審査が，法律の審署前の段階で，政治部門による提訴によってしか行うことができなかいことが挙げられていた。第3に，1970年代前半まで，憲法院の役割がもっぱら「公権力の活動を調整する機関[*10]」であると考えられていたことが挙げられる。

---

*9)　参照，同前。

122　第2部　日本国憲法の比較憲法的考察

　第1の理由に関していえば，たしかに憲法院判事は，憲法上いわゆる政治任用が行われることになっており，これが立憲主義，法治国家の原則を人の支配＝政治的多数派の支配に歪めてしまう虞れは否定できない。しかし，憲法院判事がしばしば政治的に任命権者に近いとしても，判事は再任されないこと，任命権者の政治的カラーが異なることが起こりうること（連立政権の場合やいわゆるコアビタシオンの場合），憲法院判事には慎重義務が課せられていることから[*11]，憲法院の独立が一定程度保障されていることもたしかである。法曹資格要件がない点も，実際をみると，たしかに社会学者が任命されたケースもあるが，元裁判官，元弁護士，元法学教授が任命されたケースも多い。

　第2の理由に関していえば，提訴権者が大統領と両院議長に限られていた当初，憲法院が法の支配ならぬ人の支配＝多数派支配を保障する政治機関として機能していた感はたしかに拭えない。しかし，1974年10月29日の憲法第61条改正によって60人の国民議会議員または元老院議員による提訴が可能になったことで，そのような側面は緩和されることになった。この点は，2008年の憲法第61－1条新設によって，さらに大きく変わったといえる。ただし，事前審査の運用の仕方如何で新設された事後審査が骨抜きになる可能性はあり，実際そのような問題は生じている。

　第3の理由に関しては，違憲審査制の運用上，1970年代から顕著な変化がみられ，憲法院は，後述2のように客観的な憲法システム保障機関から人権保障機関へと変貌を遂げてきていることが指摘できる[*12]。

　憲法院の性格付けをめぐる議論では，そもそも政治機関・裁判機関の意味が

---

*10)　Décision n° 62-20 DC du 6 novembre 1962.参照，井口秀作「レフェレンダムによって承認された法律に対する違憲審査」フランス憲法判例研究会編『フランスの憲法判例』（信山社，2002年）383頁以下。

*11)　憲法院の義務に関する1959年11月13日デクレ59－1292号（Décret n° 59-1292 du 13 novembre 1959 sur les obligations du Conseil constitutionnel）は，「憲法院判事の職務の独立性および尊厳を侵しうること一切」を行わない義務（第1条）をはじめ，任期中は判決の対象となったまたはなりうる問題について公的な発言をしない義務，政党もしくは政治的集団の責任あるポストに就任しない義務など（第2条），さまざまな義務を課している。

*12)　違憲審査制の憲法保障機能と人権保障機能に関して，参照，樋口陽一・栗城壽夫『憲法と裁判』（法律文化社，1988年）171〜172頁。

明確にされていなかったようにもみえる。「政治」が立法や行政の方針の決定を意味するとし、「裁判」が違憲性や違法性をめぐる争訟の裁決を意味するとすれば、憲法院には、憲法第16条に定められるような政治的な諮問機関としての側面とその他の裁判機関的な側面とがあるといえる。あれかこれかと二択的に割り切ることはできないであろう。ハイブリッドな性格を有し、憲法改正や運用を通じて、裁判機関的な側面が強くなり、さらに公権力の活動調整機関ないし客観的憲法システム保障機関から人権保障機関へと主たる側面が変化してきたということができよう。

2 憲法院による違憲審査

　憲法院による違憲審査のありようも、歴史的に変化してきている。

　第5共和制憲法は、国会の立法権を拘束する行政国家型の憲法である。当初は、国会の立法が第34条の限定列挙する事項を超えて命令事項に及ばないようにコントロールすることが憲法院の主要任務と考えられていた。1960年代は、憲法上通常法律に関する憲法院への提訴権が、大統領・首相・両院議長の4人にしか与えられていなかった。しかも、当時は、大統領与党と国会多数派が一致していたため、憲法院に対する提訴は稀であった。その稀な提訴の主な案件が、法律事項と命令事項それぞれの領域の確定のような一部専門家の関心しか引かない技術的な問題に関するものであった[13]。その一方で、1961年、憲法院は、植民地アルジェリアの現地軍反乱の際の憲法第16条発動に関して、きわめて安易に大統領の思惑に応じる答申を行ったり[14]、1962年の大統領直接公選制を導入する憲法改正が憲法第89条の改正手続によらず憲法第11条のレフェランドムによって行われたことについては、憲法判断を行わなかったりと[15]、政治機関としての側面や裁判機関としては政治的な振る舞いが顕著であった。

　ところが、1971年、憲法院の違憲審査史上大きな転機が訪れる。この年の7月16日に出された憲法院判決は、アメリカの違憲審査制の出発点になった合

---

　*13)　参照、拙稿「法律事項と命令事項——憲法34条にいう基本原則とその適用」前掲『フランスの憲法判例』397頁以下。

　*14)　参照、第7章第1節2(3)。

　*15)　Cf. Décision n° 62-20 DC du 6 novembre 1962.

124 第2部 日本国憲法の比較憲法的考察

衆国連邦最高裁判所の1803年のマーベリー対マディソン（Marbury v. Madison）判決[*16]に匹敵する画期的なものである。1901年7月1日法によって保障されているアソシアシオン（association＝結社）の自由について，一定のアソシシオンに行政の事前許可制を適用して，これを制限する法律案が，元老院議長の訴えによって，憲法院の審査に付された。憲法院は次のように判断して，法律案を違憲とした。「共和国の諸法律によって承認され憲法前文によって厳粛に再確認された基本原則にアソシアシオンの自由の原則を数え入れることには理由がある。この原則はアソシアシオン契約に関する1901年7月1日法の一般条項の基礎にある。この原則に基づいて，アソシアシオンは自由に結成することができ，事前の届出を行えば公に認められる。かくして，特殊なカテゴリーのアソシアシオンに対してとられうる措置を除いて，アソシアシオンは，無効であるように見えまたは違法な目的をもつ場合にも，その結成の妥当性について，行政機関または司法機関の事前の介入に服さない[*17]」。

　この判決で注目されるのは，第5共和制憲法前文の憲法的価値を肯定している点である。第5共和制憲法は，もっぱら統治機構の組織と権限について規定する本文と簡単な前文からなっているので，はたして人権を侵害する法律を違憲と判断することができるのかが問題であった。第5共和制憲法は，前文で1789年人権宣言と第4共和制憲法前文に言及している。1789年人権宣言や第4共和制憲法前文の人権保障規定が違憲審査の基準になるか否かは，第5共和制憲法前文の法的性格の有無にかかっていたのである。

　1971年7月16日憲法院判決が注目されるもう1つの理由は，第4共和制憲法前文中で1789年人権宣言とともに「再確認」されている「共和国の諸法律によって承認された基本原則」が，違憲審査の基準とされた点にある。これによって，形式上は法律であるが実質上は憲法という新しい憲法カテゴリーが確認されたことになるのである。憲法院が保障し国会が尊重を義務づけられる規範の総体を憲法ブロック（bloc de constitutionnalité）といい，1789年人権宣言・第4共和制憲法前文・共和国の諸法律によって承認された基本原則がその構成要

---

*16)　参照，樋口範雄『アメリカ憲法』（弘文堂，2011年）19頁以下。

*17)　Décision n° 71-44 DC du 16 juillet 1971.参照，山元一「憲法院の人権保障機関へのメタモルフォーゼ──結社の自由判決」前掲『フランスの憲法判例』141頁以下。

素とされたのである。1971年7月16日憲法院判決は，アソシアシオン契約に
関する1901年7月1日法を共和国の諸法律の1つとし，1789年人権宣言には
明示されていないアソシアシオンの自由の実定法上の根拠をそこに見出し，同
法の基本原則に基づいて，提訴された法律案の一部条項を違憲と判断したので
ある。

　さらに憲法院は，1973年12月27日判決で[*18)]，1974年度予算法第62条が「1789
年人権宣言に含まれ，憲法前文によって厳粛に再確認された法の下の平等原則
を侵害する」として，1971年7月16日判決で憲法規範性が認められた1789年
人権宣言を直接適用して違憲判断を行った。憲法院が同宣言を基準にして違憲
審査を行ったのはこれが最初である。

　1971年と1973年の2件の判決によって，憲法院の違憲審査がいわゆる人権
問題も対象とすることが確認され，1974年の憲法改正によって提訴権が拡大
されたことによって，憲法院への提訴件数が格段に増加した。通常の法律の
違憲審査件数は，1959年から1974年までがトータルでわずか9件であった。
つまり平均して年1件にも満たなかった。その後，1975年から2012年の間，
年平均で約11件に達している。また，憲法院が審査する案件も多様化した。
1974年以降は妊娠中絶や暴力の抑止，企業内における労働者の権利，身分証明，
入国管理，プレスの自由，教育の自由などに関する法案が審査されるようにな
った。アメリカ合衆国最高裁判所やドイツ憲法裁判所と同様に，フランス憲法
院も社会の多くの問題の解決に資するようになった。

　2008年憲法改正により導入された第61－1条の制度（合憲性優先問題（Question
prioritaire de constitutionnalité）制度（QPC）という）は，憲法院の活動に顕著な変
化をもたらしている。QPC施行開始の2010年3月1日から2014年12月31日の5
年足らずの間に憲法院には456件のQPCが移送された。このうちには同一の法
律に関するものがあり，それらはまとめられたため，381件のQPC判決が出さ
れた。この数は，1959年以来憲法院が事前審査により下した判決総数の約55
％に相当する。これまでのところ，年平均件数でみると，QPCが事前審査よ

---

*18)　Décision n° 73-51 DC du 27 décembre 1973.参照，多田一路「平等原則と違憲審査—
　　—職権課税判決」前掲『フランスの憲法判例』105頁以下。

りも圧倒的に多いのは，2010年まで施行されている法律の多くが1974年の憲法改正以前に成立したものであるため憲法院の審査を免れていたり，あるいはさまざまな理由から国会議員が憲法院への提訴をしたがらなかったために憲法院の審査を免れていたからである。QPC施行開始によって，これまで手がつけられていなかった法律の違憲審査が一気に行われることになったのである。したがって，QPC審査件数は，審査が現行法律全体に行き渡るにつれ，今後減少するはずであるが，完全に尽きることはないであろう。事前審査によって合憲とされた法律の多くが，国会議員が提起しなかった争点を含んでいたり，職権で指摘されなかった争点を含んでいたり，また事情の変更によって新しいアングルから検証することが可能になったりして，憲法院によって不完全と判断されているからである。[*19)]

　以上のように，憲法院による違憲審査は，憲法院自身の活動と重要な憲法改正とによって，その目的ないし機能を憲法システム保障から人権保障へシフトしてきたということができよう。[*20)] もっとも，このような一般的な評価には若干の留保が必要であろう。1789年人権宣言と第4共和制憲法前文，さらに共和国の諸法律によって承認された基本原則をいわゆる憲法ブロックとすることによって，憲法院の違憲審査の対象が拡大されることになったのはたしかである。この憲法ブロックには，その後2005年の憲法前文改正によって「2004年の環境憲章において定められた権利と義務への愛着」が宣言されたことにより，同憲章も加わった。しかし，他方で，憲法院は，憲法上の権利の制限を正当化する「公序（ordre public）」をも憲法的価値を有するものとして，明文の根拠がな

---

*19)　Cf. Hamon et Troper, *op.cit.*, pp.773-774.

*20)　憲法システム保障機能にも変化のみられることが注目されよう。1982年7月30日判決（Déci-sion n° 82-143 DC du 30 juillet 1982）は，憲法第34条に列挙された法律事項以外の命令事項について定める法律をデクレで改正できるとする憲法第37条2項および命令事項について定める法律案を政府が受理しないことができるとする憲法第41条が，いずれも政府の裁量を認める手続規定であるとして，憲法は，法律中に含まれる命令的性質の規定を違憲とする意図はなく，それらの手続によって，法律に留保された事項と並んで政府に固有の命令事項を認めようとしたと解し，「立法府が命令事項に介入したことをもって，当該規定が憲法に違反すると主張することはできない」とした。これによって，立法を厳格に憲法第34条の枠に閉じ込める憲法システム保障機能は緩和されることになった。

いもかかわらず，憲法ブロックに組み入れている。憲法ブロックの範囲・内容は憲法院の解釈に委ねられているのである。また，QPCと事前審査制が併存している点もQPCの阻害要因になりうることが否めない。事前審査によって合憲判決が下ると，状況の変化が認められるまでの当分の間は，訴訟当事者が違憲の抗弁をしても，受理されないからである。1974年の憲法改正によって与えられた国会の少数派の抵抗の権利が，多数派によってQPC阻止の手段として利用されることも可能であり，実際，そのような例が生じているのである。

第3節　日仏違憲審査制の比較

1　違憲審査機関の性格

　日本の裁判所とフランス憲法院を，それぞれの憲法上の権限の面から比較すると，両者の違いは顕著である。日本の裁判所は，司法機関として，フランスの民事事件・刑事事件を扱う司法裁判所と行政裁判所とに相当し，付随的違憲審査権を備える点で，それらと異なる。フランス憲法院は，司法裁判所の最終審である破棄院と行政裁判所の最終審であるコンセイユ＝デタの上級審ではない。その点で，日本国憲法上認められていない特別裁判所に相当する。日本の裁判所とフランス憲法院は，ともに違憲審査権を有する点では類似性があるが，フランス憲法院はそれ以外の政治的権限をもつ点で，純粋な裁判機関ではなく，日本の裁判所と異なる。

　組織面でみると，具体的な任命手続が異なることはいうまでもないとしても，日本の最高裁判事もフランスの憲法院判事も任命が政治部門による点，必ずしも法曹ないし法律家から任命しなくてもよい点などは，類似性がある。その点からすると，フランスの憲法院が政治機関といわれることから翻って日本の最高裁の政治性にも注意が向けられる必要が指摘できよう。憲法院は，3者による任命が行われ，3年ごとに任命が行われることから，特定の党派色一色に染まらない可能性が日本に比べて大きく，また2008年の憲法第56条1項改正により任命手続に従来以上の緊張感が生まれることになったことと比較すると，日本の最高裁判事人事は，政治的多様性が生じにくく，また不透明であるといえる。

2 違憲審査制の歴史的展開と類型

憲法の最高規範性を担保する方法として政治部門とは別の独立機関（裁判所や憲法裁判所）による違憲審査の手続が論理必然的なものであるわけではない。

フランスにおいて，そのような違憲審査制は，1789年人権宣言第6条に由来する原則と衝突する。同条によれば，「法律は一般意思を表明する」。一般意思すなわち主権者国民の意思を，民主的正当性に欠けるないしその希薄な裁判所や憲法裁判所が，違憲無効とするような制度が許されないのは，国民主権・議会中心主義の当然の帰結といえる。この憲法思想は，19世紀を通じてフランスだけでなくヨーロッパの国々に存在し，権限ある議会による法律の表決以後はいかなる介入もしてはならないことを要請したのである。

一方，植民地時代にイギリス本国の国会の制定する法律に縛られた経験を有するアメリカ合衆国では，議会が王権に対する国民の抵抗の拠点となったヨーロッパ大陸諸国と違って，議会および政府から独立した裁判所による法の支配が重視された。国民に選挙される国会といえども憲法に従うことが要請され，法の支配を担う司法府が法律の憲法適合性の審査をも行うという，ヨーロッパ諸国にはない憲法思想がアメリカでは支配的であった。アメリカ合衆国憲法には裁判所に違憲審査権を授権する明文規定はないが，それは司法権に当然含まれるものとして，1803年のマーベリー対マディソン判決以来行使されているのである。

翻って，ヨーロッパの議会制が発達した国では，19世紀末，選挙権の拡大とともに議会内に多党化状況が生まれ，それが議会の権威を揺るがし始めた。そのような背景のもと，20世紀の初めには，アメリカの司法裁判所による違憲審査が多くの論者の注意を引き，違憲審査制の導入を推奨する声が一定の支持を集めるようになる。

そのような潮流のなかに位置する憲法学者ハンス＝ケルゼン（1881年－1973年）が起草にかかわった1920年成立のオーストリア憲法は，ヨーロッパで初めて憲法裁判所を導入した。ヨーロッパでは，その後，1937年にはアイルランドが，アングロサクソン法の国としてははじめて特別の憲法裁判所を設置した。

違憲審査制が世界的に拡大するのは，第2次世界大戦後である。ドイツのナチス独裁が選挙から生まれた衝撃は，民主主義，議会制を復権させるだけでな

く，それに対する独立機関によるチェックの必要性を痛感させることになる。戦後まもなく制定された日本国憲法は裁判所による違憲審査制を導入し，イタリア（1947年），ドイツ（1949年）の憲法は憲法裁判所を導入した。戦後も独裁体制が続いたポルトガル，スペインは，1976年，1978年にそれぞれ独裁体制から脱却して新憲法を制定し，憲法裁判所を設けた。

　フランスでは，1958年になってようやく本格的な違憲審査制が導入された。1985年8月23日判決[21]において，憲法院は，「表決された法律は，憲法を尊重するかぎりにおいて，一般意思を表明する」と述べた。今日のフランス憲法は，法律の最高性の絶対的承認から程遠い地平にあるということができる。

　1990年代は違憲審査制の膨張の時代となった。新しい憲法を採択したすべての国（旧ソ連，中欧）で，再生された民主主義の真の保障として，憲法裁判所が現れた。今日，現実は改善の余地がみられるにしても，違憲審査制が議会制と同様に疑う余地のない現象になっていることを認識しなければならない。

　以上のような違憲審査制の世界史的展開は，しばしば，2類型の違憲審査制の展開として概括される。すなわち，そこに，司法裁判所型と憲法裁判所型，分散型と集中型，前提問題型と主要問題型，付随的違憲審査型と抽象的違憲審査型，アメリカ型と大陸型等，ネーミングはさまざまであるが，類似の観点から2類型が見出され，それらの展開として世界的潮流が把握されるのである。このような認識は，あくまで概括としてであれば問題はないが，個別の違憲審査制を2類型のどちらかにカテゴライズすることには慎重さが求められよう。司法裁判所型・分散型・前提問題型・付随的違憲審査制型の原型とされるアメリカの違憲審査制にせよ，憲法裁判所型・集中型・主要問題型・抽象的違憲審査型の原型とされる1920年のオーストリア違憲審査制にせよ，それぞれ変化がみられる。また，同じ憲法裁判所でもオーストリアとイタリア，ドイツにはそれぞれ違いもある。運用上，2類型が合一化傾向を示していることの指摘も夙になされているところである[22]。

---

*21)　Décision n° 85-197 DC du 23 août 1985.

*22)　参照，マウロ゠カペレッティ『現代憲法裁判論』谷口安平・佐藤幸治訳（有斐閣，1974年）126〜127頁。

3 制度の差異と機能の類似性

　違憲審査制を厳密に2類型に分類するのは，今日，困難である。日本の違憲審査制が司法裁判所型・分散型・前提問題型・付随的違憲審査制型・アメリカ型に属するということはひとまず可能であろう。フランスのかつての違憲審査制は，憲法裁判所型・集中型・主要問題型・抽象的違憲審査型・大陸型に分類することが可能であった。しかし，2008年の憲法改正によって，これをもっぱら主要問題型・抽象的違憲審査型と規定することはできなくなっている。

　かくして，類型化それ自体の意味が問われざるをえなくなっている。類型化に固執するのではなく，従来の類型化の際の標識を用いて，個別の違憲審査制のトータルな形態規定を行うことが，それぞれの認識にとって有益ではないか。

　まず，司法裁判所型か憲法裁判所型か，あるいは集中型か分散型かという類型化において注目されるのは，違憲審査権の所在である。これが，違憲審査制の組織的側面の形態規定上，有益であることはいうまでもない。日本の現行の違憲審査制は，司法裁判所によって分散的に行われており，第5共和制フランスの違憲審査制は，憲法院という一種の憲法裁判所によって集中的に行われているといえる。

　次に，前提問題型か主要問題型か，あるいは付随的違憲審査制型か抽象的違憲審査制型かという類型化において注目されるのは，違憲審査の方法である。しかし，この類型化の標識とされるカテゴリーは必ずしも審査の性質そのものを表すものではない。抽象的違憲審査は，審査の内容ないし性質を表すといえそうであるが，それに対置されている付随的違憲審査は，単に法律上の争訟に付随する違憲審査であることをいうにすぎず，そうであるとすると，実は両者は対置されるべき関係にはないようにもみえる。付随的審査・抽象的審査とパラレルな前提問題・主要問題についても同様の指摘ができよう。

　そこで，違憲審査の内容や性質の形態規定としては，事前・事後，具体的・抽象的というカテゴリーを用いる方が適切であると思われる。

　事前・事後とは，違憲審査が行われるタイミングに着目した標識である。法律の施行時点を基準に，それ以前に行われのが事前違憲審査，以後に行われるのが事後違憲審査である。具体的・抽象的とは，審査方法に着目した標識である。適用法条の憲法適合性如何によって結論が左右される個別的な訴訟におい

て当該適用法条について行われるのが具体的違憲審査であり，個別の訴訟から独立して行われるのが抽象的違憲審査である。

　以上の標識を用いて，日本の現行違憲審査の形態規定を試みると，事後の具体的違憲審査とひとまずいうことができる。一方，フランスの現行違憲審査は，事前の抽象的違憲審査と事後の抽象的違憲審査ということができる。通説的見解の抽象的違憲審査制・付随的違憲審査制概念では，フランスの現行違憲審査制は把握できないことになる。

　また，両国の比較からは，具体的・抽象的の区別にも注意を要することが明らかになる。憲法院が行う事後の抽象的違憲審査は，個別の訴訟から移送された法律に対して行われるという意味で具体的な一面をもつといえる。もっとも，この点に注目するならば，法律審とされる日本の最高裁が行う違憲審査は，フランス憲法院の事後の抽象的審査と同じであるといえる。

　具体的・抽象的をあくまで上述の審査方法に着目した標識とするならば，それと区別される審査内容の形態規定を法令違憲・適用違憲という標識によって行うことが考えられよう。フランス憲法院が行う事前の抽象的違憲審査も事後の抽象的違憲審査も法律そのものの違憲性の審査すなわち法令違憲審査である。これに対して，日本の裁判所は，法令違憲審査・適用違憲審査ともに不可能ではないはずであるが，現実には，最高裁だけでなく，下級裁判所も法令違憲審査しか行っていない。

　したがって，日仏の違憲審査制は，外見上の違いは顕著であるが，実質的にはかなり類似点があるといえる。大きな相違点は，フランスでは事前の抽象的法令違憲審査が可能であるという点である。しかし，その審査の内容に着目すると，事前審査である以上当然，抽象的な審査ではあるが，法令審査にあたって問題の法律の具体的な適用場面を想定しないわけにはいかないであろう。そうであるとすると，この審査の抽象性も相対的なものであるということになる。

第6章 人権保障と立憲主義

序 説

　本章では，信教の自由と政教分離原則とを検討素材として，今日の日・仏の人権保障・立憲主義の具体的様相の一端をみる。

　近代国家＝社会形成のうえで宗教（または教会等宗教組織）からの社会の解放と宗教（または宗教組織）からの国家の解放とは不可欠の課題であった。それゆえ，国家＝社会の近代化を法的に総括する近代立憲主義的憲法は，信教の自由（良心の自由）と政教分離とをそれぞれ憲法上の権利，原則として保障することになるのである。

　近代社会＝国家は，市民革命と産業革命とによって世俗化が不可逆的に進むことになる[1]。人間の自然や社会に対する実践的無力感の表明としての宗教や典型的には王権神授説にみられるような国家装置や国家運営の宗教的イデオロギーによる正当化は，自然や社会に関する科学的認識・合理的思考の発展・普及とともに逓減する。

　しかしながら，人間が有限の存在であることは不変の真理であり，人の認識にはたえず限界が伴う。この客観的事実は，たとえ社会が発展したとしても，人間の苦悩＝実践的無力感の原因となり，宗教的感情の根拠となる。さらに近代社会＝資本主義社会の諸矛盾もまた宗教と宗教的感情のもう1つの根源となる[2]。

　こうして，近代以降の社会において宗教の社会的影響力は傾向的に低下しつつも，その存在理由がなくなることはない。ここに信教の自由保障の客観的必

---

[1]　参照，E.J.ホブズボーム『市民革命と産業革命――二重革命の時代――』安川悦子・水田洋訳（岩波書店，1968年）356頁以下。

[2]　参照，上野俊樹『経済学とイデオロギー――経済学史の方法をめぐって』（有斐閣，1982年）111頁以下。

第6章　人権保障と立憲主義　**133**

然性がある。宗教に存在理由があるかぎり，近代社会＝国家においても政教関係が問題化する蓋然性は常駐する。一方で宗教的感情を有する国民の政治参加が保障されていることにより，他方で宗教の幻想的な一面が政治支配や政策（とりわけ国民の生死を左右する軍事にかかわる政策）を合理的批判からかわして正当化・意味づけする道具として利用されやすいことにより，国家と宗教とは接近しやすい。ここに政教分離原則保障の客観的必然性がある。

　これらの自由権・原則の保障の有無と程度は，国家＝社会の近代的性格ないし立憲主義のバロメーター——もちろん唯一のバロメーターという訳ではない——ということができるのである。

第1節　日本国憲法の信教の自由と政教分離原則

1　信教の自由と政教分離原則

（1）　沿革

　日本国憲法第20条は，信教の自由といわゆる政教分離原則を保障する。政教分離原則はまた，第89条によっても財政的側面から保障されている。

　信教の自由は，「ヨーロッパの諸国民が教会及びこれと結合する国権の圧力に対抗して数世紀にわたる苦闘の結果獲得した近代精神の金字塔」であり，「自由権中の先駆的役割」[*3)]を果たしたものである。歴史的にそのような先駆的役割を果たした信教の自由は，論理的には精神的自由一般のなかに包含されるはずであるにもかかわらず，憲法上は，諸々の精神的自由と並んで保障されるのが通例である。そこには，信教の自由にかかわるそれぞれの国固有の事情が反映しているのである。日本国憲法の場合も，第19条・第21条があるにもかかわらず，第20条がある。そこには帝国憲法下における信教の自由の歴史が反映している。

　ポツダム宣言第10項が「日本政府は，国民の間における民主主義的傾向の復活強化に対する一切の障碍を除去すべし。言論，宗教及思想の自由並に基本的人権の尊重は，確立せらるべし」として，とくに宗教の自由の確立を民主化

---

*3)　法学協会『註解日本国憲法　上巻』（有斐閣，1953年）405頁。なお，旧字体は改めた。

134　第2部　日本国憲法の比較憲法的考察

政策の柱と位置づけていることが示すように，帝国憲法下において臣民の信仰，宗教的な活動は次のようにきわめて重大な制約を被っていた。

　第1に，帝国憲法第28条は，「日本臣民ハ安寧秩序ヲ妨ケス及臣民タルノ義務ニ背カサル限ニ於テ信教ノ自由ヲ有ス」と定める。この条文は，他の臣民の権利条項にもれなくみられる法律の留保への言及がない点において際立つが，そのことは信教の自由が法律に留保されない憲法上の権利であることを意味するわけではない。ひとたび安寧秩序を妨げるとされ，あるいは臣民の義務に反すると判断される場合には，法律の根拠がなくても，命令によってこれを取り締まることができるとされたのである。つまり，信教の自由は帝国憲法が保障する他の臣民の権利に比しても，保障の程度が低かったといえる。

　第2に，神社神道が国教扱いされていた。たしかに神社神道は法制上国教であるとはされていなかった。しかし，政府はそもそも神社神道は宗教ではないという建前を一貫してとっていた。1939年に制定された宗教団体法は，このような立場から，神社をその規律の範囲外に置いていた。この建前の下に，実際は国家が国政の一部として神道の祭祀を掌握し，天皇はその祭主たる地位にあるとされ，それが太古以来の不文憲法であって成文憲法によって変更されるものではないとの見解が一般に承認された。この事実上の政教一致は日本の国体であると観念されていた。この国家神道の存在によって信教の自由は著しく制限されていたのである。

　第3に，国家神道と何らかの関連があるとされる神道各派，特殊の歴史的地位をもつ仏教各宗が国家から特権的地位を与えられ，これが怪しまれることがなかった。神宮・神社は国家の公の施設とされ，神仏各派各宗の管長は勅任の待遇を受けるものとされた。このように特定宗教が宗教でないとして国家がこれを優遇することにより，帝国憲法上の信教の自由の保障が空文化していたのである。

　第4に，先に指摘したような問題を孕む帝国憲法第28条の下に制定された宗教団体法が宗教団体に対する監督規定を整備し，宗教行政の強化を図るものであったことはいうまでもない。

---

*4)　参照，美濃部達吉『逐條　憲法精義　全』（有斐閣，1927年）403頁。

第6章　人権保障と立憲主義　135

　国教的性格を与えられた神道＝国家神道が，絶対主義的天皇制の支柱となり，軍国主義・侵略戦争を正当化するイデオロギーと化したことは紛れもない事実であった。これは，「健全な民主主義と平和主義とは，完全な信教の自由を前提とすることを教える貴重な歴史的体験であった[5]」。

　ポツダム宣言を具体化する1945年12月15日の「国家神道，神社神道ニ対スル政府ノ保証，支援，保全，監督並ニ弘布ノ廃止ニ関スル件」（いわゆる神道指令）は，以上のような問題をふまえて，「国家指定ノ宗教乃至祭式ニ対スル信仰或ハ信仰告白ノ（直接的或ハ間接的）強制ヨリ日本国民ヲ解放スル」こと，「戦争犯罪，敗北，苦悩，困窮及ビ現在ノ悲惨ナル状態ヲ招来セル『イデオロギー』ニ対スル強制的財政援助ヨリ生ズル日本国民ノ経済的負担ヲ取リ除ク」こと，「神道ノ教理並ニ信仰ヲ歪曲シテ日本国民ヲ欺キ侵略戦争ヘ誘導スルタメニ意図サレタ軍国主義的並ニ過激ナル国家主義的宣伝ニ利用スルガ如キコトノ再ビ起ルコトヲ妨止スル」こと，「再教育ニ依ッテ国民生活ヲ更新シ永久ノ平和及民主主義ノ理想ニ基礎ヲ置ク新日本建設ヲ実現セシムル計画ニ対シテ日本国民ヲ援助スル」ことを目的として，多くの指令を発するものであった。これに基づく一連の措置により神道に与えられていた特殊な地位は剥奪され，神道は他の一般の宗教と同等に取り扱われることになったのである。

(2)　趣旨

　日本国憲法第20条および第89条は，神道指令に基づく諸措置とそれによって刷新ないし刷新されつつあった宗教的・イデオロギー的社会関係を確認・総括し，規範化するものである。信教の自由が国家による特定宗教の強制や禁止，優遇・冷遇を許さないことはいうまでもないにもかかわらず，屋上屋を重ねるように，第20条1項が宗教団体に対する特権の付与や宗教団体による政治上の権力行使を禁止し，同2項が宗教上の行為・祝典・儀式・行事の強制を禁止し，同3項が国家の宗教教育・宗教的活動を禁止し，第89条が宗教上の組織・団体への公金支出を禁止しているのは，帝国憲法下の政教一致と信教の自由の状態に対する具体的反省をあらわすものである。

　信教の自由が信仰の自由，宗教的活動の自由，宗教的結社の自由，信仰を理

---

*5)　法学協会・前掲書408頁。

136　第2部　日本国憲法の比較憲法的考察

由とする不利益取扱いの禁止等を意味することは，ここで特段論じるまでもない。

　政教分離原則が，上にみるように，第20条1項後段・同2項・同3項・第89条に詳細に規定される厳格な原則として，国家の堕落と宗教の堕落とを防止し，宗教的世界観に基づく非合理主義的な国家運営や政治を防止し，信教の自由を保障することを趣旨とするものであることも，少なくとも学説上は争いがないといってよい。

2　溶解する立憲主義としての政教分離原則

　政教分離原則が求める分離の意味について，学説の多数説が厳格分離と解するのに対して，判例は，周知のように相対分離と解し，その判断基準としていわゆる目的・効果基準を用いてきた。

　判例は，なぜ国家と宗教との一定のかかわりを容認すべきと考え，かかわりの可否を緩やかな基準によって判断するのか？　この点について，津地鎮祭訴訟最高裁判決は，次のように述べている。「宗教は，信仰という個人の内心的な事象としての側面を有するにとどまらず，同時に極めて多方面にわたる外部的な社会事象としての側面を伴うのが常であつて，この側面においては，教育，福祉，文化，民俗風習など広汎な場面で社会生活と接触することになり，そのことからくる当然の帰結として，国家が，社会生活に規制を加え，あるいは教育，福祉，文化などに関する助成，援助等の諸施策を実施するにあたつて，宗教とのかかわり合いを生ずることを免れえないこととなる。したがつて，現実の国家制度として，国家と宗教との完全な分離を実現することは，実際上不可能に近いものといわなければならない。更にまた，政教分離原則を完全に貫こうとすれば，かえつて社会生活の各方面に不合理な事態を生ずることを免れないのであつて，例えば，特定宗教と関係のある私立学校に対し一般の私立学校と同様な助成をしたり，文化財である神社，寺院の建築物や仏像等の維持保存のため国が宗教団体に補助金を支出したりすることも疑問とされるに至り，それが許されないということになれば，そこには，宗教との関係があることによる不利益な取扱い，すなわち宗教による差別が生ずることになりかねず，また例えば，刑務所等における教誨活動も，それがなんらかの宗教的色彩を帯びる

第6章 人権保障と立憲主義 **137**

限り一切許されないということになれば，かえつて受刑者の信教の自由は著しく制約される結果を招くことにもなりかねないのである。これらの点にかんがみると，政教分離規定の保障の対象となる国家と宗教との分離にもおのずから一定の限界があることを免れず，政教分離原則が現実の国家制度として具現される場合には，それぞれの国の社会的・文化的諸条件に照らし，国家は実際上宗教とある程度のかかわり合いをもたざるをえないことを前提としたうえで，そのかかわり合いが，信教の自由の保障の確保という制度の根本目的との関係で，いかなる場合にいかなる限度で許されないこととなるかが，問題とならざるをえないのである。右のような見地から考えると，わが憲法の前記政教分離規定の基礎となり，その解釈の指導原理となる政教分離原則は，国家が宗教的に中立であることを要求するものではあるが，国家が宗教とのかかわり合いをもつことを全く許さないとするものではなく，宗教とのかかわり合いをもたらす行為の目的及び効果にかんがみ，そのかかわり合いが右の諸条件に照らし相当とされる限度を超えるものと認められる場合にこれを許さないとするものであると解すべきである」[6]。また，愛媛玉串訴訟最高裁判決には，次のようにある。「国家が社会生活に規制を加え，あるいは教育，福祉，文化などに関する助成，援助等の諸施策を実施するに当たって，宗教とのかかわり合いを生ずることを免れることはできないから，現実の国家制度として，国家と宗教との完全な分離を実現することは，実際上不可能に近いものといわなければならない。さらにまた，政教分離原則を完全に貫こうとすれば，かえって社会生活の各方面に不合理な事態を生ずることを免れない。これらの点にかんがみると，政教分離規定の保障の対象となる国家と宗教との分離にもおのずから一定の限界があることを免れず，政教分離原則が現実の国家制度として具現される場合には，それぞれの国の社会的・文化的諸条件に照らし，国家は実際上宗教とある程度のかかわり合いを持たざるを得ないことを前提とした上で，そのかかわり合いが，信教の自由の保障の確保という制度の根本目的との関係で，いかなる場合にいかなる限度で許されないこととなるかが問題とならざるを得ないのである」[7]。

---

[6]　最大判1977・7・13民集31巻4号533頁。

[7]　最大判1997・4・2民集51巻4号1673頁。

138　第2部　日本国憲法の比較憲法的考察

　津地鎮祭訴訟最高裁判決は，私学助成や文化財保護，刑務所内での宗教家に
よる教誨活動を例に挙げて，完全な政教分離が「社会生活の各方面にもたらす
不合理な事態」があることを指摘している。例を挙げることなく，同様に論じ
ている愛媛玉串訴訟最高裁判決は，津地鎮祭訴訟最高裁判決をそのままふまえ
るものであるといえよう。

　このような判例の見解には，例証による論理のすり替えがあり，立憲主義と
は相容れない現実主義の立場が現れているといえる。まず，私学助成・文化財
保護・刑務所内での宗教家による教誨活動が政教分離原則の例外として容認さ
れるべきことについては学説上も争いがない。しかしそれは，これらの場合を
政教分離原則違反とすることが単に社会生活上の不合理な事態に当たるからで
はない。私学助成・文化財保護はそれ自体が宗教的な行為ではなく，さらに憲
法の社会国家理念・文化国家理念（第25条，第26条）の要請するところであり，
また判例も述べるように，政教分離原則を理由にこれらを行わないことは，か
えって宗教を理由とする差別に当たることになる。また刑務所内での宗教家に
よる教誨活動は，受刑者の信教の自由の保障のために容認しなければならない。
これまた，憲法上の要請である。ここで挙げられている例はいずれも憲法上根
拠のあるケースであるが，社会生活の各方面に不合理な事態をもたらすケース
とは，必ずしもそのようなケースに限られない。例証に用いられた3つケース
と市主催の地鎮祭とは憲法上の要請の有無という点において同列に論じること
ができないのである。ここに，例証の名による論理のすり替えがある。そもそ
も立憲的な憲法においては，憲法上の権利や原則の限界は，憲法そのもののな
かにしか求めることができないはずである。国家が，憲法上の根拠なく，憲法
上の権利を制約したり，憲法上の原則を制約することは立憲的な憲法解釈・運
用とはいえない。社会生活上の不合理を回避するために原則の例外を認めるの
は，憲法上の理念や価値に対して憲法上の価値や理念ではなく現実を対置する
単なる現実主義にすぎない。現実主義は，憲法規範と現実との調和を志向しな
がら，多様な現実の前に拝跪することによって，結局規範のレゾン＝デートル
を見失うことになる。この現実主義はいわゆる目的効果基準と社会通念の尊重
とによって，政教分離原則をいちじるしく緩和することになっているのである。

第2節　第5共和制憲法の信教の自由とライシテ原則

1　信教の自由とライシテ原則

(1)　法源・歴史

　現行のフランス第5共和制憲法においては，第1条がフランスが「ライク（laïque「非宗教的」などと訳すことが多い）な共和国」であると規定し，憲法の構成部分となっている1789年人権宣言第10条が宗教的な意見表明の自由を保障し，同じく憲法の構成部分となっている第4共和制憲法前文第1項が宗教による差別の禁止，第13項が「ライクな公教育の組織化」を国家の義務としている。さらに，1905年12月9日の政教分離法が良心の自由を保障し，ライシテ（laïcitéライクの名詞形）原則の具体的内容を明らかにしている。

　またヨーロッパ人権条約第9条は次のように定める。

　「1　すべての者は，思想および良心および宗教の自由についての権利を有する。この権利は，宗教または信念を変更する自由ならびに礼拝および教育および行事および儀式によって宗教または信念を個人的にまたは集団的におよび公的にまたは私的に表明する自由を含む。

　2　宗教または信念を表明する自由は，民主主義社会において，法律で定める制限であって公共の安全のためまたは公の秩序もしくは健康もしくは道徳のためまたは他者の権利および自由の保護のために必要な制約に服する」。

　1789年人権宣言第10条では，信教の自由が公序（l'ordre public）によって制約されることになっていたが，ヨーロッパ人権条約第9条では，内面の信仰とそれを表明する実践行為とが区別され，後者に限って制約が許されることになっている。ただし，制約の根拠として公共の安全や健康はともかく，なお公序や公の道徳という不確定概念が列挙されている点は問題として残っている。

　国家と宗教との関係は，ヨーロッパ史の重要な1章をなす。近代国家の形成は，宗教からの国家の解放と，そのうえでの権力の組織，儀式，公共道徳上の責任などに関する宗教的形態の取り戻し・世俗化によって，果たされた。

　フランスもまたその例に漏れなかった。とりわけ教育問題は国家と教会との間の争いの種であったが，この争いがけっして過去の問題ではないことは，フ

140 第 2 部　日本国憲法の比較憲法的考察

ランスで100万人が街に繰出す唯一の問題が教育問題であることに示されてい[*8]る。

　紛争の文脈のなかにおいては，信教の自由を確立することは非常に困難であった。「領土の属する人に宗教も属す（cujus regio ejus religio）」の原則が信仰の統一を長い間課していた。ルイ14世によるナントの勅令の廃止は，宗教的寛容の歩みがいかに遅かったかを示す一例である。

　ナントの勅令（Edit de Nantes）は。1598年 4 月13日，フランス西部のナントでアンリ 4 世が署名して公布された，プロテスタントの信徒に信仰の権利をみとめた法令である。ユグノー（カルバン派プロテスタント）だったアンリが，カトリックに改宗してフランス王となったのち，寛容にもとづく和平をはかって公布したもので，一般的な内容をもつ本文93ヵ条と，53ヵ条の秘密条項からなっている。

　本文では，プロテスタントの諸権利，すなわち，信仰の権利，王国内で宗教儀礼を執行する権利，学校への入学や病院への入院などの市民としての権利，官職・公職につく権利などが定められた。また，モントーバン，モンプリエ，スダン，ソミュールの大学がプロテスタントに開放され，宗教にかかわる係争については「合同法廷」がもうけられることになった。しかし，司教領・大司教領と王領，宮廷，パリとその周辺などでは儀礼執行が禁止され，カトリックの祭典の尊重，カトリック教会への十分の一税の支払いなどが義務づけられた。また，秘密条項の中では，南西フランスのプロテスタントの拠点で武装する権利などがみとめられた。

　ユグノー戦争（1562年〜1598年）中，すでに数次にわたって寛容を要請する勅令が出されていたが，ナントの勅令はこれらを集大成したものであり，また，フランス革命後に一般的に承認されるようになる個人の信教の自由の骨格を提示するものであったが，この勅令に記載されたすべてが実現されたわけではなかった。そして，政治的・軍事的内容をもつ条項は，ルイ13世の時代にリシュリューによって廃棄され，さらに，絶対王権の強化をはかるルイ14世は「一人の王，一つの法，一つの宗教」を実現する政策をとり，1685年のフォンテ

---

*8)　Cf. Patrick Wachsmann, *Libertés publiques*, 7e éd., Dalloz, 2013, p.706.

ンブローの勅令によって，ナントの勅令を廃止した。

このように紆余曲折はあったが，1516年のコンコルダ（concordat 政教条約）[9)]
により，カトリック教会は，事実上国教の地位を占め，戸籍・教育・福祉など
の公役務を担うことになった。ただし，その一方で，高位聖職者の実質的な指
名権は国王が握り，ローマ教皇は国王の指名に従って教会法上の任命を行う権
限のみを有した[10)]。革命まで続くアンシャンレジームの政教関係は，国家権力＝
王権優位の政教一致であったといえる。

1789年人権宣言第10条は「何人も，その表明が法律の確立した公序を乱さ
ないかぎり，たとえ宗教的意見であっても，自らの意見を理由として，脅かさ
れることはない」と定める。宗教的意見表明の自由は信教の自由の一内容とは
いえるが，1789年人権宣言は信教の自由そのものを保障している訳ではない。
「たとえ宗教的意見であっても」というためらいがちな文言が示唆するように，
革命期にも信教の自由の保障，政教関係の改革をめぐる伝統と革新の対抗が続
く。そのなかで，医療・教育・福祉を担ってきた修道会の廃止により，これら
の公役務が非宗教化したことは「ライシテへの歩みの大きな前進」[11)]であった。

1801年ナポレオン１世がローマ教皇ピウス７世と締結したコンコルダは，革
命期に生じたカトリックの分裂を修復し，国家とカトリック教会との対立を
解決するとともに19世紀フランスの「宗教的平和」[12)]を保障するものであった。
その主な内容は，カトリックをフランス国民の大多数の宗教とすること，礼拝
の自由の保障，政府による司教の任命と教皇によるそれに対する教会法上の効
力の付与，教会財産の国有化による教会財産の移転の教皇による承認，カトリ
ックの聖職者に対する俸給の政府保障等である[13)]。

[9)] ローマカトリック教会と国家とが結ぶ条約で，両者の関係や当該国家におけるカト
リックの地位について定める。一般に，コンコルダは，カトリックの聖職者の地位やカ
トリックの活動について定め，場合によっては，礼拝施設の財政や運営に国家が直接ま
たは間接に関与することについて定めることもあった。

[10)] 参照，小泉洋一『政教分離と宗教的自由──フランスのライシテ──』（法律文化社，
1988年）３頁以下。

[11)] 同前10頁。

[12)] 同前11頁。

[13)] 同前。

142　第 2 部　日本国憲法の比較憲法的考察

　19世紀フランスの国家形態・統治形態のめまぐるしい転変を通じ，1801年コンコルダ制度も転変しながら存続した。大きな転機を迎えるのが，1870年代末である。王党派が多数を占める議会とともに発足した第 3 共和制初期，コンコルダがカトリック教会に好意的に適用され，これが共和派による反教権主義運動を刺激した。1876年下院選挙で共和派が勝利し，1879年に大統領が王党派から共和派に交代するに及んで，コンコルダ制度の下で反教権主義が展開され，復興王制期以来行われてきたカトリック教会の教育への関与が，教育内容の非宗教化（1882年 3 月28日法），聖職者の公立学校からの排除（1886年10月30日法）によってなくされた。

　1789年革命後も続いていた信教の自由確立をめぐる攻防は，ようやく1905年12月 9 日に制定された「教会と国家の分離に関する法律」（loi du 9 décembre 1905 concernant la séparation des Eglises et de l'Etat 政教分離法）によって法制上の終止符が打たれることになる。

(2)　1905年政教分離法

　1905年政教分離法は，コンコルダ制度を終わらせ，良心の自由＝信教の自由とライシテ原則を確立した。

a　信教の自由

　政教分離法第 1 条は，「共和国は良心の自由を保障する。共和国は，公の秩序のため以下に定める制約のみを受ける礼拝の自由を保障する」と定め，1789年人権宣言と違って，いわば真正面から信教の自由を保障する。

b　ライシテ

　政教分離法第 2 条 1 項 1 段は，「共和国はいかなる礼拝もこれを公認せず，これに対して給与を支給せず，補助金を交付しない」として，教会と国家の分離の具体的帰結を示している。

　国家と宗教制度とを別々の実体とすることによって，この次元における公と私との干渉いっさいを避けることが意図された。すなわち，国家は，公益（interêt général）を保障するするものとして，教会との関係を寛容の空気のもとに置き，それぞれが他方の権利と関心事を尊重すべきであるということが意図されたのである。もっとも，これは必ずしも徹底されていない。すなわち，公法人の予算からの礼拝に関する支出は禁止されたが，第 2 条 2 項は次のように定めてい

るのである。「リセおよびコレージュおよび学校およびホスピスおよし老人ホームおよび刑務所のような公共施設における自由な礼拝を確保するための施設付司祭の役務に関する支出は，予算に計上することができる」。

礼拝施設は，国またはデパルトマンまたはコミューンの所有物であるが，法律に基づいて結成される礼拝アソシアシオンに無償の利用が認められている。カトリック教会がこのアソシアシオンの結成を拒否した場合，関連財産は公法人に戻ることになるが（1907年1月2日法），礼拝に用いられる施設およびそこに備わる動産はなお信者および礼拝の司祭の利用に供される。したがって，礼拝施設の内部秩序はすべて，責任ある聖職者に帰するのであり，この領域にコミューンは介入できないことになるというコンセイユ＝デタの判決がある[*14]。

さらに，公役務については，一定の職務に関して，聖職者の協力を確保することができるとされている[*15]。

c 礼拝の自由の限界

政教分離法は，礼拝警察を存続させている。第25条によれば，礼拝のための集会は，公の秩序のために当局の監督下に置かれる。コンセイユ＝デタは，一部の市長のファナティックな反教権主義を考慮して，当局の権限の限界を明らかにしなければならなかった。たとえば，コンセイユ＝デタは，聖職者が葬列に徒歩で参加することを禁止した市長の決定を取り消したことがある。それによると，「とくに葬儀に関して，立法者の意思は，明らかに次の点にあった。すなわち，地方の習慣と伝統をできるかぎり尊重し，その制約は秩序維持に厳密に必要な措置に限るということである[*16]」。行政裁判所は，公序を理由とする信教の自由侵害については，きわめて厳格な審査を行ってきた。

政教分離法第31条は，暴力や脅迫などによって，礼拝を強制したりやめさせる行為を処罰し，第32条は，礼拝所において騒擾によって，礼拝を妨害する行為を処罰する規定である。これらの規定は，私人による侵害に対する保護を含めて，国家が基本的自由の行使に確保すべき保障に対応するものである。

---

*14)　CE,20 juin 1913, Abbe Arnoud; CE, Sect.4 nov.1994, Abbe Chalumey.

*15)　たとえば刑務所が修道会員に監督を委ねたケースにつき，CE,27 juillet 2001, Syndicat national penitentiaire Force Ouvriere-Direction et autre.

*16)　CE,19 fevrier 1909, Abbe Olivier.

d　セクト

　政教分離法が伝統的な宗教に適用されることに異議はないが，セクトに関しては困難な問題がある。日本のオウムの犯罪行為はいうまでもなく，メディアは，しばしばセクトに子どもや近親者を捕られた家族の苦しみを伝えている。しかしながら，原則は明瞭である。政教分離法は，セクトも礼拝を行う以上，既存の宗教とセクトとの区別を認めない。

　行政のセクトに対する姿勢は，きわめて曖昧である。行政の姿勢は，セクトが真に制度化していないことによる警戒心から発しており，これに被害者の家族やメディアの流布する常軌を逸した行動への不安が伴っている。セクトに対して礼拝アソシアシオンの資格を認めないために，行政は，礼拝アソシアシオンの礼拝という排他的な目的がセクトに欠けていることを頻繁に指摘する。[*17]

　しかし，ヨーロッパ人権裁判所が，オーストリアがエホバの証人である母親を子どもの保護者と認めなかったことについて，人権条約8条（家族生活の尊重の権利）および14条（差別禁止）違反と判断した。[*18]このケースでは，輸血拒否が子どもの健康に危険が及ぶことが理由として挙げられていたにもかかわらずである。

　1997年10月24日の法廷意見（avis contentieux）において，コンセイユ＝デタは，礼拝アソシアシオンの資格要件を明らかにした。[*19]それによれば，礼拝を行うことを排他的な目的とすること（その他の活動は，礼拝と直接関係しかつ厳密に付随的な性格のものである場合にかぎり，右の目的に関する要請と両立する），公序を侵害することがある活動をいっさい行わないこと，この2点が要件である。

　このコンセイユ＝デタ意見は，明らかに従来の判例の延長線上にある。ただ，後者の点が明確になり，目的の排他性の要件が若干緩和されたといえる。そこ

---

*17)　CE,Ass., 1 fevrier 1985, Association chretieenne "Les Temoins de Jehovah de France". この判決は，単にアソシアシオンの活動目的を理由にしたのではなく，いくつかの活動の性質も理由にしている。すなわち，エホバの証人のアソシアシオンが，もっぱら礼拝を目的としていないこと——ただし，本件では，この点は非常に疑わしい——に加えて，兵役拒否や輸血拒否というその姿勢が問題にされているのである。

*18)　Hoffmann c/Autriche du 23 juin 1993.

*19)　Association locale pour le culte des temoins de Jehovah de Riom, RFDA,1998,p.61.

で問題は，エホバの証人の輸血拒否がアソシアシオンの責に帰すべき公序侵害を構成するかということになる。行政裁判官が行為の個人的性格にアクセントを置いたことからすると，答えは否となる。[*20] しかし，一般的な教義とその実践との区別がかなり表面的であるため，曖昧さはなお大きい。

セクトに対して，コンセイユ＝デタは，別の判決では，なお顕著なためらいを示している。さまざまなセクトへ人々の注意を引く出版に補助金を支出することにした大臣決定に反対する請願を退けるために，コンセイユ＝デタは，次のような決まり文句を用いた。「一般にセクトと呼ばれている組織の活動は，たとえなかには宗教目的を追求しているつもりのものがあるにしても，とくに若者に危険を及ぼすことに鑑みて」。[*21] もっとも，この姿勢は，不当に一般化されてはならないと考えられている。

1998年10月7日デクレは反セクト闘争省際委員会（mission interministrielle de lutte contre les sectes）を設置した。2001年6月12日法は，人権と基本的自由を侵害するセクト活動の事前および事後の規制を強化することを目的とするが，この法律は，セクトに対する敵対傾向を完璧にする。同法は，法的形態や目的を問わず，活動参加者を心理的または肉体的に服従させることを目的または効果とする活動を遂行するあらゆる法人について，当該法人またはその法的もしくは事実上の指導者に対する有罪判決が確定した場合，大審裁判所が当該法人を解散することができるとするものである。

2　反転する立憲主義としてのライシテ原則

政教分離法は，1905年の制定後さまざまな修正を受けて今日に至っているが，第1条・第2条は変更がない。この両条が示すように，ライシテ原則は公序を侵害しないかぎり「さまざまな宗教的傾向が公共空間に共存する可能性」[*22] を保障する公権力を拘束する自由主義的な原則として扱われてきた。ところが，1980年代の末から公立学校で頻発した事件が契機となって，ライシテ原則が

---

*20)　CE,24 avril 1992, Departemant du Doubs c/Epoux F., Rec.p.195. 輸血に関してエホバの証人の教義を信奉するカップルに対して養子縁組を目的とする証人を拒否したケース。

*21)　CE,17 fevrier 1992, Eglise de scientologie de Paris, AJDA 1992, p.460.

*22)　Conseil d'Etat, *Rapport public 2004*, La documentation Française, 2004, p.276.

146　第2部　日本国憲法の比較憲法的考察

変容してきている。

(1)　歴史的・社会的背景

a　フランスにおけるムスリムのプレザンス

よく知られているように，フランスはアメリカ合衆国と並ぶ移民国家である。その歴史は長く，具体的な相貌は時代によって異なる。今日フランスが直面している移民問題は，実は歴史の浅い問題である。この場合の移民とは，中東や北アフリカからフランスへ職を求めてやって来た人々やそれに続くフランスで生まれた世代の人々のことで，多くはムスリムであり，またフランス国籍保持者である。今日のフランスの移民問題とは，一方の側から言えばこのような人々が受ける人種差別という問題である。

1944年の解放後まもなくフランスは長期の経済成長期に入り，多くの移民を受け入れてきた。その間北アフリカからの移民はコンスタントに増加していたが，移民の多くはスペイン・ポルトガル・イタリア出身者であった。移民に占めるヨーロッパ出身者とアフリカ出身者の比率を比べると，1962年，前者が78.7％，後者が14.9％である。その後，ヨーロッパ出身者は徐々に減り，逆にアフリカ出身者は漸増するが，数字が逆転するのは2006年（ヨーロッパ約174万人＝34.5％，アフリカ約178万人＝35.4％）である。出身国別でみると，1999年にようやくアルジェリアがポルトガルと同率（13.3％）で首位になっている。移民2世以降の世代は統計上移民に含まれないので，それも含む北アフリカにルーツのある移民のプレザンスは，以上の数字よりも大きいとみなければならず，1980年代から顕著になっているといえる。[23]

アルジェリア，チュニジア，モロッコなどマグレブと総称される北アフリカや中東出身の移民の多くは，ムスリムである。1980年代以降，フランスにおけるムスリムの人口はプロテスタントを凌いで，カトリックに次ぐようになる。イスラム教はフランス第2の宗教となるのである。1970年，ムスリムは約100万人であったが，1980年以降，約500万人を数える。フランス全土でモスクや礼拝場が1970年には約20ヵ所にすぎなかったが，1980年には250カ所，2008年

---

[23]　詳細なデータは，参照，拙稿「公共空間におけるマイノリティの自由──いわゆるブルカ禁止法をめぐって──」関西大学法学論集60巻6号25～26頁。

には2000カ所にも上っている。[24]

1973年「栄光の30年」と呼ばれるフランスの経済成長が終わり，深刻な失業問題が生じる。この問題は，移民にとって，フランス＝アイデンティティを受入れることと引き換えに約束されていた社会的上昇が見込めなくなったことを意味する。1970年代後半からのフランスの移民統合メカニズムの機能低下は，移民のムスリムとしての覚醒を促進した。[25]

b パワー＝エリートとメディアによるイスラモフォビーの捏造と拡散

プレザンスを増し，疎外され覚醒したムスリムが特に非行や犯罪ましてやテロに走る高い傾向にあるという指摘はなかった。むしろ「大部分のムスリムは，フランス社会と共和国の価値にきわめてよく統合されており，フランスの他の階層の人々と同様にほとんど宗教に関心がない」[26]という指摘もあるほどである。それにもかかわらず1980年代末以来，移民＝ムスリムはフランス国内で居場所がないよそ者でかつあるいはまたフランスの民主的な原則やフランス人の生活の枠組を脅かすとみられるようになる。これがイスラモフォビーであるが，この現象はフランス社会に古くから根強く存在する人種的偏見だけでは説明できない。

フランスのムスリムにとっての逆風は，まず国外から吹いてきた。1979年のイラン革命は，イスラム教が反西欧的であるという認識を西欧社会に植え付けることになる。[27]次いで80年代に入り，国内で極右政党の国民戦線が，移民の存在に失業率悪化の原因があると宣伝して一定の支持を受ける。

しかし，こうした国外からの影響や国内の当時まだマージナルであった政治動向は，イスラモフォビーがフランス社会を覆うことになる決定的な契機ではなかった。ムスリムは，出身や社会的地位，宗教的慣行の諸点で明らかに多様であり，多くが各自の生活する社会の慣習を尊重しているにもかかわらず，イ

---

*24) Cf. *L'Etat de la France 2009-2010*, La Découverte, 2009, p.113.

*25) 参照，内藤正典「スカーフ論争とは何か」内藤正典・阪口正二郎編著『神の法VS.人の法——スカーフ論争からみる西欧とイスラームの断層』（日本評論社，2007年）5頁。

*26) *L'Etat de la France 2009-2010*, p.113.

*27) 参照，アリック＝G＝ハーグリーヴス『現代フランス——移民からみた世界』（明石書店，1997年）5頁（日本語版への序文）。

スラモフォビーは，彼ら・彼女らを自覚的で政治的なビジョンをもつ統一的な集団とみなす。この点で事実に反するイスラモフォビーは，ムスリムの慣行に接した非ムスリムが自然に抱く感情ではなく，国家のイデオロギー装置とメディアによって作られ，普及されたイデオロギー（虚偽意識）である。

　現実を正確に反映しない非科学的な虚偽意識としてのイデオロギーは，支配層によって創り出され普及されるとき，一定の通用力を獲得する。フランスにおけるイスラモフォビーの制覇に関して，とくに注目されるのが1987年のフランス国籍改革委員会（Commission sur la réforme de la nationalité française）報告書である。それは，イスラム教が「非ムスリム社会の風俗習慣や内国法秩序，価値と矛盾することがある[*28]」と述べ，公的な文書として初めてイスラム教を問題視したものである。以後，政治・行政，メディアのエリートが競い合うようにイスラム教に対するネガティヴキャンペーンを展開することになる[*29]。

　イスラモフォビーは，さまざまな「事件」を通じて，上から下へ，つまりエリートから非エリートへ伝播する。そのような最初の事件が，1989年クレイユで起きたイスラム＝スカーフ事件である。それ以来，極端に誇張されたムスリムの慣行に関する議論の流れと共にイスラモフォビーが広まり，大衆化し，強まっている[*30]。今日のフランスの移民問題は，移民＝ムスリムが引き起こす社会統合の機能不全ではなく，イスラモフォビーというイデオロギーが創り出す人種差別問題である。2015年11月13日のパリ・サンドニ同時多発テロ事件後にインターネット上に公表されたISの犯行声明なるものにいう「フランスにおけるイスラムとの闘い」とは，イスラモフォビーによって促進された公共空間からのムスリム排除を指しているのである。

(2)　イスラム＝スカーフ事件――教育のライシテと生徒の宗教的信念の表現

　公教育のライシテ原則と公教育の場における宗教的信念の表明との両立可能

---

*28)　*Être français aujourd'hui et demain Rapport remis au Premier ministre par Marceau LONG président de la commission de la Nationalité, t.2*, La documentation Française, 1987, p.48.

*29)　Cf. Abdellali Hajjat et Marwan Mohammed, *Islamophobie, comment les élites françaises fabriquent le《problème musulman》*, La Découverte, 2013.

*30)　Cf. Constantin Languille, *La possibilité du cosmopolitisme: Burqa, droits de l'homme et vivre-ensemble*, Gallimard, 2015, pp.28-29.

性という問題を最も鋭く提起したのは，イスラム教徒の生徒が学校でフラー（foullardスカーフの一種）を着用した問題である。この論議の引き金となったのは，1989年，クレイユのコレージュ（中学校）の校長が授業中にフラーをはずすことを拒否した3人の女子学生を教室に入れなかったことである。その当然の結果として議論が起こり，メディアがこれを伝えた。この議論にはさまざまな意見，感情が凝縮している。一方には，イスラム原理主義を恐れる感情や学校に統合機能を残しておこうとする意図，両性の平等を保護したいという願望があり，他方に，宗教の自由の要求や文化的アイデンティティの尊重，伝統への愛着がある。付け加えなければならないことは，陰で進行するラシスムは宗教的な徴表よりもそれを身に着ける者の肌の色を責める者に息を吹き込むことがあるということである。

　事件の影響は，憲法意識にも現れた。それは，「フラーを着用して登校することが信教の自由によって保障されるのか，それともライシテ原則に反して許されないのか」という，イスラム＝スカーフ事件をめぐる憲法上の中心的な争点そのものに現れていた。この点をめぐって，いわば寛容なライシテと戦闘的なライシテという2つのライシテ概念の対立がみられるようになったのである。すなわち，前者は，何らかの宗教に対していかなる優遇も行うことを拒否しつつ他者を害しないかぎり宗教的信条の表明を許すが，後者は，宗教も文化的独自性も特別扱いしない共通価値を学校が継承することを前面に押し出すのである。

　コンセイユ＝デタは，1989年11月27日答申で寛容なライシテ観念を明確に支持した。[*31] 1789年人権宣言第10条や1958年憲法第2条（現在第1条），国際条約，1989年教育基本法（loi d'orientation sur l'education du 10 juillet 1989）・1905年法・1959年ドブレ法といった憲法的諸規定により「ライシテ原則は，必然的にあらゆる信条の尊重を意味する」とし，生徒が宗教的帰属を表明する徴表を公立学校施設内で着用することは，原則として合法であるとしたのである。

　ただし，答申は，宗教的信条を表明する自由の限界を明らかにしようとしている。この自由の行使は，「多元主義と他者の自由の尊重のもとに教育活動お

---

　*31)　Avis rendus par l'assemblée générale du Conseil d'Etat no.346.893 séance du 27 novembre 1989.

150 第2部 日本国憲法の比較憲法的考察

よび教育内容および勤勉義務を侵害しないかぎりでなされなければならない」。
原則としての寛容は，「宗教的帰属を示す印——本質によって，または集団的
もしくは集団的に着用する状況によって，または見せびらかしもしくは権利
主張という性質によって，圧力または挑発または熱心な勧誘またはPRとなり，
生徒または教育共同体の他のメンバーの尊厳と自由を侵害することになり，ま
た彼らの健康や安全を侵害し，教育活動の展開と教師の教育的役割を混乱させ，
施設内の秩序と公役務の通常の機能を混乱させるであろう宗教的な徴表——を
見せびらかすことを許さない」。

　制限事項のリストは，危険なくらい広汎にみえる。たとえば，熱心な勧誘の
意味は，明確に定義する必要がある。ムスリムのフラーがそれ自体見せびらか
しに当たるとされる可能性も指摘された。もっとも，答申は，権限ある者とく
に懲戒権をもつ機関に答申の定める規範を適用する責任を課すことによって，
自由を原則とし，自由の侵害には詳細な正当化を要求していた。この問題につ
いてまもなく出された諸判決が，これを確認することになった。たとえば，宗
教的または政治的または哲学的なはっきりと識別できる徴表を着用することを
禁止する校則が，宗教的信条を表現する自由を尊重しない過度に一般的な禁止
に当たるとして取り消された[32]。また，生徒が頭を隠して教室や食堂に入ること
を認めないと定める校則が同様に取り消されたことがある[33]。そのような規定に
違反したというだけの理由でなされた懲戒処分が取り消されている[34]。フラー着
用が性質上ライシテ原則と両立しないとして，フラーをはずさなければ授業に
出ることを許さないとした学校当局が法的な過誤を犯したときわめて明瞭に判
断したケースがある[35]。

　もっとも，裁判官は，事件のあらゆる状況に注意を向けている。紛争の引き
金となった出来事だけでなく，紛争の広がりや関係家族の態度まで考慮してい
るのである。たとえば，1995年3月10日の判決において，裁判官は，「フラー[36]

---

*32) CE, 2 novembre 1992, M.Kherouda.

*33) CE,14 mars 1994, Mlles Yilmaz.

*34) Kherouda判決。

*35) CE, 20 mai 1996, Ministre de l'Education nationale c/Ali.

*36) M. et Mme Aoukili, AJDA 1995, p.332.

の着用が物理の授業の進行と両立しない」としたうえで，物理の授業中にフラーをはずすことを拒否した2人の女子生徒の退学を認めた。この件では，さらに2人の女子学生の拒否が学校生活に混乱を引き起こし，混乱が「父親の参加した校門でのデモによって深刻化した」ことも指摘されている。

判例は，きわめて明白に合法と違法の限界を示している。生徒の自由の主張の正しさを認め，共和国の学校の原則と妥協しない。1994年9月20日の国民教育大臣通達により，バイユーは，学校長に対して，一定の生徒を学校の共同生活のルールから切り離すような徽表の着用を禁止する条項を校則に入れるよう勧告した。コンセイユ＝デタは，通達が規範的性格をまったくもたないとして，この試みを中立化した。

このような状況において，学校内で生徒が自らの信仰を表明する権利の制限は，例外的な場合にしか認められない。ムスリムのフラー問題に関する判例は，生徒のアイデンティティを尊重し学校にいることによって与えられる統合のチャンスに門戸を開いておく寛容な解決を優先させてきたといえる。

(3) **2004年教育法典改正**

一方，学校長や教師は，1989年のコンセイユ＝デタ答申に不満をもっていた。「これみよがし」や「公の秩序の混乱」の有無を校長が判断しなければならず，それが現場の迷いや混乱を招くことになっていたからである。

1989年から1995年の時期は，一連のフラー事件が続いた。その後問題は，少なくともメディアの次元では減った。ところが，2003年から2004年にかけて下火になっていたイスラム＝スカーフ問題が再燃する。2003年2月，リヨン郊外のリセにおいて，ムスリムの女子学生がバンダナをはずすことを拒否して，教師が抗議行動を起こしたことがメディアで大きく報じられた。さらに，同年4月，内務大臣サルコジが，フランス＝イスラム組織連合（Union des Organisations Islamiques de France）の大会で，身分証明書写真は，フラーをはずして撮らなければならないと発言したことが，1989年のコンセイユ＝デタ答申の見直しとフラー禁止の法制化に向かう動きに大きな弾みをつけることになった。

2004年3月15日法は，「ライシテの原則を適用して，公立の学校およびコレージュおよびリセにおいて宗教的帰属を明らかにする徽表または衣服を着用することを規制する」法律である。同法は，教育法典改正法である。同法第1条

は，教育法典第141−5−1条を新設し，公立学校で宗教的帰属をこれみよがし
に（ostensiblement）示すしるしや衣服を着用することを禁止した。法文上，こ
れはあらゆる宗教的なしるしを禁じるものであるが，一般にこれは「ヴェール
法（la loi sur le voile）」と呼ばれることになった。

　学校内でフラーを着用する生徒は（法文上は，たとえば大きな十字架を身につけ
ても「これみよがし」の着用になるであろうが，現実味のない話である），それをはず
すように勧告され，これを拒否した場合は数週間の対話期間の後に退学処分に
なる。

　この法律は，寛容なライシテ原則を斥けて，宗教も文化的独自性も特別扱い
しない共通価値を学校が継承することを優先する戦闘的ライシテを採り，さら
にライシテを公立学校という公共空間を支配する原則とすることによって，国
家を拘束する原則からその場にいる私人をも拘束する原則に転換したのであ
る。

　法律によって，1つの立憲主義的な原則がいわば反転し私人を拘束する原則
に変わったのである。

(4)　ブルキニ禁止決定事件

　1月7日のシャルリーエブド銃撃事件に始まり，11月13日のパリ・サンドニ
同時多発テロ事件に終わる暗く血塗られた年として記憶されることになった
2015年に続いて，2016年もフランスにとって，緊急状態下にありながら血生
臭いテロ事件の続く忌まわしい年になった。

　2016年1月7日，ISの旗を所持した男がパリ18区の警察を襲撃して銃殺さ
れる事件が発生した。6月13日，パリ郊外で幹部級の警察官が，ISの影響を受
けたと思われるホームグロウン＝テロリストによってパートナーの女性ととも
に自宅で殺害された。7月14日ニースにおいて，同じくISの影響を受けたと覚
しきホームグロウン＝テロリストがトラックでプロムナードデザングレに突入
し，花火見物の客84人が死亡，100人以上が負傷する大惨事となった。7月26
日には，ルーアン近郊のサンテチエンヌデュルヴレのカトリック教会に，IS戦
士とみなされる刃物で武装した2人の男が押し入り，立てこもる事件が発生し，
人質となった司祭が殺害され，信者1人が重体に陥った。

　2015年11月13日の事件直後に，オランド大統領はテロとの戦争を宣言し，

フランス全土に緊急状態を宣言した。それにもかかわらずテロが相次いでいることは，ISへの空爆や緊急状態宣言下の国内の監視・取り締まり体制の強化が，テロの抑止・防止に役立っていないことを意味するともいえる。緊急状態の宣言は，イスラム過激派の立場からみれば，西欧流人権尊重主義（droitdelhommisme）の敗北宣言と解され，テロの成果となる。緊急状態の延長を繰り返すフランスは，さらなるテロを招く悪循環に陥っているようにみえた。

　ニースの事件後，オランド大統領は，その直前に表明していた緊急状態宣言解除の方針を撤回し，3ヵ月延長することを提案した。それが，野党共和党などから「再発防止にならない」と批判されたことを受けて，政府は6ヵ月の延長を提案し，7月21日延長法案が成立した[37]。緊急状態法（Loi n° 55-385 du 3 avril 1955 relative à l'état d'urgence）によれば，「公の秩序に対する重大な侵害の結果生じる急迫の危機の場合」などに閣議決定で緊急状態が宣言されると，発令地域の知事に住民や滞在者の往来の自由や居住の自由を制限する権限が与えられ，また内務大臣や知事に対して令状なしで家宅捜索する権限が与えられるほか，混乱を惹起または継続するような集会を禁止する権限が与えられるなど，憲法の効力が一定程度停止することになっていた。

　対テロ抑止効果が疑わしい一方で，重大な人権侵害の多発する恐れが懸念される緊急状態法の発動には，ただちに多くの人権団体等が異議申立を行った。2015年12月17日，約100の団体が「我々は屈服しない」というアピールを表明した後，「緊急状態から出る[38]」という声明文を発表した。その中では，テロとは縁のない人に対する「緊急状態からの真の逸脱」，「自由に対する大規模な攻撃」が告発されている。それによれば，緊急状態下においてデモはもはや権利ではなく，デモ・集会の禁止が多くの逮捕，警察留置，居所指定等を招くことになっている。昼夜を問わない家宅捜索の権限が知事に与えられたことによっ

---

[37] Loi n° 2016-987 du 21 juillet 2016 prorogeant l'application de la loi n° 55-385 du 3 avril 1955 relative à l'état d'urgence et portant mesures de renforcement de la lutte antiterroriste, JORF n° 0169 du 22 juillet 2016. なお，同法は，家宅捜索の際にパソコンや情報端末に入っている情報の取得を容易にする等の緊急状態法の「改正」を行うほか，外国籍のテロ犯罪者の国外追放を可能にする刑法改正等を行っている。

[38] Sortir de l'état d'urgence. 原文は，多くのウェブサイトでみられる。

154　第2部　日本国憲法の比較憲法的考察

て，2600件を超える不当な立入が住居，モスク，商店に対してしばしば暴力的に，テロの調査がいっさいなされないままに行われた。デモの場にいただけで，あるいはあれやこれやの人を知っていただけで危険人物とみなされ，居所指定されている。

　2016年2月に発表されたアムネスティー報告[39]も，イスラム過激派等との関係を示す明確な証拠がないにもかかわらず家宅捜索されるケースが多く，3242件の家宅捜索のなかで，テロ関係の犯罪捜査に結びついたのはわずか21件にすぎなかったという報道を紹介するほか，アムネスティー自身の調査によっても，家宅捜索によって強いストレス，トラウマを抱えたり，周囲からの白眼視に悩まされたり，居所指定を受けたことが原因で失業したりしている事実が明らかになったことを伝える。

　緊急状態法の発動は効果が疑わしく，その危険性を理由に解除を求める注目すべき主張があるにもかかわらず，再三延長されてきたのは，フランス社会が単にテロの恐怖に囚われているからでなく，アムネスティー報告の伝える「イスラム教徒というだけで家宅捜索」を受ける件が示唆するように，イスラモフォビーに囚われているからである。

　以上のような重い背景の下に事件は起きた。2016年夏，イスラモフォビーがエスカレートする緊急状態下で，いわゆるブルキニを着用する女性が海水浴場で他の海水浴客から非難されるトラブルが発生したのがきっかけとなって，フランスの約30の市長が実質的に海水浴場でのブルキニ着用を禁止する決定を行った。ここで検討するヴィルヌーヴ＝ルーベ（Villeneuve-Loubet）市長2016年8月5日2016－42号決定（以下，本件決定）第4.3条は，「本市の海岸のあらゆ区域で，良俗およびライシテ原則を尊重しならびに衛生規則および公の海岸に適合的な水浴の安全規則を尊重する妥当な衣服を着用しない者はすべて，6月15日～9月15日（当日を含む）まで水浴場へのアクセスを禁じられる。右の原則に反する意味を有する衣服を水浴中に着用することは，本市の海岸において一切禁じられる」と定めていた。良俗・ライシテ原則・公衆衛生・海水浴の安

---

*39)　アムネスティー2016年2月8日国際事務局発表ニュース「行き過ぎた非常事態措置で数百人にトラウマ」http://www.amnesty.or.jp/news/2016/0208_5846.html

全が禁止の理由として挙げられているだけであるが、これが宗教的帰属をこれみよがしに表明する衣服の着用を禁止する狙いのものであり、ブルキニ以外に規制の対象となるものが考えられなかったことは、衆目の一致するところであり、法廷での審理で明らかになったところでもある。

問題のブルキニとは、ムスリム女性向けブティック経営者（オーストラリア人女性）が、ムスリム女性向けに考案した顔面を除く全身を隠すウェットスーツのような水着で、その名称は「ブルカ」と「ビキニ」とを組み合わせて作られたものである。これは、考案者によると、「信仰と豪州のライフスタイルが両立する服」をつくる意図から生み出されたもので、宗教を誇示するものではなく「女性を解放するもの」と考えられている。購入者の半分以上は非ムスリムで、日焼け予防や体型を隠すというのが購入の動機であるという。[*40]

考案者にとってはムスリムの女性を解放し、着用する女性にとっては日焼けを心配せずあるいは体型を隠して安心して海水浴ができるのがブルキニの効用である。一部のムスリムの女性にとっては、イスラムの一定の解釈に従って体型を隠しながら海水浴を楽しむことを可能にするブルキニは、自らの信仰に忠実であることと社会における自己解放とを両立させる効用を有する。いずれにしても、ブルキニは、着用する人自身の宗教的信条を殊更アピールするものではない。それにもかかわらず実質的にもっぱらブルキニを規制対象にする市長決定が各地でなされたのは、テロの脅威のもと増幅されたイスラモフォビーによるところが大きいことはたしかであろう。

本件決定に対しては、人権連盟（Ligue des droits de l'homme）等がその執行猶予を求めてニース行政裁判所に急速審理（référé）の申立てを行った。争点は多岐にわたる。[*41]本件決定は文言上ブルキニを挙げているわけではないが、これが執行されればブルキニが禁止されることは必至と考える申立人の主張に応答し

---

*40)　参照、「ブルキニは女性を解放、非イスラム女性も購入」朝日新聞2016年9月2日夕刊。

*41)　詳細は、参照、拙稿「フランスの公共空間における信教の自由──ヴィルヌーヴ＝ルーベ市長反ブルキニ決定をてがかりに──」関西大学法学論集66巻5・6号。また、参照、中島宏「フランスにおけるブルカ・スカーフ・ブルキニ規制に関する一考察」阪口正二郎・江島晶子・只野雅人・今野健一編『浦田一郎先生古稀記念　憲法の思想と発展』（信山社、2017年）

156　第2部　日本国憲法の比較憲法的考察

て，裁判所は，本件事情においてヴィルヌーヴ＝ルーベ市海岸での「ブルキニ」の着用が宗教的信条の適切な表現に当たるか否かを判断する必要があると考えた。

この点に関し，ニース行政裁判所は，ブルキニが問題となるコンテクストを重視した。すなわち，同裁判所によれば，2016年7月26日のサンテチエンヌ＝デュルヴレの教会でのカトリックの司祭の殺害がとくに示しているように，ライシテ原則の一構成要素である宗教の共存は，フランス社会の本質的価値および両性の平等原則とは両立しない宗教の過激な実践を褒めそやすイスラム原理主義によって強く反対されている。このコンテクストにおいて，宗教的原理主義に属すると解釈されるおそれのある宗教的確信をこれみよがしに表示するために海岸で衣服を着用することは，一方で，海岸利用者の宗教的信条または不信心を侵害する性質を有するだけでなく，人によっては，疑念として感じられ，あるいは2016年7月14日ニースでのテロ事件，直接キリスト教を狙った7月26日の事件を含むフランスでのイスラム教徒の一連の攻撃のあとで人々が感じている緊張を悪化させる挑発であると感じられる。また，海岸での問題の衣服の着用はアイデンティティの要求の表現であるとも受け止められるかもしれないが，ブルキニは，民主主義社会における女性の地位と合わない女性の消去そして女性の地位低下の表現として分析されうる。さらに，裁判所は，ライシテ原則を援用して，「ライクな国家においては，海岸は礼拝の場に仕立て上げられるにはふさわしくなく，逆に宗教的に中立な場であり続けなければならない」と説示する。以上から，ヴィルヌーヴ＝ルーベ市海岸でのブルキニの着用は，宗教的信条の適切な表現とみなすことができないと裁判所は判断するのである。

ニース行政裁判所は，ライシテ原則が，ヴィルヌーヴ＝ルーベ市海岸という公共空間を支配する原則として，その場の宗教的中立性を何人も侵害することはできないと判断したのである。

人権連盟等は，コンセイユ＝デタに対して，ニース行政裁判所2016年8月22日決定の取消などを請求した。コンセイユ＝デタは，「公序侵害の明らかなおそれ」の存否を問題にする判断枠組に基づいて，「水浴を目的として一定の人たちが選択した衣服から，ヴィルヌーヴ＝ルーベ市の海岸において，公序を乱

すおそれが生じるという結論は，審理から導き出されない」ので，「テロ攻撃とりわけ去る 7 月14日ニースのテロ攻撃から生じている動揺や不安も，本件禁止措置を法的に正当化するには不十分である」とし，「本件決定は，往来の自由および信教の自由，個人的自由という基本的自由を重大かつ明白に違法に侵害している」と結論づけ，人権連盟等申立人の請求を認容して，2016年 8 月22日ニース行政裁判所急速審理裁判官決定を取り消し，ヴィルヌーヴ＝ルーベ市2016年 8 月 5 日決定4.3条の執行猶予を命じた。

コンセイユ＝デタは，本件決定がライシテ原則に反する衣服（水着）を海岸で着用することを禁じている点を問題とせず，ブルキニの公序侵害のおそれの存否のみを検討したことになる。コンセイユ＝デタは，ニース行政裁判所と違って，ライシテ原則を私人まで拘束する公共空間（市の海岸）の場の原則とする立場を斥けた訳である。

第 3 節　日仏政教分離原則比較

1　信教の自由と政教分離原則

信教の自由と政教分離原則との関係について，日本の最高裁判例は，「元来，政教分離規定は，いわゆる制度的保障の規定であつて，信教の自由そのものを直接保障するものではなく，国家と宗教との分離を制度として保障することにより，間接的に信教の自由の保障を確保しようとするものである」（津地鎮祭訴訟最高裁判決）としている。日本国憲法第20条 3 項等の政教分離規定を権利保障規定ではなく制度的保障規定とし，政教分離により与えられる信教の自由保障は，制度の反射にすぎないとされているのである。

これに対して，フランスのコンセイユ＝デタは，ライシテ原則を信教の自由保障と直結するものとしてとらえている。

2　政教関係をめぐり動揺する立憲主義

立憲主義のバロメーターとして政教分離原則，ライシテ原則をみる。

日本の法原理部門においては，政教分離原則がきわめて緩和され，国家に対するその拘束力が削がれているといわざるをえないであろう。

158　第2部　日本国憲法の比較憲法的考察

　これに対して，フランスのコンセイユ=デタは，ライシテ原則を自由主義的な厳格な原則として堅持している。ただし，フランスの政治部門には，教育法典の改正のケースやブルキニ規制のケースにみられるように，ライシテ原則を国家を拘束する原則から公共空間を支配する原則すなわち公序として捉えなおす見解が浸透している。立憲主義としてのライシテ原則が国民を拘束する原則に転換し，国家が宗教的抑圧を行うことを許容している点において，立憲主義・ライシテ原則が緩和されているのである。

159

第7章　憲法保障

序　説

　憲法保障という概念は，広い意味では，憲法が守られることを確保すること
あるいはその方法を指す。その意味では，国民主権，権力分立，法の支配など
の諸原理ないし制度も憲法保障の機能を担うといってよいであろうが，本章で
はそれよりは狭い意味で，憲法秩序が破壊されたり破壊の危機に瀕したりする
アブノーマルな状態からノーマルな憲法秩序に復帰するための制度や方法を
指して憲法保障という。そのような意味での憲法保障の方法としては，国家緊
急権制度と抵抗権が挙げられてきた。一般的に，国家緊急権とは，「戦争・内乱・
恐慌・大規模な自然災害など，平時の統治機構をもっては対処できない非常事
態において，国家の存立を維持するために，国家権力が，立憲的な憲法秩序を
一時停止して非常措置をとる権限[1]」のことをいう。同じく一般に，抵抗権とは，
「国家権力が人間の尊厳を侵す重大な不法を行った場合に，国民が自らの権利・
自由を守り人間の尊厳を確保するため，他に合法的な救済手段が不可能となっ
たとき，実定法上の義務を拒否する抵抗行為[2]」を行う権利のことをいう。本章
では，以上のような意味の国家緊急権および抵抗権について，日本国憲法とフ
ランス第5共和制憲法のそれぞれの規範構造と相互の比較を通じて考察する。

第1節　国家緊急権

1　日本国憲法における国家緊急権

　日本国憲法の明文上，国家緊急権制度は設けられていない。このことの意味

---

*1)　芦部信喜『憲法〔第6版〕』376頁。

*2)　同前375頁。

160　第2部　日本国憲法の比較憲法的考察

をめぐる解釈学説を概観し，制憲過程の論議を振り返ってみる。

(1)　解釈学説

　一般的にはそもそも明文規定の存否自体が解釈によって左右されることもありえるが，日本国憲法と帝国憲法，あるいは後にみるフランス第5共和制憲法とを比較すれば，日本国憲法に緊急事態条項がないことには争う余地がない。このように日本国憲法が国家緊急権に関して沈黙していることをめぐる解釈学説には，欠缺説・容認説・否定説がある。

a　欠缺説

　欠缺説は，国家緊急権に関する憲法の沈黙を欠缺と解する。超憲法的な英米型のマーシャル＝ローを認められないものとし，憲法改正の必要を主張するものである。もっとも，この説のなかでも，あるべき国家緊急権をめぐっては見解が分かれている。国家緊急権が，①緊急権の要件および効果が憲法または法律で定められていること，②緊急権の発動の決定権が議会に留保されていること，③緊急権の終期が発動の際に明定されること，④緊急権の効力が必要最小限の範囲内であること，⑤緊急権の行使についての責任を追及する制度が設けられていること，という条件を満たさなければならないとする見解がある一方で，フランス第5共和制憲法第16条の大統領非常権限のような包括的授権型の国家緊急権をモデルと考える見解もある。

b　容認説

　容認説は，国家緊急権に関する憲法の沈黙が不文の国家緊急権の否定を意味するものではないと解し，明文がない以上，憲法のために不文の法理として国家緊急権を肯定せざるをえないと解釈する。

c　否定説

　以上の2説に対して否定説は，憲法に先立つ国家それ自体に内在する権限は存在しないとするのが立憲主義の意味であると解し，さらに日本国憲法が最も中心的かつ典型的な緊急事態である戦争を放棄し，その手段である戦力の保持を否認していることから，国家緊急権に関する憲法の沈黙を否定と解釈する。ただし，否定説のなかには，国民の憲法意識が成熟すれば憲法改正による国家緊急権の制度化も考えうるとする見解もある。この点は，憲法改正の限界の問題となる。

3説のうち憲法を改正するまでもなく国家緊急権は行使できるとする容認説は，不文の法理を根拠とする。しかし，この場合の不文の法理はおよそ自明のものとはいえない。国家緊急権について定める条文が憲法にない以上，たとえ明文の禁則はないにしても，そのような権限は行使できないと解釈しなければならない。そう解釈しなければ，授権規範としての憲法の存在理由がなくなる。容認説は，立憲的意味の憲法の立憲主義的解釈というにはほど遠い。

欠缺説は，憲法改正によって憲法によるコントロールが可能な国家緊急権の創設の必要を主張する。しかし，国家緊急権の本質的な危険性を帳消しに出来るような立憲的なコントロールの可能性には重大な疑問が残る。

国家緊急権は，平時の憲法秩序に復帰することを窮極の目的としつつ当面国家の存立維持を目的として発動されるきわめて危険な権限である。その危険を「最小限に抑えるような法制化はきわめて困難[*3]」と考えられ，否定説，それも国家緊急権の制度化に懐疑的な説が有力である。

(2) 制憲過程における国家緊急権論議

日本国憲法制定当時，国家緊急権の必要性についてどのように考えられていたのかをみることにする。

1946年7月2日，「何故緊急勅令や財政上の緊急処分と云うような規定を持たないか」という北浦圭太郎（自由党）の質問に対して，吉田内閣の憲法担当国務大臣を務めていた金森徳次郎(1886年－1959年)は，次のように答弁している。

「緊急勅令その他に付きましては，緊急勅令及び財政上の緊急処分は，行政当局に取りましては実に調法なものであります。併しながら調法と云う裏面に於きましては，国民の意思を或る期間有力に無視しうる制度であると云うことが言えるのであります。だから便利を尊ぶか或は民主政治の根本の原則を尊重するか，斯う云う分かれ目になるのであります」，「けれども我々過去何十年の日本のこの立憲政治の経験に徴しまして，間髪を待てないと云う程の急務はないのでありまして，そういう場合には何等か臨機応変の措置をとることが出来ます[*4]」。

---

*3) 芦部『憲法〔第6版〕』377頁。

*4) 清水伸編著『逐条日本国憲法審議録　第三巻』（有斐閣，1962年）411〜412頁。

162　第2部　日本国憲法の比較憲法的考察

　また，1946年11月3日まさに日本国憲法が公布されたその日に内閣が発行した解説書にも以上と同旨の次のような記述がある。

　「明治憲法においては，緊急勅令，緊急財政処分，また，いわゆる非常大権制度等緊急の場合に処する途が広く開けていたのである。これ等の制度は行政当局者にとってはきわめて便利に出来ており，それだけ，濫用され易く，議会及び国民の意思を無視して国政が行われる危険が多分にあった。すなわち，法律案として議会に提出すれば否決されると予想された場合に，緊急勅令として，政府の独断で事を運ぶような事例も，しばしば見受けられたのである」，「新憲法はあくまでも民主政治の本義に徹し，国会中心主義の建前から，臨時の必要が起れば必ずその都度国会の臨時会を召集し，又は参議院の緊急集会を求めて，立憲的に，万事を措置するの方針をとっているのである[*5]」。

　以上にみられるように，ここでは，国家緊急権が，政権担当者にとって都合のよい，逆に国民にとってはきわめて危険な道具であることが指摘されている。金森徳治郎のいう「過去何十年」の出来事には，15年戦争（1931年〜），世界恐慌（1929年），金融恐慌（1927年），関東大震災（1923年）がある。大規模自然災害も含めて国家緊急権が一般に想定する緊急事態を念頭に置いたうえで，あくまで「民主政治の本義」に徹して国家緊急権をしりぞけ，国会中心主義的・立憲的に対応することが国民本位の事態の解決を可能にすると考えられているのである。日本国憲法に国家緊急権条項がないことは，このような考えによって裏付けられている。けっして，それは「書き忘れ」＝欠缺ではなく，「わざわざ書くまでもなく当然の権限」＝容認という意味でもない。

　以上のような制憲過程の論議に関して，これが占領下の論議であることを根拠に無視しようとする見解がある[*6]。これは，押しつけ憲法論の一種である。

　およそ押しつけ憲法論そのものが成り立たないことはすでに述べたところである（第2部第1章）。さらに緊急事態条項がないことについては，それを押し

──────────

*5)　『新憲法の解説』43頁。旧字体，旧仮名遣いは新字体，新仮名遣いに改めた。

*6)　2016年2月4日衆議院予算委員会で，金森徳次郎の答弁に関して，これが「まだ日本が占領下にあるときの大臣の発言」であることを根拠に「今の時代にふさわしいかどうか」，「そのときから思考停止してはならないのではないか」と安倍晋三首相は述べた（第190回国会衆議院予算委員会議録第7号15頁）。

第7章 憲法保障 163

つけによると非難することが明白に事実に反する。

さまざまな緊急事態を想定していた金森徳治郎のいう「臨機応変の措置」とは，臨時会の召集（憲法53条）や参議院の緊急集会（憲法54条2項但書・3項），委任命令（憲法73条6号但書）のことである。この参議院の緊急集会と委任命令は，内閣のエマージェンシー・パワーによって処理すればよいという考えを示したGHQに対して，日本側から提案され，容れられたものである。このことは，半世紀以上まえの政府の憲法調査会においてすでに明らかにされている。すなわち，1959年10月8日に開かれた憲法調査会憲法制定の経過に関する小委員会第28回において，法制局第1部長として憲法制定に関わった佐藤達夫が次のような証言をしているのである。例外規定の必要性をめぐる議論のなかでGHQが「エマージェンシー・パワーで処理すればよいだろうということを言い出した」，「そこでこれに対しては，憲法を作るときから，憲法外の権力の発動を想定して書くなんて，これは明治憲法以上じゃないかというようなことを言った，ことを覚えています。すべての場合，憲法の枠の中で処置するような形を整えておかないと，将来おそろしいことになる。というようなことをだいぶこっちもやったんです」[*7]。

このように，日本国憲法に緊急事態条項がないのは，けっしてGHQの押しつけではない。

2 フランス第5共和制憲法における国家緊急権

(1) 合囲状態（état de siège）制度

合囲状態とは，もともとは，敵に包囲された状態を指す概念であった。そのような固有の意味の合囲状態については，1791年の法律によって定められたが，これはまもなく現実に敵に包囲されていることを要件としない擬制的合囲状態または政治的合囲状態と称されるより広い概念にとって代わられる。

合囲状態において，軍当局は，昼夜の別なく家宅捜索する権限，合囲状態が宣言された地域から前科者および住居を持たない者を追放する権限，武器・弾

---

*7) 1959年10月8日憲法制定の経過に関する小委員会第28回会議録19頁（佐藤達夫参考人発言）。

薬の放棄を命じる権限，混乱を惹き起こすと判断される集会や出版を禁止する権限を有する。これらは，平時の文民当局には与えられていない権限である。

さらに，合囲状態においては，公序や治安などに関する犯罪について，軍事裁判権が非軍人にも及ぶことになる。

合囲状態は，平時には文民当局がもつ秩序維持権限を軍当局に移管し，さらに文民当局にない権限を与える点において，文民当局の権限を拡大するにとどまる緊急状態と異なり，憲法上の権限配分を変更しない点において，緊急状態と異なるところはなく，非常事態とは異なる。

以上のような合囲状態の意味や法的効果は，19世紀につくられ現在も通用している諸々の法律によって定められている。1958年に制定された現行の第5共和制憲法第36条は，次のように規定されている。

第36条　　合囲状態は閣議により定められる。
合囲状態の12日を越える継続は，国会のみがこれを承認することができる。

法律は，防衛法典第2部第1編第2章以下に整備されている。L2121−1条は，次のように定める。

L2121−1条　　合囲状態は，対外戦争または武装反乱の結果生じる差し迫った危機の場合に限り，閣議決定されたデクレによって宣言される。
合囲状態を宣言するデクレはそれが適用される地域を指定し，適用期間を決定する。

1958年以前は，議会が会期中の場合，法律のみが合囲状態を宣言でき，議会が閉会中の場合には，大統領が閣議を経たデクレ（命令）によって宣言するが，この場合，2日以内に議会が開かれることになっていた。したがって，第5共和制憲法第36条は，合囲状態の宣言手続上の議会の権限を剥奪したわけである。ここには第3共和制以来の伝統的な議会中心主義からの方向転換がみられる。

合囲状態を宣言する大統領の命令は，統治行為とされている。合囲状態下でとられた措置については，行政裁判所による裁判が認められているが，コンセイユ＝デタは，第1次・第2次両大戦時に，国防上の利益を理由として，合囲状態に関連する法律上明示的に認められていない人権規制を合法とし，警察権

の拡大を認めるきわめて危険な法理を展開した。

第5共和制下，合囲状態の宣言はいまだに行われたことがない。2015年11月13日のパリ・サンドニ同時多発テロ事件の直後，オランド大統領が「テロとの戦争」を宣言したが，合囲状態の宣言は行わなかった。きわめて重大な危機においては憲法第16条の発動が考えられ，そうでない場合には緊急状態法の発動が考えられる。その一方で，伝統的な戦争が過去のものとなり，第35条1項の発動が想定されなくなっているため，結局，憲法第36条は，もはや古臭い，最も使いようのないものとみられ，今後も発動される見込みはないと考えられるに至っている。

(2) 緊急状態（état d'urgence）法

a 緊急状態

緊急状態という概念は，「緊急状態を制度化しアルジェリアにおけるその適用を宣言する1955年4月3日法律55-385号」によって，フランス法に導入された。同法は，名称にみられるように，第4共和制末期のアルジェリア危機の産物であるが，それを越える広い射程をもち，その後幾度も改正されて，今日も「緊急状態に関する1955年4月3日法律55-385号」という名称（以下，緊急状態法）で効力を有している。

緊急状態とは，「公の秩序に対する重大な侵害の結果生じる急迫の危機の場合」または「性質上および程度の重大性により公の災害という性格を有する事件の場合」に宣言され（緊急状態法第1条），当該期間中，行政警察権が拡大され，平時には許されない自由の制限が合法化される事態である。前者の場合は，戦時を想定する合囲状態を宣言することが不能と判断されたアルジェリア危機への対応を目的として定式化されたものであるが，ここでいう公の秩序（公序）の意味，その重大な侵害の意味がただちに問題となる。いずれも過度の広範性が疑われる。第2の場合は，洪水や地震，爆発のような災害を想定している。

緊急状態概念が曖昧さを多分に残すだけに，その認定の主体と手続がいっそう重要な問題となる。もともと緊急状態法は，第4共和制憲法の議会中心主義に従って，緊急状態の宣言を法律の排他的所管事項としていたが，この点は1960年に大きく変更された。現行法上，緊急状態は，閣議を経たデクレによって宣言され，これによって緊急状態の地域が指定される。さらに，この緊急

状態地域内で緊急状態の適用されるゾーンが，首相が単独で制定するデクレによって定められる。議会の関与が認められるのは，緊急状態が12日を越えて延長される場合に限られる。

　したがって，曖昧な緊急状態の認定は，政府の裁量に委ねられていることになる。これに対する裁判や議会による統制は，理論上可能であるにしても，政治的現実の前にはかすんでしまいがちであるといえる。

　b　緊急状態宣言の効果

　緊急状態が宣言され適用される場合の効果についてみる。緊急状態が宣言されると，たとえば，宣言された地域にあるデパルトマンの知事は，①命令によって定められた場所および時間における人や車両の通行禁止，②人の滞在が規制される保護ゾーンまたは安全ゾーンの命令による設定，③方法のいかんを問わず公権力の活動を妨げようとする者に対してデパルトマンの一部または全域における滞在を禁止することができる。

　また，緊急状態を宣言する命令または緊急状態を延長する法律は，内務大臣または知事に，①安全および公の秩序に対する脅威となる活動を行う者が通うと考えられる重大な理由がある場合に昼夜の別なくあらゆる場所を令状なしで家宅捜索する権限，②家宅捜索の現場にある情報システムや情報端末内のデータやそれらのシステムや端末からアクセスできるデータにアクセスする権限を与えることができる。

　緊急状態が適用される場合，行政警察権はさらに拡大される。内務大臣は緊急状態が宣言された地域において，およびデパルトマン知事はデパルトマンにおいて，デクレによって指定された緊急状態の適用されるゾーン内におけるスペクタクル場および飲料提供店，あらゆる種類の集会場の一時的閉鎖を命じることができる。また，混乱を惹起または継続するような性質の集会を全面的または個別的に禁止することもできる。内務大臣は，緊急状態の適用されるゾーン内の居住者で，緊急状態の宣言された地域の公の秩序と安全に対して危険であることが明らかなふるまいを行う者の居所を指定することができる。

　1955年〜1963年の間，アルジェリア問題への対応のため，緊急状態法は，第5共和制憲法第16条と交代しながらあるいは組み合わされながら，発動された。そこにおいて，緊急状態法は，政府の主張とは反対に，市民にとって合囲

状態制度よりもはるかに抑圧的な制度になっていた。なかには，最も明瞭な規定であるはずにもかかわらず，公然と侵害されたものもあった。たとえば，強制収容所は，緊急状態法上禁止されているが，設置されたこともあった。また，緊急状態下では，文民当局の権限が拡大されるにとどまるはずであるにもかかわらず，軍当局への権限の委任が文民行政当局によって行われたこともあった。

c 憲法上の根拠

ところで，そもそも緊急状態に関しては，第5共和制憲法上明文の定めがない。これは，全くド゠ゴールの思惑による。憲法第36条の合囲状態の宣言は閣議を経たデクレによるが，宣戦布告の承認は国会が行うことになっている（憲法第35条）。これと同様の国会の介入を嫌ったド゠ゴールは，意図して憲法に緊急状態条項を入れなかったのである[*8]。

それにしても，明文がないため，同憲法によって黙示的に緊急状態法が廃止されたのではないかという疑問があった。立憲的解釈を行おうとするかぎり，これはむしろ当然の疑問ともいえたが，この疑問は，1985年ニューカレドニアに緊急状態が宣言された際，憲法院によって退けられた。同年1月12日に宣言された緊急状態を延長する1985年1月25日のニューカレドニアにおける緊急状態に関する法律に関する憲法院判決は，「憲法は第36条において明示的に合囲状態に言及しているが，そうであるからといって，立法府が（……）自由の要請と公序の保護とを調和させるため緊急状態の体制を定める可能性を，憲法が排除したわけではない」，「1958年10月4日憲法は，（……）緊急状態に関する1955年4月3日法を廃止する効果を持たない」と判断したのである。

d 発動例

こうして第5共和制憲法解釈上の疑義がクリアされたことになっていた緊急状態法は，法文上自然災害時の発動も想定されているにもかかわらず，フランスで時折起きる大規模な洪水や山火事の際に発動されることはなかった。今日，大規模自然災害に関しては，後述の判例上の例外状態理論と1987年に制定された「市民の安全の組織および森林防火および大規模な危険の予防に関する法

---

*8) Cf. Anne-marie Le Pourhiet, État d'urgence : une révision constitutionnelle parfaitement inutile, *Marianne. fr*, févr. 2016.

律」，1996年に制定された「火災および救助役務に関する法律」がある。このため，今後も災害時に緊急状態法が発動されることはないといってよい。

結局，これまでのところ，緊急状態法は，8回発動されている。即ち，1955年4月3日〜12月1日（アルジェリア戦争），1958年5月17日〜6月1日（アルジェリア現地軍・コロン反乱），1961年4月23日〜1962年10月25日（アルジェリア将軍反乱），1985年1月12日〜6月30日（ニューカレドニア暴動），1986年10月29日（ウォリス=フツナ紛争），1987年10月24日〜11月5日（フランス領ポリネシア=ウインワード諸島紛争），2005年11月9日〜2006年1月4日（2005年秋の郊外暴動），そして2015年11月14日〜2017年11月1日（パリ・サンドニ同時多発テロ事件），以上に際して緊急状態法が発動されている。

これまでに発動されたケースはいずれも社会的矛盾が暴力行使という形態をとって発現した事件といえる。このような場合，一般論として，暴力行使は犯罪として取り締まらなければならない。しかし，暴力的形態によって歪曲されたり不明瞭になりがちな政治的問題やさらにその根底にある社会的・経済的な問題を見逃すわけにはゆかない。これらの問題が治安対策や刑事司法によって解決できるものでないことはいうまでもない。社会的矛盾は，政治的・平和的・民主的な方法で粘り強く解決・解消を模索していくしかない。

フランスで緊急状態が宣言された8件は，いずれも大なり小なり過去の植民地支配とかかわりがあり，近年の2件は植民地支配とかかわるいわゆる移民問題・人種差別，さらにそれを暴発させる契機となった1970年代以来の構造的な経済・失業問題が絡み合った事件である。それらの問題が実質的に放置されたままでの緊急状態法の発動は，暴力行使とは無関係だった人々までを憎悪の連鎖に巻き込む悪循環を拡大再生産してきたということができよう。

　　e　緊急状態法の憲法化の試みと挫折

2015年11月13日のテロ事件直後に緊急状態法が発動され，11月20日に緊急状態が100日間延長された。その際，同法には，内務大臣や知事の令状なしに家宅捜査する権限や家宅捜査現場の情報システムや端末などのデータにアクセスしたりそれをコピーする権限の新設などの改正がなされた。

さらにその後，同法を憲法に組み込む憲法改正が政府によって試みられた。改憲案は，次のような憲法第36-1条を創設するものである。

第7章　憲法保障　169

　　第36－1条　　緊急状態は，公の秩序に対する重大な侵害の結果生じる急迫の危機
の場合または性質上および程度の重大性により公の災害という性格を有する事件の場
合に，閣議を経て共和国の全土または一部に宣言される。
　　前項の危機を予防しまたは前項の事件に対処することを目的として文民機関が行う
ことのできる行政警察処分は法律がこれを定める。
　　12日を超える緊急状態の延長は法律によってのみ承認される。この法律は延長期間
を定める。

　政府は，この憲法改正の理由として，緊急状態法の発動の要件が法律によっ
て緩和されるおそれを挙げ，同法を憲法化することによってそのような危険を
回避するという，一見立憲的な歯止めを強化するかのような説明をした。しか
し，第1に，改憲案にいう第36－1条は，僅かな条項からなる手続条項にすぎ
ず，具体的な規定は法律に委ねられることになる。したがって，憲法化によっ
て緊急状態法の濫用に歯止めをかけるかのごとき説明には根拠がなかったとい
える。また，第2に，もともと緊急状態法は，先述のように，緊急状態の宣言
を法律によって行うことになっていたのを閣議を経た命令で行うことにしたも
ので，この手続を憲法上のものにすることを歯止めの強化ということはできな
かった。立憲的な歯止めという観点からみると，緊急状態法を憲法にランクア
ップすることは，同法の合憲性を争う機会を国民から奪うことを意味する。憲
法院は1985年に緊急状態法合憲判決を出しているが，当時の憲法院は事前審
査機関にすぎなかった。その後2008年の憲法改正によって，QPCが導入され，
実際，2015年11月20日の法改正後，改正された条文の違憲性を争うケースが
生じていた。緊急状態法が憲法にランクアップされると，その適用を受けた国
民は，処分に不満があっても，もはや憲法化した緊急状態法の「違憲性」を争
うことは論理必然的にできなくなる。憲法改正案の狙いはここにあったよう
である。第3に，この改憲を緊急状態下において行うことの問題性が指摘でき
た。第5共和制憲法第89条は，共和国の領土が侵害されている状況において憲
法改正手続をとることを禁止している。2015年11月13日のパリ・サンドニ同
時多発テロ事件直後，オランド大統領は事態を「テロとの戦争」と呼んだ。そ
のような認識をもちながら改憲手続に着手することは憲法第89条の趣旨に反
するはずであろう。「テロとの戦争」という言説が単なるレトリックにすぎな

170 第2部 日本国憲法の比較憲法的考察

いとしても，また緊急状態が宣言されている状況が厳密には第89条の想定する事態とは違うとしても，そこにおいてアソシアシオンの自由や集会の自由，インターネット上の表現の自由が平時には許されない規制を受けている状況で改憲手続を進めることは改憲の民主的正当性をはなはだしく損なうことになる。

　さらにこのたびの改正案には，「国民生活に対する重大な侵害となる犯罪により有罪となった」多重国籍者からフランス国籍を剥奪することができるようにする条項の追加が含まれていた。これは，フランスで認められている多重国籍者を差別的に扱うものとして法律家から強い批判の声が挙がるばかりか，司法大臣からも批判され，遂にはこの憲法改正が成立した場合に責任をとれないことを理由に司法大臣が辞任するという事態を招いた。

　憲法改正案は，2016年2月10日国民議会（下院）を賛成317票，反対199票で通過し，3月22日に元老院（上院）を修整のうえ賛成176票，反対161票で通過した。この修正の結果改正案はもう一度国民議会の審議を経なければならなくなった。そのうえ両院合同会議での5分の3以上の賛成多数という改正成立の要件を満たす見通しがこの時点で絶望的となった。結局，3月30日，オランド大統領は，今回の憲法改正を断念することを表明した。

(3) 大統領非常権限（pouvoirs exceptionnels）

　第5共和制憲法第16条は，次のように大統領の非常権限を定めている。

　　第16条　　共和国の制度または国家の独立または領土の保全または共和国の結んだ国家間の合意の執行が重大かつ直接に脅かされ，かつ憲法上の公権力の正常な機能が中断される場合，共和国大統領は，首相および両院議長および憲法院に公式に諮問した後，状況が必要とする措置を執る。

　　大統領は，教書により国民にこれを通知する。

　　第1項の措置は，憲法上の公権力のために，その使命を達成する手段を，最短期間のうちに確保する意思に基づかなければならない。憲法院はこれに関して諮問を受ける。

　　国会は当然に集会する。

　　国民議会は，非常権限の行使される期間中，解散されない。

　　非常権限が行使されて30日が経過したのち，国民議会議長または元老院議長または60人の国民議会議員または60人の元老院議員は，第1項の要件が満たされているかを

審査するために憲法院に提訴することができる。憲法院は，公開の答申により直ちに意見を表明する。憲法院は，非常権限が行使されて60日の時点およびこの期間後はいつでも，当然に本審査を行い，右と同一の要件において意見を表明する。

以上の規定のうちの最後の第6項は，2008年の憲法改正によって新設されたものである。

第5共和制憲法第16条は，多くの解釈上の問題点をはらんでいる。

a　発動の実体的要件

第5共和制憲法第16条1項は，共和国の制度などが重大かつ直接的な脅威にさらされていることと憲法上の公権力の正常な機能が妨げられていることとを実体的な要件としている。これら2つの要件が課されているかぎりで，実体的要件に絞りがかかっているようにもみえるが，そもそも「直接かつ重大に脅かされ」の意味は明らかでない。重大な脅威とそうでない脅威の区別，潜在的な脅威と直接的な脅威の区別は判然としない。もともと脅威の段階では，いまだ実害が発生していないのであるから，これらの区別を客観的に明確に行うことは不可能に近い訳である。「憲法上の公権力の正常な機能」の意味も明確とはいえない。

1961年4月23日にアルジェリアで起きた現地軍上層部による反乱に際して憲法第16条が発動されたケースでは，まさにこの発動の実体的要件の意味が問題になった。同日，アルジェリア現地軍の4人の将軍が発した命令は，合囲状態を宣言し，アルジェリアとサハラを放棄する企てにかかわった者の逮捕と軍事法廷による裁判を行う旨を定め，また反乱司令部が救国のために定めた目標を達成する決意であり，これに対するいかなる抵抗をも粉砕する旨を述べていた。さらに，反乱派の将軍は，たまたま現地にいた政府のメンバーを拘束した。しかし，実は，4人の将軍の発した命令はほとんど影響力がなく，僅かな同調者を動かしただけであった。したがって，実態は大規模な反乱というにはほど遠い犯罪にすぎず，憲法第16条1項にいう実体的要件のうち，共和国の制度などに対する重大かつ直接の脅威などなかったのであるが，危機感があおられた本国フランスではそのような脅威の存在が疑われなかった。しかしながら，もう1つの実体的要件については，疑問がありえた。反乱という実態がないので，大統領・政府・国会・憲法院など主要国家機関は正常に機能していたから

である。それにもかかわらず，憲法院は，4月23日，大統領の諮問に対して，憲法上の公権力の正常な機能の中断という要件が満たされている旨の答申を行った。それによれば，反乱軍は，「国民主権および共和制的合法性を無視して，国会および政府の排他的権限に基づく措置をとり」，「国益を守るために共和国政府から権限を委任されたアルジェの最高文民当局および軍当局を職務遂行不能の状態にし，その自由を剥奪した」，「反乱派の宣言した目的は，全土の権力を簒奪することである」から，憲法第16条1項の実体的要件は満たされているというのである。つまり，国家の意思決定を行う中枢部が麻痺するに至らなくても，領土の比較的大きな部分が合法的な機関のコントロールの埒外に置かれる事態に至れば，憲法上の権力の正常な機能は中断されたことになるというのである。非常権限の発動の実体的要件の曖昧さは，このような解釈を導くことになったのである。

　憲法第16条の想定する事態は必ずしも軍事的危機や治安上の危機に限られていなかった。第5共和制憲法の起草過程を直接指揮したミシェル＝ドゥブレは，1967年の国民議会選挙で野党が勝った場合に予想される直接公選の大統領多数派と議会多数派が異なることになるという公権力の「麻痺」を解決するために第16条の発動がありうると考えていた。このときは，実際には，大統領ド＝ゴール与党の辛勝によってそのような事態には至らなかった。もしも国民議会多数派の交代によって当然起こりうる事態が「混乱」として憲法の予定していない不正常な事態とみなされたならば，憲法上の公権力の正常な機能の中断という非常権限発動の実体的要件は，事実上単なる外見的な要件となるところであった。その後，1967年に予想された事態が，1986年・1993年・1997年の国民議会選挙の際に生じたが，第16条は発動されなかった。これによって，第16条の「正常な機能」には，いわゆるコアビタシオン（cohabitation，保革共存）状況も含まれることになり，第16条発動に一定の絞りがかかったことになった。

　また，公務員のストライキも「憲法上の公権力の正常な機能」の中断と解される可能性がなきにしもあらずであるが，スト権が憲法上保障されていることもあり（第4共和制憲法前文第7項），実際に時折行われる公務員のストの際に第16条は発動されていない。注目されるのは，第16条が1968年の5月危機の際

第7章　憲法保障　**173**

にも発動されなかったことである。ただし，ゼネストが憲法上の公権力からその職務を行う手段を奪ってしまうと解されない保証はない。

b　非常事態の認定主体と手続

憲法第16条発動の実体的要件に関して，認定主体と認定手続が問題になる。実体的要件が曖昧な場合には，ことさらその認定主体の問題が注目されることになる。第16条1項に明示されているとはいえないが，それは共和国大統領自身とみられている。憲法上，大統領は，「仲裁により公権力の正常な機能および国家の継続を確保する」（第5条）ことを職務としている。しかしこの仲裁という概念はきわめて曖昧である。憲法第16条1項は，非常権限発動の手続的要件として，首相・両院議長・憲法院への諮問を課しているにすぎず，それらの機関から同意を得ることまで義務付けているわけではない。いわゆるコアビタシオン状況では，大統領と首相・両院議長との間に一定の緊張関係が生じることもありえるが，その場合でも，大統領は，法的には拘束されないことになっているのである。第16条は，大統領を最高決定を行う者という強い意味での仲裁者としているといえる。

c　非常権限発動の効果

大統領は，非常権限の発動を正当化する状況が必要とするあらゆる措置を執ることができる。大統領は，国会・政府・裁判所にとって代ることができるのである。これによって，「自由の一般法は完全に停止される」[*9]。たとえば検閲制度を設けて表現の自由を制限したり，強制収容や居所指定によって人身の自由を制限したり，公務員の身分保障を停止したりすることもできることになる[*10]。大統領には文字どおり全権が付与されることになるといえる。

d　非常権限の統制

非常権限に基づく措置はすべて，大統領の固有の権限に基づくものであるから，首相の副署は必要とされない。憲法第16条3項によれば，非常権限には，憲法上の公権力の正常な機能を最小期間内に回復させるという目的による制約があることになっている。この合目的性に関しては，憲法院に諮問されるが，

[*9]　Jean Rivero, *Les libertés publiques*, t.1, P.U.F., 8ᵉ éd., 1997, p.250.

[*10]　Cf. Francis Hamon et Michel Troper, *op. cit.*, p.566.

174　第2部　日本国憲法の比較憲法的考察

憲法院の意見は，全権を有する大統領を法的に拘束するものではない。また，憲法第16条発動の手続的要件として行われる諮問に対する憲法院の意見は，公示されるので，法的拘束力はないにしても事実上の牽制効果をもつこともありうるのに対して，この場合の憲法院の意見は公示もされないから，事実上の影響力もないといってよい。

　憲法第16条4項および5項によれば，同条発動中，国会は開会され，大統領は国民議会を解散できないことになっている。この点においては，たしかに大統領の権限は，平時よりも制限されることになる。しかし，その点を別にして全権を掌握している大統領と国会との関係について，憲法の定めはない。また，第16条発動の時点ですでに国民議会が解散されている場合についても，憲法に明示の規定は存在しない。非常権限に基づく措置に対する唯一有効な統制は，コンセイユ＝デタによる法的統制である。ただし，この統制の及ぶ範囲も限られている。まず憲法第16条の発動の決定は，統治行為として，その統制の対象から除かれ，非常権限に基づく措置のうち命令事項に属するものだけが合法性の審査の対象になることが，1962年のコンセイユ＝デタ判決^{*11)}で明らかにされているのである。

　　e　非常事態の収束

　憲法第16条は，大統領非常権限の発動に関して定めているが，終了に関しては，実体的要件も手続的要件も明示していない。つまり，いったん宣言された非常事態の収束は，大統領の専決事項となっているのである。

　この点は，1961年のアルジェリア将軍反乱の際に，現実に問題になった。反乱は，4月23日に勃発して25日に収束したにもかかわらず，大統領は非常権限を5ヶ月以上も握っていた。大統領は，ようやく1961年9月29日の決定によって，第16条の発動を終了したのである。

　2008年に新設された第16条6項も，憲法院の意見に法的拘束力を与えるものではない。非常事態の収束は依然として大統領の専決事項のままである。憲法院が的確な判断能力を備えているかも問題であろう。1961年に憲法院が行

---

*11)　C.E. Ass. 2 mars 1962, Rubin de Servens et autres, cf. Les grands arrêts de la jurisprudence administrative, 11e éd., Dalloz, 1996, p.590 et s.

った16条1項の要件充足性の判断は，このような危惧を裏づけるものである。

　以上の概観からも明らかなように，大統領の非常権限は，コンセイユ゠デタによる限られた事後的な統制を別にして，実体的・手続的になんら縛りのかかっていない独裁的な権限といえる。第5共和制憲法第16条が非常事態に備えるものであるかぎり，非常事態の本質からして，同条は，広範な権限を大統領に与えざるをえない。大統領に巨大な権限を集中することは，大統領を非常時における憲法の唯一の解釈者とすることになる。第5共和制憲法は，国家緊急権の立憲的コントロールに成功しているとはいえない。

　　f　ミッテランの挑戦

　第5共和制憲法の国家緊急権条項のうち，第36条は，それ自体法的には重大な問題をはらんでいるが，上述のように，発動されたことがなく，今後も発動される可能性はないとみられ，政治的な争点になったことがないのに対して，第16条は，1958年以来政治的争点であり続け，1961年には重大な疑問の残る発動があった。

　しかし，いわばド゠ゴールによるド゠ゴールのための憲法として発足した第5共和制憲法も，1969年のド゠ゴールの下野以降，改正や運用によって，その性格に一定の変化が生じ，大革命以来のフランス憲法史上，2番目に長い寿命を保って，今日に至っている。行政優位型の憲法というその基本的な構造は変わっていないが，第16条は，1961年以後一度も発動されていない。

　1993年3月10日，ミッテラン大統領は，元老院に2つの憲法改正案を提出[*12)]した。この改正の趣旨は，「1993年のフランスはもはや1958年のフランスではない」という認識に基づき，「われわれの制度を再均衡化し，適合化させ，現代化する」ということである[*13)]。公権力の組織に関する改正案第8条は，第5共和制憲法第16条を廃止するという注目すべき内容のものである。「これまでの

---

*12)　Projet de loi constitutionnelle portant révision de la Constitution du 4 octobre 1958 et modifiant ses titres VII, VIII, IX et X (no 231)およびProjet de loi constitutionnelle portant révision de la Constitution du 4 octobre 1958 et relatif à l'organisation des pouvoirs publics(no 232)である。改正案と提案理由については，cf. Didier Maus (rassemblés par), *Les grands textes de la pratique constitutionnelle de la Ve République*, La documentation française, 1998, p.21 et s.

*13)　Cf. Maus, *ibid.*, p.21.

ところ30年以上前に一度だけ用いられたにすぎないこの条文は，政治制度における大統領の例外的な役割も地位も条件づけていない」，「フランス法は，重大な危機的状況に対処するために必要な手段を第16条以外に，とくに合囲状態制度・緊急状態制度によって定めている」，また，「第16条は，西欧民主主義の伝統において例外と思われる」，「ヨーロッパの先進民主主義国で，これほど原則に反する権限の集中を認める条文をもつ国はない[14]」，これが憲法第16条廃止の提案理由である。また，公権力の組織に関する改正案第16条は，憲法第36条の改正を提案している。この改正案は，2015年12月～2016年3月に試みられ挫折した改憲案と同様に緊急状態法を憲法第36条に組み込もうとするものであった[15]。

　既述のように憲法第36条の合囲状態も一般に使い道がないと考えられていたから，ミッテランの憲法改正案は，事実上緊急状態法のみを残して，国家緊急権を大幅に縮小しようとするものであったといえる。この提案は，結局，反故にされてしまった。合囲状態制度や緊急状態制度自体の問題はあるにせよ，大統領非常権限を廃止しようとした試みは，きわめて注目すべき動向であったといえる。

(4)　例外状態（circonstances exceptionnelles）

　例外状態は，第一次世界大戦中にコンセイユ＝デタによって生み出された概念で，憲法上も，法令上も根拠をもたない。エイリエス（Heyriès）事件1918年6月28日コンセイユ＝デタ判決[16]は，一定の状況が通常の適法性の原則を適用不能にすることがあると認めた。この事件で，政府は，懲戒処分の前に必ず対象の公務員に関係書類を提供することを要請していた1905年4月22日法の規定を国家の文官に適用することを1914年9月10日単純デクレで停止した。これによって事前に関係書類の提供を受けることなく罷免されたエイリエス氏は，問題のデクレの違法性を理由に処分を争った。

　デクレすなわち命令が法律の適用を停止することができないのは明らかであるにもかかわらず，コンセイユ＝デタは，原告の主張を斥けた。その判断は，

---

*14)　*Ibid.*, p.24.

*15)　Cf. *ibid.*, p.25 et p.30.

*16)　CE, 28 juin 1918, no 63412.

次のとおりである。「いかなるときにも，法令によって制度化された役務が機能しかつ戦争によって生じる困難のために役務が麻痺することがないように監督する権限は大統領に帰属する。適法性が争われているデクレが決定された1914年9月10日に，1905年4月22日法第65条に規定されるあらゆる懲戒処分の前に関係書類を公務員に提出することが，戦争の期間中，多くの場合に懲戒行為を妨げかつ国民生活上必要な各種行政の機能を妨げる性質を有すると評価するのは大統領の権限になった。この時期，公権力が実際に行使されていた状況の故に大統領はその権限のもとにある公役務の執行上不可欠の措置を自ら行う任務を有していた」。例外状態は，全く判例の産物である。ジル＝ルブルトンは，「裁判官は，憲法の頭越しに，まさにフランス人の集合意識から直接に自らの授権権限を引き出している[*17]」と評している。

判例の例外状態理論[*18]によれば，戦争や大規模自然災害，ゼネストのような異常事態で行政が通常の適法性を尊重することができない場合，行政は，ケースバイケースの対応をすることが許され，平時なら違法となる措置を執ることも許される。行政裁判所は，例外状態の存否の判断と処分の比例審査を行うが，実際にこれは追認的に機能するだけである。第5共和制憲法第16条の大統領非常権限は例外状態理論にインスパイアされているとみられる。

3　日仏国家緊急権法制比較——国家緊急権の必要性と合理性

1789年の革命後も王制や帝制から民主的な共和制までさまざまな政治体制を経験する「近代憲法の実験室」ともいうべきフランスでは，今日までに10を超える広義の憲法が制定されている。頻繁に体制危機を経験してきたフランスは，近代立憲主義の母国であると同時に国家緊急権の母国でもある。また，第2次世界大戦後，先進国で自然災害以外のケースに国家緊急権が発動された例は稀であるが，フランスは，その数少ない，しかもきわめて重大な事例を提供する国である。

---

*17)　Gilles Lebreton, *Droit administratif général*, 8ᵉ éd., Dalloz, 2015, p.85.

*18)　参照，ジャン＝リヴェロ『フランス行政法』兼子仁・磯部勉・小早川光郎編訳（有斐閣，1982年）91頁以下，長谷部恭男「非常事態の法理に関する覚書」同『憲法の論理』（有斐閣，2017年），小島慎司「非常事態の法理」論究ジュリスト21号（2017年春号）。

178　第2部　日本国憲法の比較憲法的考察

　フランスの現行国家緊急権制度は，19世紀以来の歴史的痕跡をとどめる複雑な内容をもっている。法律上の制度として緊急状態法，憲法上の制度として合囲状態制度，大統領非常権限制度，判例上の例外状態理論がある。

　日本においても帝国憲法上多様な国家緊急権制度が整備されていたが，日本国憲法上はいっさいそのような制度がない。学説も否定説が有力である。それが帝国憲法史の深刻な総括をふまえていることはすでにみたとおりである。また，日本が敗戦によって植民地を保有しない国家として戦後再出発することになったことも国家緊急権を不要にした理由になっているといってよい。

　これに対して，現代フランスが多様な国家緊急権制度を備えているのは，第4共和制フランスが第2次世界大戦の戦勝国として軍隊を保有するだけなく植民地も保持したことを前史として，現在の第5共和制が誕生したことと関係がある。これは，士族反乱を鎮圧し自由民権運動を弾圧したのち富国強兵を国家目標として制定された帝国憲法がさまざまな国家緊急権制度を備えていたことと同様の背景事情といえる。

　第4共和制末期，アルジェリアの独立運動の高揚に手を焼くフランスは植民地経営のコストに堪えきれなくなって，政財界は独立容認に傾いたが，これに対してアルジェリア現地軍が強く反発し，政府は立ち往生してしまった。結局，1958年春，第4共和制は，アルジェリア現地軍の反乱さえ辞さない圧力に屈した政権が，政界から10年以上遠ざかっていたド゠ゴール将軍——アルジェリア現地軍が信頼を寄せていた——に権力を譲り渡して終わった。新憲法の制定を権力委譲の条件としたド゠ゴールとその一派が主導して作ったのが第5共和制憲法である。つまり，第5共和制憲法は，ド゠ゴールの事実上のクーデタから生まれた憲法で，「将軍のために仕立てられた衣装」と呼ばれることもあった。フランス第5共和制憲法の合囲状態制度，大統領非常権限，そしてド゠ゴールの思惑からあえて憲法上の制度とされなかった緊急状態制度はいずれも発足当時不安定であった第5共和制を強権的に維持するための法的装置であった。

　ハンス゠ケルゼンは，国家緊急権の本質を次のように指摘している。「国家は『生存』しなければならないという殊勝な断言の背後には，多くは次のような無遠慮な意志だけが隠れている。それは，国家は，『国家緊急権』というものを是認させてこれを利用する人々が正しいと思うように，生存しなければな

らないという意志である」。この指摘は，帝国憲法第31条非常大権の発動例と
される国家総動員法や1961年の第5共和制憲法第16条の発動例によって，見
事にその妥当性が証明されている。

合囲状態制度は第5共和制においてまったく発動されていない。大統領非常
権限は1度だけ発動されたが今後発動される見込みがないとみられる。例外事
態のなかでも以上の両者が想定する状態よりは緊張度の低い状態をカヴァー
し，国家緊急権制度をいわばシームレス化するのが緊急状態制度であり，これ
は，フランスで使い勝手のよい制度としてたびたび発動されてきた。

緊急状態制度は，たしかに第16条のように大統領に全権を付与するわけで
はないが，その発動の効果はけっして事態に必要最小限のものではない。また
その有効性にも重大な疑問があり[20]，これにもまたケルゼンの指摘が妥当する。

2015年11月のパリ・サンドニ同時多発テロ事件後に緊急状態法がテロ対策
を目的として発動された。日本では，大規模自然災害対策を目的と称して憲法
に緊急事態条項を創設しようとする改憲論があるが，この主張をする者が，フ
ランスのこの事件を奇貨としてテロ対策にも緊急事態条項が必要と言うように
なった[21]。

フランスでテロ対策に緊急状態法が発動されたのは2015年11月が初めて
である。フランスは，1970年代・80年代には親パレスチナ組織によるテロ，
1985年～86年にはシリア・イランといった国家の指令を受けた組織によるテ
ロのターゲットになり，1995年～96年にはイスラム原理主義者によるテロ，
またこれと結びつきのあるアルジェリアの武装イスラムグループによるテロの
ターゲットになった。しかし，これまでテロ事件はあくまでも犯罪として扱わ
れ，緊急状態が宣言されることはなかった。この点は，他のヨーロッパ諸国も

---

*19)　ハンス＝ケルゼン『一般国家学』（岩波書店，1971年）清宮四郎訳262～263頁。

*20)　参照，**2**(2)(ii)。

*21)　大規模自然災害対策を前面に押し出しながら主張された2012年自民党改憲案の批判
　　　的検討として，参照，永井幸寿『憲法に緊急事態条項は必要か』（岩波ブックレット945
　　　号，2016年），同『いる？いらない？憲法九条改正よりあぶない！よくわかる緊急事態条
　　　項Q&A』（明石書店，2016年），関西学院大学災害復興制度研究所編『緊急事態条項の何
　　　が問題か』（岩波書店，2016年），拙著『改憲論議の作法と緊急事態条項』（日本機関紙出
　　　版センター，2016年）。

180 第2部 日本国憲法の比較憲法的考察

同様であった。それゆえ，フランス法の歴史からみても，また比較法的にみても，テロ対策目的の緊急状態法発動は，きわめて異例である。すくなくともこれを「普通の国」の例ということはできない。

さらに，テロ対策に緊急状態法を発動することには，フランスでも強い批判がある。緊急状態は，平時の立憲的秩序を回復することを目的とする一時的なものでなければならない。しかし，そもそもテロ対策は，軍事力や警察力の行使で安易に済ませることなどできない。テロと呼ばれる暴力・破壊活動を刑法・刑事訴訟法に基づいて取り締まる一方で，テロを生み出す社会的・経済的・政治的原因の解消に相当の時間をかけて取り組む必要がある。そのような課題を放置して緊急状態法を発動しても，事態は泥沼化し，短期間で終了すべき緊急状態が長期化どころか常態化する矛盾に国家が陥るのは必至である。実際，2015年11月14日に行われた緊急状態法の発動はその後繰り返し延長され，発動期間は全8回のなかで最長を記録することになった。緊急状態の常態化という深刻な矛盾とそこにおける立憲主義と法治主義の空洞化は，労働組合や市民団体，弁護士，ジャーナリストによる強い批判を招いてきた。[*22] それだけではない。従来，大統領非常権限と合囲状態にしか関心を払ってこなかったフランスの憲法学が緊急状態法に鋭い批判の目を向けている。[*23]

2001年9月11日以降のイデオロギー的なグローバルテロは，民主主義諸国を自己否定に追い込むことをミッションとしている。例外事態の宣言とりわけその延長は，テロとの戦いの挫折を意味することになりかねない。[*24] フランスにおける緊急状態の常態化は，立憲主義・法治主義の空洞化を意味し，西欧立憲主義を虚妄として描き出そうとするイスラム過激派にとってテロの勝利を意味

---

*22) たとえば，参照，2016年2月8日アムネスティ国際事務局発表ニュース「フランス：行き過ぎた非常事態措置で数百人にトラウマ」http://www.amnesty.or.jp/news/2016/0208_5846.html，2016年12月23日アムネスティ国際事務局発表ニュース「フランス：非常事態延長で「非常事態」が日常化するおそれ」http://www.amnesty.or.jp/news/2016/1223_6562.html，拙稿「フランスにおける緊急状態をめぐる憲法ヴォードヴィル——エキストラとしての法原理部門」憲法理論研究会編『展開する立憲主義』(敬文堂，2017年)。

*23) Cf. Olivier Beaud et Cécile Guérin-Baagues, *L'état d'urgence Etude constitutionnelle, historique et critique*, L.G.D.J., 2016, pp.11-12

*24) Cf. Karine Roudier, Albane Geslin et David-André Camous, *L'état d'urgence*, Dalloz, 2016, pp.231-232.

する。テロの成果が上がれば，それが次なるテロを動機づける。それゆえ，テロ対策としての緊急状態法の発動とその常態化は，対テロ抑止効果がないどころか，テロを助長しかねない。国家緊急権の発動＝立憲的意味の憲法の停止は，テロ対策に有効とはいえないのである。

テロ対策を理由として憲法に緊急事態条項を創設しようとする改憲論は，こうしたフランスの実態やそこでの議論を無視した暴論として批判されることを免れない。

第2節　抵抗権

抵抗権とは，国家による憲法の破壊や憲法上根拠のない憲法停止に対して，憲法の回復を目的として抵抗する人民の権利である。違憲審査制が組織化された国家機関による憲法保障制度であるのに対して，抵抗権は組織化されない憲法保障制度であるということになる。

1　日本国憲法における抵抗権

日本国憲法には抵抗権の明文規定がない。このように明文がない「権利」の憲法上の保障の有無という問題は，通常，明文のある憲法上の権利の定義や保護領域の解釈の問題となる。そうすると，この場合も，たとえば知る権利やプライバシー権のように明文規定がないとされる権利の場合と同様に，まず日本国憲法は抵抗権を保障するのかと問題設定すべきことになるはずである。しかし，抵抗権に関しては，そのような少なくとも今日の通常の仕方では議論されてこなかった。

抵抗権に関する解釈学説には，抵抗権が立憲主義を支える基本理念であるとか，実定法（制度）上の救済手続が尽きたとき最後に援用される論理であり，その意味で自然法上の権利であるとみる見解がある。これに対して，違憲ないし違法な立法・行政活動がある場合に救済方法が実定法上尽きたところでなされた抵抗が裁判所によって抵抗権の行使として認められて免責されうるとし，抵抗権を実定法上の権利とみる見解がある。

抵抗権をめぐるかつての日本の議論は，憲法に抵抗権を意味する文言がない

182 第2部 日本国憲法の比較憲法的考察

ことから，ただちに抵抗権が自然権か実定法上の権利かと問題設定してきた。
しかし，自然権であることと実定法上の権利であることとは必ずしも矛盾しな
い。憲法の人権規定には自然権を実定化したものが少なくない。したがって，
抵抗権が仮に自然権であるとしても，だからといって憲法上の権利ではないと
即断することはできない。

　憲法には抵抗権を意味する文言そのものがないことはたしかである。しかし
ながら，抵抗権を示唆する文言は散見される。第97条にいう「多年にわたる
自由獲得の努力」「過去幾多の試練」は，過去の圧政への抵抗の事実を意味し，
そのような過去の歴史をふまえて基本的人権を同条と第11条にいう「侵すこと
のできない永久の権利」とする文言は，将来起こるかもしれない圧政を想定す
るものと解することができる。そうだとすれば，明文がない抵抗権は，第13
条によって保障されていると解することもできないわけではないであろう。

　ただし，そのうえで，抵抗権の内容と性格が問題となる。抵抗権は，これを
憲法上の権利として捉えるにしても，立憲的な憲法が機能するかぎり，基底的
な権利として機能するにとどまる。問題は，同じく基底的権利といっても平和
的生存権のように抵抗権それ自体が法的保護・救済の対象になることがありう
るかである。しかし，かつて盛んに議論されたにもかかわらず，圧政や抵抗の
意味は必ずしも明確になっていない。有力説は，「憲法は自然権を実定化した
と解されるので，人権保障規定の根底にあって人権の発展を支えてきた圧政に
対する抵抗の権利の理念を読みとることは，十分に可能である[25]」というにとど
まる。

2　第5共和制憲法における抵抗権

　第5共和制憲法の一部となっている1789年人権宣言第2条は，「あらゆる政
治的結合の目的は，人の時効にかからない自然権の保障である。自然権とは自
由および所有および安全および圧政に対する抵抗である」と定める。憲法院は，
1982年の国有化法違憲判決[26]において，1789年人権宣言が所有権を「自由およ

---

*25)　芦部・前掲書376頁。

*26)　Décision n° 81-132 DC du 16 janvier 1982.田村理「国有化法違憲判決——財産権の憲
　　法的保障とその制約」フランス憲法判例研究会編『フランスの憲法判例』(信山社，2002年)。

び安全および圧政に対する抵抗と同列に」置いたと説示している。これは，憲法院が抵抗権を所有権と同列に並ぶ権利とみていることを意味している。日本におけるかつての議論では実定法という言葉の意味も共有されていなかったように思われるふしがあるが，超経験的な自然法に対して，国家機関による制定や慣習，判例といった経験的事実に基づいて成立した法がそれであるとすると，フランス第5共和制では，抵抗権は自然権であると同時に実定法上の権利となっている訳である。したがって，フランスでは，抵抗権が自然権か実定法上の権利かという問題は生じないことになる。

　フランスにおいて，1982年憲法院判決がいうように抵抗権に憲法的価値があるとしても，問題はその具体的な効果である。ここでは，パトリク＝ヴァクスマンによるこの問題の検討を概観することにしよう。[27]

　ヴァクスマンは，圧政に対する抵抗のミニマムの意味は，違法に対する最後の手段という点にあるという。すなわち，法システムが無力で違法を予防することができない場合に，個人に残されているのが抵抗という手段であるというのである。このような抵抗概念は，「市民の自由とは，法律にしか服従させられないこと，法律によって確立された権威にしか従う義務がないこと，法律によって保護されない市民の権利行使をすべて処罰を恐れることなくなしうること，したがって圧政に抵抗することにある」というミラボー（1749－1791年）の言説にみられる。しかしながら，違法性に対するこのようなサンクションは，既存秩序にとって危険極まるものとしてあらわれ，市民がかくもエネルギッシュに合法性の審判となることを容認するテクストは採用されたことはない。

　フランス法は，これまで，法律の違憲審査がなかった時代，そしてそれが不完全だった時代にも，法律に対する服従を議論の余地のないことと看做してきた。その悲劇的な例を提供するのがヴィシー時代である。ヴィシー体制下の法律は，ヴァクスマンが「民主的起源でなかった」というように，民主的正当性を欠き，また近代法の諸原則（平等，刑罰法規の不遡及等）を無視するものであったが，抵抗は法的に根拠付けられることができず，道徳的な抗議に基づいていた。

---

[27]　Patrick Wachsmann, *Libertés publiques*, 8ᵉ éd., Dalloz, 2017,

184 第2部 日本国憲法の比較憲法的考察

　ヴァクスマンによれば，圧政に対する抵抗は，抑圧的と感じられる憲法秩序
に対して行うこともありうる。しかし，やはり明らかなことは，このような場
合，問題となる憲法に抵抗権が保障されているか否かはまったく意味がないと
いうことである。もしも，抵抗が成功して旧秩序を倒したら，抵抗の主体が裁
判にかけられることにはならないであろうし，もしもそれが失敗したら，いか
なる機関も，抵抗の主体に対して例え最高法規上の権利であってもそれを享受
させないであろう。いかなる権力も抑圧的であると自認することはないであろ
うし，正当性を自ら否認することは政治的自殺行為のようなものである。

　ヴァクスマンは，抵抗の主体に着目して，集団による抵抗と個人による抵抗
とを区別する。個人による抵抗は，法律に抵触する可能性が充分にあり，その
政治的動機が考慮されることはわずかにすぎないであろう。政治的指導者の殺
害や殺害の試みは厳しい抑圧の対象になる。他方，集団による抵抗の場合，万
事が力関係の問題となり，そこでは法が役に立たなくなる。

　以上のような考察から，ヴァクスマンによれば，「圧政に対する抵抗の憲法
的公認」は，その法的効果という観点からは「きわめて期待外れ」となる。抵
抗権の保障は，「権力の謙虚さ」すなわち「権力が誤る可能性」と「ありうる
権力踰越に備える手段を準備する必要性」との承認をあらわすものであり，「市
民の良心への呼びかけ」であるというのである。

3　日仏抵抗権比較

　抵抗権の思想史的淵源は，中世ヨーロッパの暴君放伐論（国王といえども法を
犯すことは許されず，もし国王が法を犯すならば，臣下は国王を暴君として放逐，殺害
することができるという考え方）に求められる。これが自然法思想や社会契約説（ロ
ック『市民政府論』，ルソー『社会契約論』）に結びつき，現実の力に転化するのが
アメリカ独立戦争，フランス革命においてである。もっとも，この場合の抵抗
権とは，今日憲法保障の方法として論じられる「国家による憲法の破壊や憲法
上根拠のない憲法停止に対して，憲法の回復を目的として抵抗する人民の権

---

*28)　*Ibid.*, p.282.

*29)　*Ibid.*, p.283.

利」ではなく，1776年アメリカ独立宣言に「いかなる政治の形体といえども，もしこれらの目的［天賦の権利の確保］を毀損するものとなった場合には，人民はそれを改廃し，かれらの安全と幸福とをもたらすべしとみとめられる主義を基礎とし，また権限の機構をもつ，新たな政府を組織する権利を有することを信ずる[30]」と宣言される革命権である。いわば革命的な抵抗権が実定化されて保守的な抵抗権に転化したのがフランス人権宣言第2条にみられる抵抗権である。

　その後の近・現代憲法において抵抗権を明示したものは第2次世界大戦後の西ドイツの若干の州と1968年改正後のドイツ基本法，1789年宣言の効力を再確認するフランス第4共和制憲法，第5共和制憲法しかない。これらの憲法に抵抗権が明示されているのは，第2次世界大戦後の西ドイツの場合，ナチズムの体験があり，1968年のドイツ基本法の場合は国家緊急権の創設とバランスをとるという事情があり，フランスの場合は第2次世界大戦中のレジスタンスによって戦後が再出発したという歴史的経緯がある。現代憲法の多くに抵抗権が明示されていないのは，そうした歴史的経緯がないことだけではなく，広い意味の憲法保障制度が整備されていることと抵抗権が本来実定化になじまないことによるといわれる。実体的な権利が実定法上の権利である場合，通常はその権利に基づく行為の正当性が国家によって認められる。しかし，抵抗権が想定する圧政＝国家による憲法の破壊や憲法上根拠のない憲法停止という事態は，ヴァクスマンの検討が示すように，抵抗権を通常の実定法上の権利として扱うことを許さない。それゆえ，フランス第5共和制憲法は，日本国憲法と違って，抵抗権を「実定化」し，憲法院が所有権と同列に置いているにもかかわらず，その法的効果はとくになく，「市民の良心への呼びかけ」にとどまるのである。

　抵抗権は，日本において，実定法上の権利か自然権かが論争された。このような問題設定自体が議論の混迷を招いたことは否定できないと思われる。端的に，日本国憲法が抵抗権を保障していると解釈できるかと問題設定するならば，ひとまず肯定的に答えることができるであろう。問題はその先にある。ここで，

---

*30)　高木八尺・末延三次・宮沢俊義編『人権宣言集』（岩波文庫）114頁（斎藤真訳）。

抵抗権が実定憲法上の権利であることが疑問の余地のないフランスの学説は，有益な視角を提供するといえよう。

　抵抗権が想定する圧政としては，現代史ではナチスドイツによる占領下およびヴィシー体制下のフランスの状況が例となる。日本で抵抗権が議論される契機となった公安事件の背景はそれとはまったく違う。その種の事件では，事態は憲法破壊や憲法停止状態にはなく，事件に関連する個別の人権が問題となるにとどまるはずである。日本における抵抗権論は，1950年代の再軍備をはじめとする憲法空洞化の策動，復古的改憲論の高揚に対して，憲法を定着させる運動によって展開された。そこにみられた基本的人権即抵抗権というような言説は，市民への呼びかけとしてはともかく，法的な議論としては失当であったといわざるをえない。ヴァクスマンの検討と比較するとき，日本における抵抗権論が，圧政や抵抗の意味を広げすぎて混乱し，観念的になってしまった嫌いは否めないであろう。

第8章　憲法改正と憲法変動

序　説

　一般に法は社会的な利害の対立を解決するために制定された妥協の産物である。それゆえ，その内容は必ずしも完全ではなく，曖昧な点やときには矛盾が含まれていることもある。そのため法には必ずといってよいほど解釈の余地がある。また，たとえ曖昧さや矛盾がないとしても，立法後に想定外の事実が生じる場合に法の解釈を要するときもある。このように法の適用による紛争解決の際に不可避的に要請される法解釈に無理が生じるとき，法は改廃しなければならない。

　以上と同様のことが憲法についてもいえる。憲法にも解釈の余地が少なからずある。憲法改正手続は，解釈による憲法の運用が無理な場合に備えるものである。ところが，憲法の運用の実態には，憲法の解釈によって正当化できない法令その他の国家作用のみられることがある。それらは，政治部門によって改められるか，何らかの違憲審査機関によって違憲無効とされないかぎり，継続ないし反覆されることになる。

　本章は，正式の改正手続による憲法変更と，改正手続によらない事実上の憲法変更の理論的問題について，日仏の比較を行う。

第1節　憲法改正の限界

1　日本国憲法改正の限界

　日本国憲法が施行以来一度も改正されていないことはいうまでもない。したがって，憲法第96条をめぐる議論は，今のところ，理論的な問題にとどまっているが，憲法改正の限界の存否は，憲法改正をめぐる諸問題中最も重大かつ困難な問題である。問題の捉え方によっては，憲法改正に限界があるのかと問

188　第 2 部　日本国憲法の比較憲法的考察

うこと自体が無意味になるであろう。ここでの問題は，憲法改正に法的な限界
があるのかということである。多数派のいわゆる数の暴力によって憲法が変え
られ，それが「改正」と称されることがけっして起きないとはいえないとすれ
ば，そのような憲法変更は憲法改正といえるのか。これが法的な意味での憲法
改正の限界という問題である。

(1)　憲法改正手続

　あらかじめ憲法改正手続を概観しておく。憲法第96条によれば，各議院の
総議員数の 3 分の 2 の賛成によって国会が国民に対して憲法改正を発議し，国
民投票において過半数の賛成がある場合に改正が成立する。同条の解釈上問題
となる主な点は，憲法改正原案発案権の主体，「総議員」の意味，「過半数の賛
成」の意味である。

a　憲法改正原案発案権の主体

　憲法第96条 1 項前段によれば，改憲案を国民に発議するのは国会である。問
題となるのは，その国会に改憲案の案（原案）を提出するのはそもそも誰かと
いうことである。

　まず国会議員に憲法改正原案発案権があると解することには異論がない。法
律上は，国会法第68条の 2 が，「議員が日本国憲法 の改正案（以下「憲法改正案」
という。）の原案（以下「憲法改正原案」という。）を発議するには，（……）衆議院
においては議員100人以上，参議院においては議員50人以上の賛成を要する」
と定めている。また，各議院に設置される憲法審査会（国会法第102条の 6 ）も「憲
法改正原案及び日本国憲法に係る改正の発議又は国民投票に関する法律案を提
出することができる」（国会法第102条の 7 ）とされる。もっとも，「日本国憲法
及び日本国憲法 に密接に関連する基本法制について広範かつ総合的に調査を
行い，憲法改正原案，日本国憲法 に係る改正の発議又は国民投票に関する法
律案等を審査する」（国会法第102条の 6 ）ことを目的とする審査会を常設するこ
との意義には疑問がありうるであろう。

　問題は，内閣にもこの発案権があるのかということである。1956年に制定
された憲法調査会法（1965年廃止）によって内閣に憲法調査会が設置された際
に問題となったこの点は，憲法第96条に明示されていない。そこで，学説は，
肯定説と否定説とに分かれる。

肯定説が根拠に挙げるのは，第1に，日本国憲法が議院内閣制を採用し立法府と行政府が協働の関係にあること，第2に，内閣の発案は国会の審議・議決を妨げるものではないこと，第3に,憲法72条の「議案」には改憲原案も含まれること，第4に，内閣総理大臣や国務大臣は議員として発案しうるから否定説には実益がないこと，などである。

しかし，肯定説の挙げる以上のような根拠には，いずれも問題が指摘できる。第1に，議院内閣制のゆえに，憲法が明示していない重大な権限を内閣に認めることはできない。議院内閣制はそれ自体多義的な概念である[*1]。日本国憲法の議院内閣制は，いうまでもなく同憲法の条文によって形成される。その立法府と行政府の関係を単純に協働関係と捉えることはできないし，憲法の条文よりもそのような概括的な性格づけを根拠に明文のない権限を認めることは立憲的な解釈とはいいがたい。第2に，たしかに論理的には内閣が改憲原案を国会に提出することじたいが国会の自由な審議を阻害するわけではない。しかし，だからといって内閣に当該権限が認められるということにはならない。第3に，憲法第72条は，内閣の権限じたいを定める規定ではない。第4に，実益がないという議論も疑問である。なぜなら，国務大臣は必ずしも国会議員であるとは限らないからである。

肯定説の根拠は，いずれも積極的な根拠とはなっておらず，否定説が有力であるとみられる。実際にも，1965年に憲法調査会法が廃止されて以来，内閣にそのような調査会は設置されたことはない。

b 「総議員」の意味

憲法第96条1項前段の「総議員」の意味も問題となる。これが出席議員の意味ではないことについては異論がない。第55条ないし第59条が「出席議員」という文言を使用している以上，「総議員」はそれと異なる概念を表すと解されるからである。学説は，これが法定議員数を意味するのか，それとも在職議員数を意味するのかをめぐって対立する。

法定議員数説によれば，総議員の数が一定になり，数をめぐる争いが避けられる。これに対して，在職議員数説によれば，現に会議に出席できる状態にあ

---

*1) 参照，第2部第3章。

190　第 2 部　日本国憲法の比較憲法的考察

る議員の数を基準にすべきであり，欠員（死亡や辞職による）をカウントしない
ことになる。法定議員数説によれば，欠員は反対票と同じ扱いになるのに対し
て，在職議員数説は，欠員を賛否どちらとも扱わないことになり，欠員の意味
付けが異なる。

　　c　「過半数の賛成」の意味

　憲法第96条 1 項後段にいう「特別の国民投票」または「国会の定める選挙
の際行はれる投票」における「過半数の賛成」の意味についても問題が生じる。
これに関して，有権者総数の過半数という意味か，無効投票を含めた投票総数
の過半数か，それとも有効投票総数の過半数か，という 3 通りの解釈がある。

　有権者総数説によれば，棄権票と無効票が改憲反対とみなされ，投票総数説
によれば，無効票が反対票と同視されることになる。投票総数説や有効投票総
数説では，棄権票や無効票が多数発生した場合に，有権者総数の過半数に満た
ない相対多数の有権者の賛成によって憲法改正が成立することがありえ，憲法
改正の民主的正当性を傷つけることになることからすれば，妥当ではない。こ
のような事態を回避するためには国民投票の成立要件としてとくに最低投票率
の設定が必要にななるはずであるが，憲法にはそれが示されていない。そうす
ると，国民投票の成立要件を必要とせず，硬性憲法の存在理由に最も忠実に憲
法改正の要件を最も厳しくすることになる有権者総数説が妥当ということにな
ろう。

　日本国憲法の改正手続に関する法律（憲法改正手続法）第98条 2 項には，「中
央選挙管理会は，（……）憲法改正案に対する賛成の投票の数及び反対の投票
の数，投票総数（憲法改正案に対する賛成の投票の数及び反対の投票の数を合計した
数をいう。）並びに憲法改正案に対する賛成の投票の数が当該投票総数の 2 分の
1 を超える旨又は超えない旨を官報で告示するとともに，総務大臣を通じ内閣
総理大臣に通知しなければならない。」とあるので，同法は，有効投票総数説
の立場を採っている。なお，同法は国民投票の成立要件を定めていない。

　なお，国民投票に関して，憲法改正手続法は国民投票無効訴訟手続を設けて
いる。すなわち，国民投票に異議のある投票人は，中央選挙管理委員会を被告
として，国民投票結果の告示の日から30日以内に東京高裁に国民投票無効の
訴訟を提起できることとされている（憲法改正手続法第127条）。訴訟の提起があ

第8章　憲法改正と憲法変動　191

っても憲法改正案にかかる国民投票の効力は停止しないが（憲法改正手続法第130条），憲法改正が無効とされることにより生ずる重大な支障を避けるため緊急の必要があるときは，裁判所は，申立てにより，憲法改正の効果の発生の全部又は一部の停止を決定することができる（憲法改正手続法第133条1項）。その場合，判決確定までの間，憲法改正の効果の発生は停止する（憲法改正手続法第133条2項）。

(2) 憲法改正の限界

a 憲法改正の手続上の限界

まず憲法改正の手続上の限界の有無が問題となる。日本国憲法第96条が定めている手続によらない憲法の変更は，日本国憲法の「改正」と評価することができない。この点はいうまでもなく，とくに争いはない。

b 憲法改正の実体上の限界

日本国憲法には，改正禁止を明文で謳った条項が存在しない。そこで，憲法改正の実体上の限界をめぐっては，一方で改正手続さえ遵守するならどのような変更もできると解する改正無限界論と，他方で許される変更と許されない変更があると解する改正限界論とが対立している。

改正限界論によれば，憲法を本質的に改変する行為は，新憲法を制定する行為にほかならないから，憲法制定権力によらなければできないはずで，憲法改正権によってはできない。日本国憲法の場合，いわゆる基本原理とされている事項の同一性を根本的に損なう本質的な改変が許されないということになる。

国民主権主義について，憲法が「人類普遍の原理」（前文第1項3段）とし，これに反する「一切の憲法」を排除すると規定しているのは（同4段），改正手続によるこの原理の本質的な変更を許さない趣旨であると解される。一切の憲法というのは，単に歴史的に存在した憲法すなわち帝国憲法に限らず，将来の憲法をも含むと解されるのである。

また基本的人権について，憲法がこれを「現在及び将来の国民に対し，侵すことのできない永久の権利として信託されたもの」（第97条）としているのも，基本的人権尊重主義が，改正手続による本質的な変更を許さない趣旨であると解される。

平和主義については，平和主義そのものと憲法第9条2項の非武装規定とを

区別し，非武装規定は改正できると解する有力説があるが，第9条2項こそ日本国憲法の平和主義の本質的特徴をなすとみられるから，武装を可能にするような同規定の変更は改正手続によっても許されないと解する見解も有力である。

憲法改正手続自体の変更も問題となる。改正手続を廃止することは，硬性憲法を軟性憲法に変更させ憲法の本質的同一性を否定することになるから許されないことになる。国民投票を廃止することは国民主権主義に反し許されないと解される。

c 憲法改正権と憲法制定権力

憲法改正限界論と無限界論の背後には，憲法制定権力と憲法改正権力の捉え方と憲法規範の捉え方の違いがあるとみられる。

憲法改正限界論は，憲法制定権力と改正権を区別する。それによれば，憲法を創設する能力である憲法制定権力はいかなる規範にも拘束されないから，それには限界はない。しかし，憲法制定権力によって制定された憲法上の権限である憲法改正権は，憲法制定権力に従属する法的な能力であるから，制定された憲法の本質的な同一性を損なうような行為をなしえないということになる。また，別の見解は，憲法制定権力と憲法改正権とを区別しないが前者が自然法によって拘束されていると解する。自然法思想は，19世紀以降前近代的な思想としてときには保守的・反動的な役割も果たすものとして退けられることもあったが，第2次大戦後，ナチズムの体験をふまえ，あらためて復権している。憲法制定権力を全能の力とみなすことの危険性を認識し，人権や国民主権主義は憲法制定権力さえも拘束する原理であるとみるのである。このような立場をとると，憲法制定権力と憲法改正権とを区別しないとしても，憲法改正に実体的な限界はあるということになる。

一方，憲法改正無限界論のなかには，憲法改正権が，制定された憲法の中に入って形を変えた憲法制定権力であり，制定憲法上の手続による拘束は免れないが，その点を別にして始原性は温存されているので改正に実体的な限界はない，と考える見解がある。また，この説は，法を制定権者の自由意思の所産とみなし，それを拘束する自然法は存在しないとする法実証主義の立場（「悪法も法なり」とする立場に通じうる）を前提としていることが多く，その見地からも，改正の実体的な限界はないという結論が正当化される。この立場によれば，か

りに憲法典中に明文の改正禁止条項があっても，その種の条文そのものを改正して禁止を解除することもできるということになる。こうして憲法改正無限界論が導き出される。

押しつけ憲法論を前提に日本国憲法の全面的改正を求める主張は，理論的立場を明確にしているわけではないが，以上のような憲法改正無限界論に立つものとみることができよう。

2　第5共和制憲法改正の限界

フランス第5共和制憲法は，1958年の制定以来，2008年までに24回改正されている。そのうちの22回が憲法第89条の改正手続に従って行われ，2回は他の条文に基づいて行われた。

(1)　憲法第89条による憲法改正

a　発案権

憲法第89条1項は，首相の提案に基づいて大統領が発案する場合と国会議員による発案を認めている。

b　手続

憲法第89条の改正手続は2段階からなる。まず，いずれの発案による場合も，改正案（憲法的法律案）が両院において審議ののち同一の文言で可決されなければならない（第89条2項前段）。この手続は，直接公選の国民議会（下院）にラストワードを与えず，間接選挙による元老院（上院）に憲法改正事項に関する拒否権を与えるものとして，非民主的であると批判されてきた。

改正手続の第2段階の手続は，発案権者によって異なる。国会議員の発案になる場合は，両院が同一の文言で改正案を可決した案がレフェランダムによって承認されなければ改正は成立しない（第89条2項後段）。

これに対して，憲法改正原案が大統領の発案になる場合，大統領は，両院で可決された案をレフェランダムにかけず，両院合同会議（Congrès）に付議することができ，そこで有効投票の5分の3の多数の賛成を獲得した場合に改正は成立する（第89条3項）。

c　憲法第89条の運用

憲法第89条による改正は，2017年までで22回おこなわれている。いずれも

194 第2部 日本国憲法の比較憲法的考察

原案は大統領の発案になり，そのうち21回は両院合同会議の特別多数によって成立し，2000年に行われた大統領任期を7年から5年に短縮する改正のみレフェランドム（9月24日実施）によって成立した。

論者のなかには，とくにマーストリヒト条約承認に先立つ改正（1992年6月25日）やアムステルダム条約承認に先立つ改正（1999年1月25日），ヨーロッパ憲法条約承認に先立つ改正（2005年3月1日）は，憲法の単なる修正ではなく本質に触れる真の改造であるとして人民（プーブル）の介入が政治的にも法的にも必要であったと主張する者もいる。レフェランドムに比べて迅速でなにより政治的リスクの少ない両院合同会議の特別多数による手続で国家主権を制限するような重大な改正を行うことに慎重であるべきとする見解であるが，憲法第89条の文言自体は，両院合同会議特別多数方式の選択をとくに制限しているわけではない。このため，運用上は，憲法改正の目的が何であれ，第2段階の手続の選択は，大統領の完全な裁量に委ねられている。

手続の第1段階での両院不一致のために憲法改正がブロックされた例もある。1984年レフェランドムの対象の拡大を目的とする憲法改正案，1991年違憲の抗弁に関する憲法改正案のケースである。

(2) 憲法第89条によらない憲法改正

a 憲法旧第85条による憲法改正

第5共和制憲法には，1995年に廃止された第12章「共同体」があった。そこに置かれていた旧第85条は，憲法第89条の例外として，「共同体の諸機関の機能に関する本章の規定は共和国の国会および共同体の元老院が同一の文言により可決した法律により改正する」と定めていた。この手続は，一度だけ，1960年に，共同体の構成国の共同体への帰属を継続しつつ独立することを可能にする改正の際にとられた。これは，旧第12章の廃止により，今日，歴史的関心をひくにすぎない。

b 法第11条による憲法改正

1962年の大統領直接公選制を導入した憲法改正は，改正内容そのものの重要性だけではなく，憲法第11条による改正という手続からも注目される。[2)]

---

*2) 同条については，参照，第2部第2章第2節2。

憲法改正により大統領直接公選制の導入を目論むド＝ゴール大統領は，元老院の反対に直面し，第89条改正手続ではなく，国会審議・表決を回避できる第11条によるレフェランドムを援用することにした。これは，今に至るまで続く憲法論議を引き起こした。ド＝ゴール大統領とポンピドー首相は，「公権力の組織に関するあらゆる法案をレフェランドムにかける」ことを大統領に授権する第11条が，憲法改正案にも適用できると主張した。

これに対して，反対派は，第89条と第11条との２つの改正手続が併存するとすれば，第89条が置かれている章のタイトルが「改正」となっていることが無意味になりかねないことを指摘した。

このような異議に対して，政府は，第11条の「公権力の組織」という文言が，第３共和制の憲法的法律の１つである1875年２月25日法の「公権力の組織に関する法律」という名称にあったことを援用して，公権力の組織にかかわる法律が憲法的法律にほかならないと反論した。

しかし，これに対しては，公権力の組織に関するテクストを憲法の形式で定めなければならないという訳ではなく，制憲者の意思によってこれを法律形式で定めることにすることもでき，第３共和制憲法は憲法形式，第５共和制憲法はそれと違って法律形式によるとしたという主張が行われた。

第11条による憲法改正を支持する立場からは，さらに，人民（プープル）は主権者である以上，前もって決められたいかなる手続にも縛られないという主張も出されたが，これに対しては，人民が完全な主権者であるのは，始原的な憲法制定権力を行使するときに限られ，すでに1958年憲法を採択した以上，人民は憲法のテクストに定められた形式に従って主権を行使することを受入れたのであるという応答がなされた。

ド＝ゴールは，強い反対を受けながらこれを振り切って，第11条レフェランドムを実施し，憲法改正案は有権者によって採択された。これを受けて，元老院議長が，採択された法律の合憲性判断を憲法院に求めたが，憲法院は，レフェランドムによって採択された同法が「国民主権の直接の表現」であることを理由に，判断する権限がないと宣言した[3]。すなわち，憲法院は，憲法上の手続

───────────────

*3) Décision n° 62-20 DC du 6 novembre 1962.

196　第2部　日本国憲法の比較憲法的考察

にも縛られない無制限の主権（憲法制定権力）テーゼに与したのである。

　憲法第11条による憲法改正は，1969年にもド＝ゴールによって試みられたが，このときは，レフェランドムで否決された。しかし，1つの先例があったことから，その後は，憲法問題が1962年とは違った仕方で現れることになった。

　論者のなかには，1962年のレフェランドムの成功によって，第11条による憲法改正が最初は間違っていたと仮定しても，将来に向かってこれを正当化する憲法慣習が生まれたと考える者も現れたが，これに対する批判も強かった。

　しかしながら，その後，ミッテラン大統領が憲法慣習論をとり，憲法改正手続が2通りあると考えることを明らかにした。

　第11条による憲法改正は，種々の疑問はなくなっていないが，実際上は現在も可能である。憲法院の活動が活性化したとはいえ，この問題に関して憲法院の考えに変化はない。1992年9月20日に行われたマーストリヒト条約のレフェランドムの合憲性に関して，憲法院は，レフェランドムによって採択された法律の審査を拒否したのである。[*4]

　(3)　**憲法改正の限界**

　憲法第89条は，憲法改正手続が行えない場合と改正が許されない対象を定めている。

　a　憲法改正を行うことが許されない場合

　憲法第89条4項は，「領土の完全性が侵害されている場合，改正手続は，これを着手および継続することがいっさいできない」と定める。これは，1940年6月〜1944年8月のナチスドイツによる占領期のような武力による占領下での憲法改正を禁じるものである。

　また，憲法第7条11項は，大統領が欠けている期間中または大統領が職務を遂行できないことが憲法院によって宣言され後継者が選出されるまでの期間中，憲法第89条を発動することができないと定める。

　憲法第16条の大統領非常権限が発動されている場合に，改正を行うことを禁じる明文は憲法上存在しない。しかし，非常権限の発動される場合とは国家の独立等が重大かつ直接に脅かされている場合で，これは第89条4項の場合に

---

*4)　Cf. Décision n° 92-313 DC du 23 septembre 1992.

類似の場合であること，また非常大権の目的が憲法上の公権力の正常な機能の回復にあることからすると，憲法第16条発動中は憲法を改正することができないと解すべきと考えられる。この点について，憲法院は，憲法第7条・第16条・第89条4項からの帰結として「憲法改正に着手しまたはこれを継続することができない期間に関する制限」があることを肯定している[5]。もっとも，実際に第16条発動中に憲法改正が着手されたら，これを制止する方法はない[6]。

b　憲法改正の対象とされない事項

憲法第89条5項は，「共和政体（forme républicaine du gouvernement）はこれをいかなる改正の対象とすることもできない」と規定する。この実体的な改正禁止条項の射程と実効性が問題となる。

まず共和政体の改正禁止が何を意味するかという第89条5項の射程の問題がある。共和政体が単に国家元首の地位が王家の血統を継ぐ者に世襲されないことを意味するだけならば，王党派の社会的影響力が皆無といってよい今日，この改正禁止条項はいわばアクセサリーにすぎないともいえる。

そのような認識を前提としつつ，多数の学説は，共和政体の改正禁止が形式的なものにすぎず，第89条の手続に従えば，いかなる改正も可能であると考える。第89条5項の改正もそれ自体は共和政体改正ではないから可能で，つまるところ第89条の手続による縛りを除けば，改正には限界がないということになるのである。

しかしながら，共和制ないし共和国（République）の意味は，多様で，必ずしももっぱら一種の統治形態を表すわけではない。場合によっては王制の対立物としての民主制を意味するとも限らないが，一般にそれは民主制と理解され，さらに民主制という統治形態が，単に王制でないというだけで成り立つものではなく，結社の自由やプレスの自由等々の基本的権利や自由，法治国家の原則と制度が保障されてこそ成立すると考えられている。そこで，共和政体の意味を拡大して，憲法第1条（「フランスは，不可分のライクな民主的，社会的共和国である」）や前文に言及されている1789年人権宣言，第4共和制憲法前文および

---

*5)　Décision n° 92-312 DC du 2 septembre 1992.

*6)　参照，第7章第1節2(3)。

198 第2部 日本国憲法の比較憲法的考察

そこで言及されている共和国の諸法律によって承認された基本原則が列挙する
憲法上の諸原則・諸価値すなわち憲法ブロックまで含むと解さなければならな
いと考える学説もある。このような解釈によれば，憲法第89条5項はアクセサ
リーにすぎないどころか，充分にアクチュアルな意味をもつことになる。

憲法院は，憲法第7条および第16条，第89条4項の留保ならびに第89条5項
の留保の下，「憲法制定権力は最高（souverain）である」とし，「憲法制定権力
が適切と判断する形態で憲法的価値を有する規定を廃止または修正または補完
することは憲法制定権力の自由である」とする。すなわち，憲法院によれば，
憲法的価値を有する規範や原則と牴触する新しい規定を憲法のテクストに導入
することには何の問題もないのである。[7]ここには，憲法改正権を改正手続に従
う憲法制定権力と捉え，実体的には無制限の権限とする憲法改正無限界論がみ
られるのである。

もっとも，このような憲法改正無限界論は，見かけほど単純ではない。両院
合同会議の特別多数による改正の場合，憲法は両院によって改正されることに
なり，最高の存在であるはずの憲法制定権力者である有権者はそのプロセスに
参加しない。少なくともこの場合には，憲法改正の実体的限界を肯定すること
が考えられる。憲法院も，レフェランドムにかけられる法律を通常の法律と区
別し，「国民主権の直接の表現」である前者については，[8]違憲審査の対象とな
らないと判断しているのである。しかし，憲法院は，「憲法第61条，第89条そ
の他いかなる条文からも憲法改正に関して裁定する権限を引き出せない」[9]と判
断している。

3　日仏憲法改正手続比較——憲法制定権力と憲法改正権，歴史的背景

まずあらためて確認するまでもないが，日本国憲法，フランス第5共和制憲
法ともに硬性憲法である。硬性度を比較するならば，第5共和制憲法第89条が
レフェランドムによらない改正手続を用意している点で，日本国憲法よりも軟

---

*7)　Décision n° 92-312 DC du 2 septembre 1992.

*8)　Décision n° 62-20 DC du 6 novembre 1962, Décision n° 92-313 DC du 23 septembre 1992.

*9)　Décision n° 2003-469 DC du 26 mars 2003.

らかいといえるであろう。

　憲法改正手続の運用の実態を量的に比較するならば，日本国憲法第96条がいうまでもなく一度も発動されたことがないのに対して，フランスは第89条による改正が22回，旧第85条による改正が1回，第11条による改正——そのこと自体が問題であるとしても——が1回行われており，第89条・第11条が発動されながら改正に至らなかったケースもある。第5共和制の歴史上，2〜3年に一度の頻度で憲法が改正されていることになる。第5共和制期はフランス憲法史上でもとくに改正の頻度が高いといえる。この数字の比較から，憲法改正がいわば日常化している第5共和制フランスとそれが封印されている日本との違いは指摘するまでもないことである。

　問題は，以上の違いが何に由来するかであり，またその点と関連して違いをどう評価するのかである。第5共和制憲法が日本国憲法に比べて軟らかいことがこの違いの原因とみるのは，短絡的というべきであろう。第89条のレフェランドムによる手続はもとより，両院合同会議の5分の3の特別多数による手続も，大きな政治的リスクを伴う。ド゠ゴールが1962年に第11条による改正を強行したのは，元老院の反対が強く手続の第1段階をクリアする見通しが立たなかったからである。第11条によるならば国会の審議はスキップできるが，レフェランドムというハードルも，もちろん容易ではない。実際，ド゠ゴールは，1969年にも第11条による憲法改正を試みたが，反対多数で失敗し，政治の舞台から去ることになった。

　第5共和制フランスで頻繁に憲法改正が成立してきたことの制度的原因は，憲法上の制度ではないが，国民議会選挙がほぼ一貫して小選挙区制で行われてきたことにある。大統領選挙で左右の票がつねに拮抗してきたことに示されるように，レフェランドムによる憲法改正にはたえず大きなリスクがあった。しかし，小選挙区2回投票制で行われる国民議会選挙の結果は，左右の票の出方そのものは大統領選挙の場合と大きく異ならないにもかかわらず，議席の配分は，選挙制度の効果によって，左右に大きく振れることが珍しくなく，それが両院合同会議方式による憲法改正を可能にしたのである。この点に関連して指摘できることは，少数代表制であるいわゆる中選挙区制が行われてきた1990年代半ばまでの日本では，憲法第96条の改正発議要件が満たされない状況が

200　第2部　日本国憲法の比較憲法的考察

続いていたことである。ところが，1994年，細川内閣のいわゆる政治改革の一環として衆議院選挙に小選挙区比例代表並立制が導入され，その後定数削減とともに小選挙区の比重が大きくされてきた。参議院選挙でも1人区が多く設けられ，衆参両院とも小選挙区中心の選挙制度が行われるようになっている。これによって，国会で3分の2の多数議席獲得の可能性が広がり，改憲の展望が開けてきた。90年代からの改憲論の勢いは，このような選挙制度を背景にもっている。改憲派が国会内で勢いづいたとはいえ，発議に至らなかったのは，3分の2の議席確保・維持が容易ではなく，さらに議席占有率が得票率と大きく乖離し，国民投票で多数を獲得する見通しが立たなかったからである。フランス第5共和制憲法第89条の両院合同会議方式のような国民投票によらない改正手続が日本国憲法上存在しないことが，事実上，改憲発議に対するいわば無言の拒否権を人民（プープル）に与えることになっているのである。

　憲法改正の頻度の評価は，改正の内容をさておいて，これを行うことができない。日本において憲法改正が一度も行われたことがないのは，改憲論が，日本国憲法の民主的正当性[*10]——施行後，広く国民のあいだに定着し，強固になった民主的正当性[*11]——を過小評価して，押しつけ憲法論による日本国憲法の全面否定を前提にした時代錯誤な改憲案を提唱したり，また国民の平和意識[*12]を過小評価して，第9条改憲を提唱したりしたことにあった。一方，フランスで頻繁に行われてきた憲法改正は，ほとんどが第89条の両院合同会議方式によるいわば「上から」の改正であるが，改正の内容をみると，必ずしもすべてが権威主義的な改正ではない。「上から」の憲法改正でありながら，一定の「民主的」な改正となっているケースがあるのは，そもそも第5共和制憲法が，レフェランドムによって成立したとはいえ，ド＝ゴールによる事実上のクーデタののち脅しによって人民（プープル）に「押しつけ」られた憲法で，その内容も「将

---

*10)　参照，第2部第1章第3節1(1)，2(1)。

*11)　参照，渡辺治『日本国憲法「改正」史』（日本評論社，1987年）。同『現代史の中の安倍政権——憲法・戦争法をめぐる攻防』（かもがわ出版，2016年）第Ⅱ部。

*12)　1990年代半ばまでの国民の平和意識の展開について，参照，和田進『戦後日本の平和意識——暮らしの中の憲法』（青木書店，1997年）第Ⅱ部および第Ⅲ部。

軍の衣装」といわれた行政国家型憲法であることと無関係ではない。民主的正[*13]当性が欠如しているないしきわめて希薄といってよい憲法は，政治支配の道具としても機能しにくい。サルコジ政権下における2008年7月23日の大規模な憲法改正が国会を一定程度復権させる国会改革とQPCを導入する憲法院改革とをもたらしたのは，社会的分断の深刻化が政治的再統合・社会的再統合に着手せざるをえないピークに達し，憲法に一定程度民主的正当性を回復させる改正の必要に迫られたことのあらわれであろう。[*14]

　1990年代以降フランスで頻繁に行われてきた憲法改正のなかには，改正内容と制度的原因とに由来するケースも目立つ。第5共和制憲法第54条は，大統領または首相，国民議会もしくは元老院の議長，60人の国民議会議員もしくは元老院議員の議員の提訴により憲法院が条約に憲法違反の条項が含まれると判断した場合，憲法を改正しなければ当該条約を批准または承認できないと定めている。こうした憲法上の規定があることに加えて，憲法院の活動が1970年代半ば以来活性化しているなかで，1992年（マーストリヒト条約），1999年（アムステルダム条約），2005年（ヨーロッパ憲法条約），2008年（リスボン条約）に憲法院による審査を回避するために関連する憲法の条文が改正されている。これも日本にはない事情である。

　憲法改正の限界をめぐる議論を比較すると，日本においては改正限界論が有力であるのに対して，第5共和制フランスでは，改正無限界論が有力である。さらに日本の改正無限界論が改正手続を無視することは許されないと解するのに対して，フランスの改正無限界論が改正手続さえ無視しうると考える点も異なる。憲法改正権を万能の憲法制定権力と同一視するこの見解は，単なる学説にとどまらず，憲法院の採る見解となっている。これが実際に行われた憲法改正をその内容・手続のいかんにかかわらず正当化する「法理」であることはいうまでもない。しかし，そもそもレフェランダム方式の改正も人民（プープル）のイニシアティヴが認められている訳ではない「上から」の憲法改正にとどまる。重大な問題のある憲法第11条のレフェランダムによる憲法改正に至って

---

*13)　参照，第2部第1章第3節1(2)，**2**(2)。

*14)　参照，拙稿「フランスにおけるグローバル化と民主主義」関大法学論集63巻5号。

は，審議の手続もまったくない。ド＝ゴールによって行われた実例は，ド＝ゴールが辞職をかけたプレビシット的な運用となった。一方，両院会議特別多数方式の改正には，議員による審議はあるとはいえ，人民の介入がまったく認められない。さらに現実に行われた憲法改正がほぼすべて両院合同会議特別多数方式によるものであった運用の実際をふまえると，憲法院の「法理」は，人民が直接介入していないにもかかわらず，介入しているかのように現実を偽装する虚偽意識としてのイデオロギーと化しているといわざるをえないことになろう。

第2節　憲法変遷と憲法慣習

　日本の学説は，少数の憲法改正無限解論も，憲法の変更には改正手続をとることが必要であると考える。ところが，学説には，解釈による正当化が無理で正当化には少なくとも憲法改正手続をとる必要のある国家作用が改正によらず憲法上正当化される場合を認める見解がある。そのような見解がしばしば用いる概念として憲法変遷がある。これに類似する憲法慣習，憲法習律という概念もある。

1　日本憲法学上の憲法変遷・憲法習律

(1)　憲法変遷

　19世紀～20世紀初頭のドイツの憲法学者ゲオルク＝イェリネク（1851－1911年）によれば，憲法改正が，変更する意図をもった行為によって制定憲法の正文を改めることであるのに対して，憲法変遷（Verfassungswandlung）とは，憲法の正文は形式的には変えないでおいて事実によって憲法を変更させることである，と述べている。憲法変遷概念は，帝国憲法下，美濃部達吉によって紹介されて以来知られる概念であるが，今日ではより厳密に用いられている。

　憲法の文言は変わっていないのに，国家権力の運用によって憲法改正によらなければできないような憲法の意味の変更が行われ，それが通用せしめられることは実際にある。そのような現実を客観的に記述する概念として社会学的意味の憲法変遷という概念が用いられることがある。政府や議会の解釈によって憲法に適合しない実態がつくられることを意味する解釈改憲も社会学的意味の

憲法変遷に該当するといえよう。

　こんにち憲法変遷をめぐって学説上，肯定説と否定説が対立しているが，この対立は社会学的意味の憲法変遷をめぐるものではない。それ自体は，否定しようのない客観的事実であるからである。学説の対立は，解釈学的意味の憲法変遷をめぐるものである。解釈学的意味の憲法変遷とは，少なくとも憲法を改正しなければ合憲と認められない違憲の事実が一定の要件を満たす場合に合憲となることをいい，これを認めるか否かをめぐる争いが学説上存在するのである。これは，客観的認識をめぐる争いではなく，解釈上の争いである。

　憲法変遷肯定説は，憲法のテクストに反する事実が継続ないし反覆して起こり（客観的要件），かつそれに国民が同意している場合（主観的要件）には，違憲の事実が法的性格を帯び，憲法テクストを改廃する効力をもつと解する。これに対して，憲法変遷否定説は，違憲の事実は，あくまでも事実にすぎず，法的性格をもつと評価することは許されないと解する。

(2)　憲法習律

　やはり日本の憲法学界でよく知られている憲法習律（convention of the constitution）はイギリスの概念で，憲法学者のアルバート＝ヴェン＝ダイシー（1835－1922年）によって生み出された。イギリス憲法は不文憲法である。それは，1215年のマグナカルタや1689年の権利章典，1911年と1949年の国会法，1998年の貴族院法などのテクストのほか，一般に慣習的とされているがその多くがダイシーのいう憲法習律にほかならない規範からなる。

　憲法習律とは，国家の諸制度の機能を規制するが裁判によるサンクションを受けられない慣習的な政治の規範である。憲法習律は，不文憲法の構成要素をなす諸テクストに欠缺があり，当該習律を尊重する人が裁判によるサンクションがないにもかかわらず習律に従う義務を意識する場合に重要な役割を果す。たとえば，庶民院（下院）選挙で勝った党のリーダーを首相に任命する国王の義務や首相の請求によって庶民院を解散する国王の義務，庶民院の信任を失った首相が辞職するか国王に庶民院の解散を請求するかを選択する義務などが，憲法習律上の義務であるとされている。

　憲法習律は，欠缺のあるテクストを構成要素とする不文憲法の下で生まれた概念である。この点で成文憲法の下に生まれた憲法変遷と異なる。また，憲法

204 第2部 日本国憲法の比較憲法的考察

習律は, 政治規範にとどまり, 法源ではない。この点で, 憲法変遷（解釈学的意味）や次にみるフランスの憲法慣習と異なるのである。

2 フランス憲法学上の憲法慣習論

ドイツの憲法変遷という概念に類似のフランスの概念が憲法慣習（coutume constitutionnelle）で, これも日本の憲法学界ではよく知られている。憲法慣習概念がフランスで現れるのは第3共和制期（1875-1940年）である。この時期, フランス憲法は3つの憲法的法律からなる硬性の不文憲法であった。これを補完するものと考えられたのが憲法慣習である。大統領の代議院解散権が行使されなくなったことをもってその権限が憲法慣習によって廃止されたとされたり, 憲法的法律上明文で認められていなかった委任立法が第1次世界大戦を契機に頻発されたことをもってそれが憲法慣習によって認められたとされたりした。

憲法慣習が法源として成立する要件は, 憲法変遷と同様に反覆・継続（客観的要件）とそれに対する義務意識（主観的要件）とされる。

このような憲法慣習概念に関して, フランスでは, 以下のようにさまざまな問題が指摘されている。[15]たとえば何度繰り返せばあるいはどのくらい継続すれば慣習が成立するのか？, 義務意識の主体は誰か？など, つまるところ慣習とは何かという問題には, 相当の理論的困難があるとみられている。

第1の困難は, 憲法の最高規範性にかかわる。事実が法を生み出すのは, 上位規範によって事実が新しい規範を制定する十分条件とされている場合に限られる。したがって, そうした規範を有するフランス民法, 商法における慣習の存在は, 理解が容易である。この場合, 法律が慣習を法源とする。もしも憲法が慣習を法源とするならば, この慣習は憲法に従属することになり, これは形式上憲法規範ではないから, 憲法に代替することはできない。形式上の憲法規範は慣習によって創造することができない。それが可能となるのは, 超憲法規範が存在し, しかもそれが慣習を法源とする場合に限られる。

第2の困難は, 法における意思の役割にかかわる。法の存在が意思行為によ

---

[15] Cf. Francis Hamon et Michel Troper, *op. cit.*, pp.64-67.

ってはじめてもたらされるとすれば，いまだ意欲されたことがないのに規範が
現れることをどのように説明するのかという問題が生じる。この問題も，民
法・商法の場合は，容易に解決される。法律が慣習を法を創造する事実として
いるのであるから，慣習法は立法者意思から生まれると考えられることにな
る。裁判官の役割に着目する別の説明もある。慣習に従うべき義務が生まれ
るのは，裁判官がその存在を「確認」し，規範内容を示す場合である。しか
し，この場合の「確認」とは外見上のことにすぎない。現実に，裁判官は，慣
習を構成する諸事実を解釈し，当該規範を別の成文化された規範と調整しなけ
ればならない。この一連の操作は，意思作用である。以上のようなリーズニン
グは，憲法慣習には当てはめることができない。超憲法的意思（volonté supra-
constitutionnelle）も憲法慣習の存在と内容を確認することができる裁判官も存在
しないからである。

　第3の困難は，慣習規範と現行の成文規範との調整の必要性にかかわる。こ
の際に問題となるのは，反覆されている慣行が成文法規範に反する場合である。
このような慣行は，単に法を侵害するものにすぎない。それがどのようにして
法を創造するのかは理解困難である。民法・商法においては，法律が慣習によ
る法創造を認めているのは，慣習が直接的に現行法に反しない場合であると解
される。このような暗黙の留保のもとに，成文法規に反する慣習の法創造機能
が認められる。つまり，慣習は法に反して（contra legem）存在しえないが，法
と並んで（praeter legem）つまり法律と並んで法律を補完するために存在しうる
のである。しかしながら，民法・商法と違って，慣習による憲法規範の創造は，
それを認める超憲法規範——憲法と並ぶ慣習（coutume praeter constitutionem）を
予定する超憲法規範——が存在しない。また，欠缺の存在を認めかつそれを埋
める可能性と必要性を認める手続も，民法・商法と違って，憲法にはない。そ
のための超憲法規範が存在しないからである。憲法上は，合憲の行為か違憲の
行為しかないのである。ある行為が成文憲法規範によって禁じられていれば，
それが法を創造することはありえない。もしある行為が成文憲法規範に反しな
い，あるいは明確に禁止されていなければ，それは許されると認められる余地
がある。この場合は，慣習規範は生まれないから，結局憲法と並ぶ慣習の余地
はないことになる。

206 第2部 日本国憲法の比較憲法的考察

以上から，憲法においては慣習法源の余地はないという結論にフランスの多くの論者が至っているのである。

3 憲法変遷論・憲法慣習論比較

日本において，憲法変遷・憲法慣習・憲法習律の概念に関心が集まる契機となったのは，自衛隊の合憲性の問題である。

しかし，憲法習律は，不文憲法下の政治規範にすぎないし，そもそも成文憲法の文言の意味を変更する効力をもたない。

フランスの憲法慣習は法源性を有するとはいえ，これももともとは不文憲法を補完するものにすぎなかった。今日フランスでは，統一的な成文憲法である第5共和制憲法第11条に定める法律案のレフェランドムが第89条の憲法改正手続の代わりに二度使われたことをもって，第11条を憲法改正手続として用いる憲法慣習が成立したとみる見解もあるが，このような見解も同憲法の硬性の成文憲法たることを無視する点において批判を免れない。

本来，成文憲法の文言の意味を変更する効果をもたない憲法習律や憲法慣習は，憲法現象を記述する社会学的な概念としてはともかく，日本国憲法解釈上の概念としては用いることができない。それゆえ，自衛隊の存在によって憲法第9条の意味が変わったと解することを憲法慣習や憲法習律の成立によって正当化することはできない。

日本では，学説上，憲法変遷肯定説を前提に憲法第9条変遷説が主張されたことがある。それによれば，国際情勢や国民の規範意識の変化によって第9条の意味が変化し，自衛隊は合憲になったということになる。第9条変遷論については，国際情勢の変化や国民の規範意識の変化に関する同説の認識が問題になる。そもそも変遷が成立するための客観的要件と主観的要件との判断基準と考慮要素とが不明確である。反覆・継続がどの程度要求されるのかは不明である。国民の同意がどの程度要求されるのかも不明である。世論調査を根拠にする議論もあるが，世論調査に国民投票と同じ意味を認めることはできない。したがって，第9条変遷説の認識は成り立たない。

フランスにおける憲法慣習概念に対する実証主義的な批判的検討をふまえて，日本における従来の議論をみると，憲法変遷という言葉が示唆するように，

「憲法の意味が変わる」ことをどのように評価すべきかという問題設定から出発していた点が注目される。しかし，憲法の意味が自然発生的に「変わる」ということは起こりえない。現実に起きているのは，立法府や行政府による「変える」行為である。また，憲法変遷の評価の主体には，国民ももちろん含まれるはずであるが，違憲立法審査権をもつ裁判所を念頭に置くことが必要であろう。そうすると，「憲法違反の立法や行政作用の継続・反覆とそれに対する国民の同意とによって，憲法法源が変わるのか？」と問題をとらえなおすことができよう。通常，継続性・反覆性と国民の同意によって法源となりうる規範を慣習といい，法源化した慣習を慣習法という。

　そうすると問題は，結局，憲法違反の慣習を憲法法源と認めるべきかという問題になる。この問題を裁判所が判断するとき，裁判官の職権行使に関する憲法第76条3項がある以上，何よりも憲法自身がこの点について，どのように定めているかが問題となるはずである。そうすると，民法第92条や商法第1条2項に相当する規定が憲法にないのであるから，どんなに継続・反覆しようと，また国民の同意があろうとも，慣習が法源になる余地はないといわなければならない。ましてや，それが憲法と同じ効力をもつ法源となるために必要となる超憲法規範がないのであるから，憲法慣習が存在する余地はないことになる。

▶▶▶ ── 人名・事項索引

▶あ行

芦部信喜　　19, 27, 90
アメリカ独立宣言　　185
イェリネク, ゲオルク　　202
イスラム＝スカーフ問題　　151
イスラモフォビー　　147, 148, 154, 155
イタリア共和国憲法　　101
イデオロギー　　12
移民国家　　146
因果法則　　9
ヴェール法　　152
エイリエス事件　　176
愛媛玉串訴訟　　137, 138
遠隔比較　　30
オースティン, ジョン　　15
押しつけ憲法論　　40, 59, 162, 193
尾高朝雄　　68

▶か行

改正禁止条項　　197
改正限界論　　191, 201
改正無限界論　　191, 201
科学的認識　　9
革命権　　185
影山日出弥　　15
金森徳次郎　　161-163
議院内閣制　　189
QPC　　125, 169
行政国家　　87, 93, 123
共和国　　197
　　──の諸法律　　124-126
清宮四郎　　88
緊急状態　　153-165
均衡本質説　　95
近接比較　　30
警察予備隊違憲訴訟　　116
ゲツェヴィチ, ボリス＝ミヌキヌ　　23, 24, 102
ケルゼン, ハンス　　128, 178, 179
権威　　70
憲法委員会　　118

憲法院　　118
憲法解釈学　　3, 4
憲法改正　　168, 175
　　──権　　198, 201
憲法改正手続法　　190
憲法科学　　3, 4, 8
憲法慣習　　196, 204, 206
憲法現象の構造論　　15
憲法裁判所型　　129
憲法習律　　95, 203, 206
憲法政策学　　4
憲法制定権力　　192, 198, 201
憲法調査会法　　188
憲法ニヒリズム　　15
憲法フェティシズム　　15
憲法ブロック　　124, 126, 198
憲法変遷　　202-204, 206
権力　　70
コアビタシオン　　172, 173
合囲状態　　163
合憲性優先問題　　125
公序　　126, 139
国際連合　　99
国際連盟　　98
国有化法違憲判決　　182
国連憲章　　100
国会中心立法の原則　　87
国会法　　188
個別的自衛権　　100, 108
コンコルダ　　141
コンセイユ＝デタ　　149

▶さ行

事後審査　　120
事前審査　　120
自然法　　181, 192
実定法　　181, 183
実用法学　　3
司法裁判所型　　129
社会学的代表　　75
社会契約説　　184

210　人名・事項索引

自由委任　76, 77, 85
集団的自衛権　100, 105
自由の指令　42
小選挙区制　199
植民地　112
神社神道　134
新植民地主義　52
神道指令　135
鈴木安蔵　23, 25, 43, 60
スペイン第2共和制憲法　99
政治規範　204
政治的代表　75
正当性（正統性）　39
制度的保障　157
責任本質説　95
セクト　144
絶対主義国家　78
1905年政教分離法　142
全国抵抗評議会綱領　50
戦争権限法　110
1791年憲法　77, 97
1793年憲法　78
1789年人権宣言　32, 77, 124, 126, 139, 141, 182
相互主義　108
相対分離　136

▶た行

ダイシー, アルバート゠ヴェン　203
大西洋憲章　104
大統領制　96
大統領非常権限　119, 170
代表民主制　72
第4共和制憲法　101
　——前文　59, 124, 126
高野岩三郎　43
仲裁　173
抽象的違憲審査　114
超憲法規範　205
超然内閣　94
直接民主制　72
津地鎮祭訴訟　136, 138, 157
適用違憲　131
適用審査　116, 117

デュヴェルジェ, モーリス　30
テロ対策　179, 180
ドイツ連邦共和国基本法　100
統帥権　102

▶な行

ナシオン　77, 80, 83-85
ナントの勅令　140
ノモス主権論　68

▶は行

ハーグ陸戦条約　41
パース, チャールズ゠サンダース　11
長谷川正安　15, 25
8月革命説　29, 40, 61, 62
発展法則　9
パリ゠コミューン　79
バルテルミー, ジョゼフ　24
反教権主義　142
半代表　75
非常事態　164
プープル　77, 78, 80, 81, 83-85
フェティシズム　11
深瀬忠一　111
付随的違憲審査　114
不戦条約　98, 103
不文の法理　160, 161
ブルキニ　152, 154-157
プレビシット　57, 64, 81, 82
平和への権利宣言　105, 109
ヘーゲル　11
防衛法典　164
暴君放伐論　184
法源　204
法実証主義　192
法治主義　86
法の支配　40, 128
法令違憲　131
法令審査　116, 117
ポーター条約　97
ポツダム宣言　40, 41, 133, 135
ポパー, カール　10

人名・事項索引　211

▶ま行

マーシャル=ロー　160
マーベリー対マディソン判決　124, 128
マッカーサー=ノート　45
松本烝治　44
松本4原則　44
マンハイム, カール　12
──のパラドクス　13
箕作麟祥　31
美濃部達吉　60, 202
宮沢俊義　12, 27, 29, 68
ミラボー　183
民主的正当性　40, 62-66, 170, 183, 200
無差別戦争観　97
命令委任　76, 84

▶や行

ヨーロッパ人権裁判所　144
ヨーロッパ人権条約　139

▶ら行

ライシテ　142, 149, 156-158
立憲主義　133, 157, 158, 180
立法国家　86, 93
理論法学　3
ルソー, ジャン=ジャック　39
例外状態　176
レジスタンス　50, 85
レフェランドム　57, 64, 81-84, 193, 194, 198

◆著者紹介

村田　尚紀（むらた・ひさのり）

略歴

1958年　兵庫県に生まれる
1983年　東京大学法学部卒業
1988年　一橋大学大学院法学研究科博士課程単位修得退学
現　在　関西大学法学部教授
　　1992年博士（法学）
　　1997年4月〜1999年3月　パリ第1大学客員研究員

主要著著

『委任立法の研究』（日本評論社，1990年）
『プロセス演習　憲法〔第4版〕』（信山社，2011年）（共著）
『事例研究　憲法〔第2版〕』（日本評論社，2013年）（共編著）
『改憲論議の作法と緊急事態条項』（日本機関紙出版センター，2016年）

比較の眼でみる憲法
Constitutions étudiées d'un point de vue comparatiste

2018年4月1日　初版第1刷印刷
2018年4月20日　初版第1刷発行

著　者　村　田　　尚　紀
発行所　（株）北大路書房
　　　　〒603-8303　京都市北区紫野十二坊町12-8
　　　　電　話　（075）431-0361（代）
　　　　FAX　（075）431-9393
　　　　振　替　01050-4-2083

企画・編集制作　秋山　泰（出版工房ひうち：燧）
装　丁　上瀬奈緒子（綴水社）
印刷・製本　亜細亜印刷（株）

ISBN 978-4-7628-3017-4　C1032　Printed in Japan©2018
検印省略　落丁・乱丁本はお取替えいたします。

・　**JCOPY**〈㈳出版者著作権管理機構 委託出版物〉
本書の無断複写は著作権法上での例外を除き禁じられています。
複写される場合は，そのつど事前に，㈳出版者著作権管理機構
（電話 03-3513-6969,FAX 03-3513-6979,e-mail: info@jcopy.or.jp）
の許諾を得てください。